1990년대 케이팝의 역사적 순간들

당신이 몰랐던 뮤지션들의 비하인드 스토리

2025년 8월 10일 초판 인쇄
2025년 8월 15일 초판 발행

지은이 | 현지운 · 이종민
교정교열 | 정난진
펴낸이 | 이찬규
펴낸곳 | 북코리아
등록번호 | 제03-01240호
전화 | 02-704-7840
팩스 | 02-704-7848
이메일 | ibookorea@naver.com
홈페이지 | www.북코리아.kr
주소 | 13209 경기도 성남시 중원구 사기막골로 45번길 14
        우림2차 A동 1007호
ISBN | 979-11-94299-53-0 (03670)

값 23,000원

1990년대 케이팝의 역사적 순간들

당신이 몰랐던 뮤지션들의 비하인드 스토리

현지운 · 이종민 지음

북코
리아

들어가며

　　평론가라는 직함을 달고 글을 쓰던 어느 순간부터 각
시대를, 그리고 결국에는 우리 대중음악계를 총체적으로
결산해야 한다는 어떤 의무감 같은 걸 가지게 됐다.
이유는 모르겠지만 그런 책들이 거의 없기도 했고,
그런 과업을 해내려면 나 같은 감각 있는 평론가 정도는
되어야 한다는 근거 없는 자신감 같은 게 있었던 것 같다.
하지만 마찬가지로 천재도 아니면서 게으르기까지 한 내가
그런 원대한 마음을 먹었다고 해서 실행에 옮기는 일이란
거의 없기에 아무 일도 일어나지 않았다. 이전의 머리로
무수히 만들어냈던 계획들과 마찬가지로 그냥 무한히 뒤로
미루면서 미래에 맡겨두는 게 일상이니까. 사실 어디서부터
시작해야 할지 손을 댈 엄두가 나지 않은 것도 있다.
하지만 무엇보다 동력이 생기지 않았다. 신해철의 〈나에게
쓰는 편지〉 가사처럼 "전망 좋은 직장과 가족 안에서의 안정과
은행 구좌의 잔고 액수"가 모든 가치의 척도처럼 되어버린
현실과 타협하고 있었는지도 모르겠다.

　　그렇게 느슨하고 지루하고 따분한 삶을 보내고 있던

와중에 오랜만에 한 평론가와 통화하면서 뭔가 어떤
사람들과는 내가 다른 삶을 살고 있다는 걸 느꼈다.
지금은 번역가로서의 삶에 더 충실한 그에게서 뿜겨져 나오는
호모루덴스의 초상 같은 걸 보았다고나 할까. 그 느낌은 나사
여러 개 빠진 채 공허하게 굴러가던 내 마음을 스치고 그날
밤을 뒤척이게 했다. 짧게 말하면 그런 거였다. 그 친구가
열정과 노력으로 자기만의 삶을 엮어갈 때, 난 보험처럼
미래에 맡겨둔 시간만 대책 없이 까먹고 있는 건 아닌가 하는.
하지만 그렇게 자유가 내 마음을 무겁게 눌러도 그 마음을
덮어두려는 관성이 나의 침대를 여전히 부수지 못하게 막고
있었다. 그냥 이렇게 딜레땅트하게 살아도 된다는 악마의
속삭임이 이불 밖은 위험하다며 유혹했던 것도 같다.
어쨌든 그렇게 장고의 시간을 보내고 난 후 결국 난 날 이겼다.
아마도 이번에도 지면 영영 회복 불가능이라는 생각이 들었기
때문일 것이다. 그리고 이종민 평론가에게 전화를 걸었다.
혹시 예전에 하던 프로젝트 아직 하고 있냐고.

　　　그렇게 이 책은 시작되었다. 이종민 평론가의 원래
취지는 1990년대의 뮤지션들이 과소평가 받는 것에 대한
반증하는 자료를 모으는 것이었다. 그러다가 인터뷰를 버리고
1990년대의 중요한 사건들을 정리하는 평론가의 날카로운
척하는 시선이 잔뜩 들어간 글로 바뀌었고,
다시 1990년대 프로듀서들을 인터뷰하는 형식으로 바뀌었다.
기준은 프로듀서로서 1990년대에 독특한 역할을 특정할

수 있는 뮤지션들을 위주로 했다. '1990년대 유일한 여성 프로듀서_이상은', '1990년대 최고의 록밴드_넥스트', '1990년대 최초의 인디밴드_크라잉넛', '최초의 홈 레코딩 녹음_롤러코스터' 등과 같이. 인터뷰를 진행하다 보니 이런 수식어들은 조금 무색해지고 무뎌지긴 했지만, 최초의 의도는 그랬다. 무엇보다 글의 성격이 바뀐 이유는 1990년대를 정의하기 전에 그 당시를 살아간 뮤지션들의 생각을 들어보고 싶다는 생각이 강하게 들었기 때문이다. 그 시대 뮤지션들의 말들을 들어보면 이후에 그 시대를 정리하는 게 쉬울지도 모른다고. 예전에 뮤지션들의 인터뷰를 무시하고 단지 음악만 듣고 내 생각대로 판단을 내려 틀린 경우도 왕왕 있었기 때문이다. 기왕이면 자세히 알면 알수록 나쁠 것은 없지 않은가. 그래서 조금 번거로울 수는 있지만 우리는 역사의 한 페이지 속으로 들어가 보기로 했다. 섭외를 거절하고 오랫동안 연락이 되지 않았던 분들도 있었지만, 놀랍게도 대다수는 흔쾌히 응해주셨고 단 한 분의 예외 없이 모든 질문에 답해주셨다. 덕분에 우리는 많은 정보를 얻었고, 평소 궁금해하고 듣고 싶었던 말들을 거의 원 없이 들은 것 같다. 분량 때문에 미처 담지 못한 이야기들도 많지만, 그럼에도 많은 분이 우리와 같이 이 책을 통해 1990년대를 훌륭하게 보낸 뮤지션들의 이야기를 듣고 조금이나마 궁금증을 해소하실 수 있다고 생각한다. 또한 못다 적은 이야기들은 다른 지면에서 만나볼 수 있도록 할 것이다.

개인적으로 음악가들은 영감과 재능의 뒷받침 하에 거의 모든 작업을 수행한다는 편견을 어느 정도 갖고 있었던 것 같다. 노력이 없을 거라는 뜻은 아니다. 하지만 보통 사람들의 노력으로는 다가설 수 없는 어떤 선천적인 벽이 있을지도 모른다고 생각했던 것 같다. 물론 이번 인터뷰를 통해 밝혀내거나 알아내지는 못했지만 그런 게 있을지도 모른다. 그러나 그런 내 편견을 뒷받침할 근거보다는 이번 인터뷰들을 통해 알게 된 건 다른 데 있다. 그건 많은 뮤지션이 너무나도 철저하게 고독하고 외로웠던 부단한 연마의 시간을 견뎌냈다는 것이다. 이들이 어떤 궤도에 오르기 위해 버틴 시간들은 그 누구도 대신할 수 없고 알아주지도 않는 고립의 시간이었고, 동시에 즐거움과 마법의 시간이었다. 삼매경의 경지가 있다면 바로 그런 것이리라. 우리는 언제부턴가 동기와 과정, 결과를 만들어내기 위한 수많은 시행착오의 시간보다는 무조건반사처럼 "돈, 큰 집, 빠른 차, 명성, 사회적 지위" 같은 결과에 탄복한다. 하지만 나를 반성케 한 그 평론가처럼 이들 뮤지션은 더 이상 아무도 얘기하지 않는 "고흐의 불꽃 같은 삶"을, "니체의 상처 입은 분노"를 꺼내들게 한다. 그리고 난 느꼈다. 어쩌면 그 희열의 과정이 우릴 살아있게 하는 건 아닐까 하고.

아마도 어떤 뮤지션들은 그 시절 앞만 보고 달리던 그 감정을 잃어버렸을 수도 있을 것이다. 하지만 나는 이경준 평론가, 이종민 평론가, 그리고 인터뷰한 모든 뮤지션 덕분에 기억 속에 사라졌던 오랜 설렘과 다시 조우하는 반가움을 맞이했다. 그런 의미에서 이 책과 관련된 모든 분은 무감각의 소용돌이 속으로 한없이 빠져들던 나를 꺼내 휘몰아치는 파도를 뚫고 들어가는 참치배의 한복판으로 밀어 넣어준 너무나도 소중한 인연들이다. 이 외에도 항상 힘이 되어주는 사랑하는 아내 정희와 영감을 주는 아들 한별, 나를 낳아주신 부모님과 삶의 지혜를 준 형제들, 지금의 나를 있게 해준 지인들과 스승님들께 이 책을 바친다. 이 모든 분들 덕분에 앞으로 또 정진할 수 있다고 믿는다. 마지막으로 이 책이 세상에 나올 수 있도록 도움을 주신 북코리아 출판사 이찬규 사장님과 편집자분들께 깊은 감사를 드린다.

2025년 8월
현지운

목차

대한민국 록 음악의 정점

김영석_N.EX.T

대한민국에서 1990년대 최고의 록밴드를 꼽으라면 아마도 대다수 평론가들은 넥스트(N.EX.T)를 꼽을 것이라 확신한다. 그뿐 아니라 역대 최고의 밴드를 꼽으라 해도, 가령 사랑과 평화, 산울림, 송골매, 시나위, 부활 등과 견주어도 그 최고의 위상은 전혀 손색이 없다고 볼 것이라 생각한다. 그 이유는 첫 번째로 연주력을 들 수 있다. 넥스트 멤버들은 "A급 주변엔 A급만 모인다"는 속설을 정설로 보여준다. 특히 김세황, 김영석, 신해철, 이수용으로 이루어졌던 2기는 가히 역대 최상급이라 자부할만하다. 두 번째로는 하드록, 프로그레시브록, 메탈, 일렉트로닉록, 심포니록 등 모든 종류의 록 음악을 시도하면서도 흔들리지 않는, 고른 작품성을 들 수 있다. 이는 여타의 밴드들이 내놓은 들쑥날쑥한 앨범들과 비교해보면 명확하다. 넥스트의 모든 앨범은 그것들 중 아무 앨범이나 하나 뽑아서 들어도 식상한 앨범을 찾기 어렵다. 그뿐 아니라 발라드도 다른 장르 못지않게 훌륭하다. 발라드가 록밴드에 어울리지 않는다고 생각하는 분들은 사이드 디시로 음미해도 좋을 것 같다.

하지만 신해철은 발라드 장인이다. 번하지 않은 발라드를 번하지 않은 스타일로 다채롭게 요리해준다. 그런 의미로 대중성과 실험성을 둘 다 잡은 몇 안 되는 밴드 중 하나로 꼽을 수 있을 것이다. 무엇보다 가사가 초일류다. 《Home》, 《Being》, 《World》 같은 콘셉트 앨범으로 개인과 대중, 제도와 사회, 체제와 세계, 종교 등의 무거운 주제를 강렬하고 호소력 있게 사회적 메시지로 풀어낸다. 넥스트는 그 어떤 어려운 주제도 흥얼거리며 음미할 수 있는 유일한 밴드다.

　　이 위대한 밴드를 이끈 수장은 역사상 최고의 싱어송라이터 중 한 명인 신해철이다. 안타깝게도 이 천재는 일찍 유명을 달리했기에 그의 목소리를 통해 당시의 상황을 들을 수는 없다. 하지만 넥스트에는 기라성 같은 멤버들이 주축을 이루고 있었다. 이번에는 그중에서 최강의 라인을 자랑하는 2기 멤버 중 작사, 작곡, 편곡, 프로그래밍 등 팔방미인이라 불러도 무방한 베이스 연주자 김영석의 인터뷰를 담는다. 김영석은 이지훈의 〈왜 하늘은〉, 미스미스터의 〈널 위한 거야〉, 에메랄드 캐슬의 〈발걸음〉 등 인기 작곡가로서 위상을 차지하고 있고 위의 가수들과 체리필터, 리아 등의 편곡자와 프로듀서로 잘 알려져 있다. 그의 이런 능력은 넥스트의 인기와 결속에 큰 몫을 차지했고 더욱더 큰 기대를 갖게 했다. 우리는 김영석 개인의 활동과 넥스트와의 접점을 통해 당시 우리 음악계의 분위기를 살짝 엿보면서 역사상 가장 위대한 밴드의 한 단면을 포착해보고자 한다.

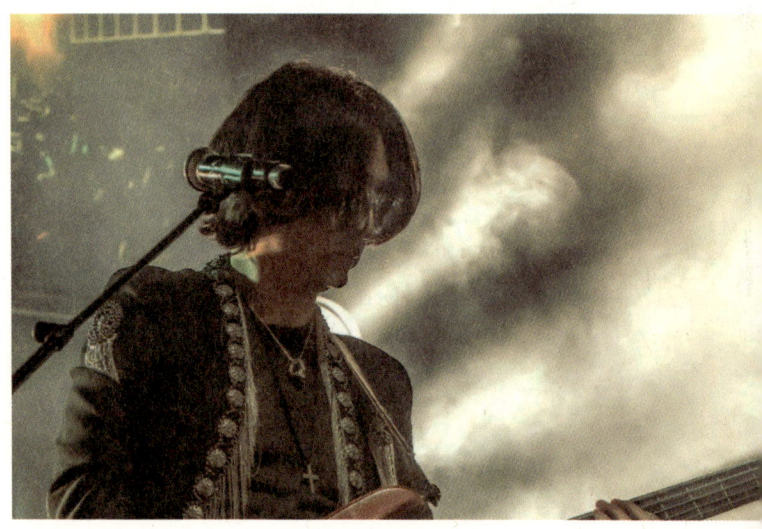

사진: 김영석 프로필

Q 음악은 언제 시작하셨나요?

'하얀 그림자'라는 팀으로 데뷔했어요. 경기고등학교와 영동고등학교의 연합 고등학교 밴드죠. 그 당시에 그룹사운드가 붐이었어요. 그래서 저도 그 분위기에 편승해 팀을 하면서 데뷔한 거죠.

Q 악기 연주는 어릴 때부터 하셨나요?

중학교 2학년 때 공부 안 하고 통기타를 쳤죠. 그때는 다 그랬어요. 기타를 쭉 치다가 '하얀 그림자'가 원래 투 기타 밴드였는데, 베이스 하던 친구가 나갔어요. 그때는 베이스가 그렇게 인기 있는 악기가 아니라서 멤버 구하기가 굉장히 힘들더라고요. 그래서 관심 있던 제가 하게 된 거죠. 앨범 내면서 베이스로 전향했어요.

Q 베이스로의 전향이 쉬우셨나요?

네, 재밌었어요. 그 당시에 저희 앨범 프로듀서 했던 분이 김현규 씨라고. 지금은 돌아가셨는데 그분이 이은하 씨 음악을 거의 편곡하던 밴드의 마스터셨어요. 그런 분이었는데 그분에게 많이 배웠어요. 당시엔 그런 사부님을 만나기가 힘들었거든요. 지금은 실용음악학원 이런 데가 많지만,

그때는 전혀 없었고 대부분 몰래 혼자 하고 그랬어요.
저는 그런 인연으로 베이스를 바꾼 게 더 잘 됐었죠.

Q 자작곡은 언제 처음 만드셨나요?

고등학교 때 팀을 하면서 어설프게 만들기 시작했어요.
그때는 자작곡이 있어야 앨범을 냈으니까요. 당시엔 헤비메탈
팀이 엄청나게 유행할 때라 친구들도 다 그쪽 음악을 했는데,
저희 팀은 크로스오버를 좋아했어요. 그리고 일본 쪽,
'튜브'나 '안전지대' 등의 영향도 많이 받았고 해서 록 하는
밴드들이랑은 저희가 잘 어울리지 못했죠. 되레 세션 하는
팀이랑 친했어요. 소위 '말하는 가요' 하는 팀들요.

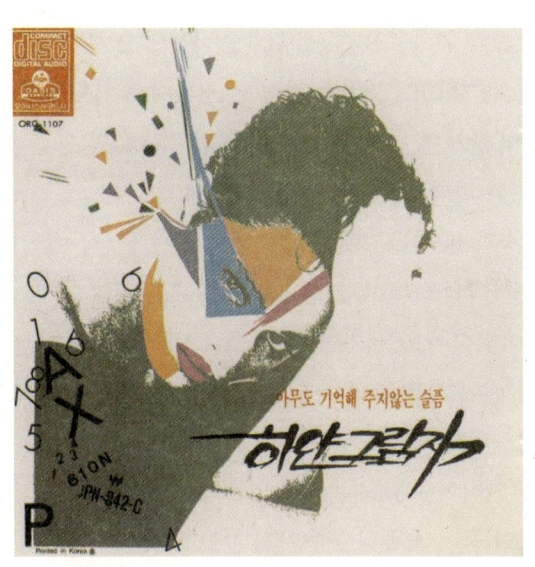

그때는 이태원 이런 데서 되게 협력사 공연들이 많이 열렸고, 그게 붐이었거든요.

근데 설 자리가 별로 없었어요. 그래서 방송도 했지만 밤업소도 했어요. 〈아무도 기억해주지 않는 슬픔〉이 발라드여서 그런지 라디오에 꽤 많이 나왔어요. 우리처럼 일반 가요 같은 음악을 하는 팀은 몇 없었거든요. 우리랑 '바람꽃'인가 하고 '평균율'이라는 팀이 있었어요. 몇 팀 안 되니까 방송하기 편했죠. 소프트하니까. 라디오 방송에서 그때도 시끄러운 거 트는 거 싫어했거든요.

Q 시퀀싱은 어떻게 해서 배우신 건가요?

소속 사무실에 그 프로그램을 할 수 있는 프로그래머가 한 명 있었어요. 그분은 편곡자도 연주자도 아니었고 그것만 했어요. 하나의 자그마한 스튜디오처럼요. 스튜디오 가서 녹음하고 세션비 주려면 비싼데, 이 사람은 한 20~30만 원 주면 원하는 걸 다 미디로 받아주는 거예요. 제작자 입장에서는 굉장히 싼 거죠. 프로그래밍해서 쏘면 순식간에 다 펼쳐져서 멀티에 꽂히니까. 그러면 세션 부르는 것보다 10분의 1로 줄어드니까요. 제가 그걸 본 거죠. 해철이의 2집 《Myself》도 혼자 다 한 거잖아요. 그렇지 않았으면 색소폰 연주자 불러서 하고 그랬을 텐데, 방구석에서 혼자 다 찍어가며 한 거니까. 제작자는 얼마나 예쁘겠어요. 그래서 저걸 알면 굳이 스튜디오에 가지 않고도 다 들어보고

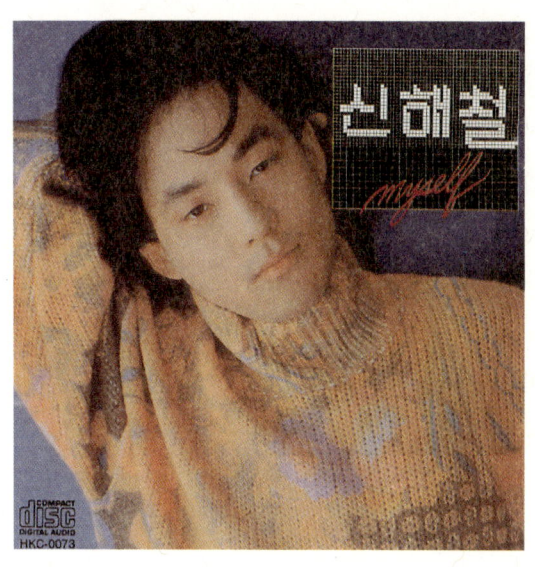

체크해볼 수 있겠구나라는 생각이 들었고요. 그래서 그 형한테
들러붙었죠. 한 6개월 정도 도와주고 배우고 했어요.

Q **그래서 편곡도 많이 하신 건가요?**

　네. 제가 악기 파트이다 보니까 노래만 있는 상태에서
작업해서 멀티 사운드를 만들어서 빼는 걸 아주 재밌어했어요.
예를 들어 체리필터 같은 경우에는 제가 편곡만 했어요.
멤버들이 다 작곡을 하니까요. 그때부터 입소문이 났는지 편곡
의뢰가 많이 들어왔어요. 재밌으니까 한참 했죠. 록발라드
또는 약간 록이라는 느낌이 드는 색깔을 내고 싶으면 저에게
맡긴 것 같아요. 〈왜 하늘은〉도 그렇고요. 당시엔 록발라드가

디스토션 얹어가지고 화성 쌓는 게 약간 유행이 되어버려서요. 당시에는 현금이 들어와서 좋았죠. 그런데 작사, 작곡은 이후에도 계속 인정을 받는데, 편곡의 경우는 노래방이나 다른 가수가 커버하더라도 책정이 되지 않으니까. 지금은 그냥 노가다만 한 느낌이에요. 주변의 후배들에게는 편곡하지 말고 작사, 작곡하라고 그래요. (웃음)

Q   성공한 편곡자, 히트곡 메이커이기도 하시잖아요.

시간이 지나서 보니까, 사실은 넥스트에 들어가서 제가 그 이후에 작업한 것들이 사실은 다 잘됐어요. 그게 어쨌거나 넥스트라는 거대한 팬덤이 있었고, 팬덤 안에서 멤버가 어떤 곡 작업을 하면 팬들이 그거를 주목하게 돼요. 멤버 누군가가 뭘 했구나 하고 다 찾아보죠. 그 당시에는 그런 걸 잘 몰랐어요. 그때 이지훈의 〈왜 하늘은〉하고 에메랄드 캐슬의 〈발걸음〉, 따로 작업했던 미스미스터하고 리아가 거의 동시에 다 작업이 된 거였어요. 근데 몇 년 차로 얘네들이 다 잘됐어요. 특히 지훈이는 데뷔하자마자 정점을 찍었죠. 당시 팀원이었던 해철이도 많이 축하해줬어요.

Q   넥스트 내에서는 왜 곡이 거의 없으신가요?

만약 제가 외부에서 그런 프로듀서를 하지 않았으면 더 많이 했을지도 몰라요. 해철이는 제가 그런 작업을 해주길 원했으니까요. 밴드를 혼자 이끌려면 힘들어요. 정해진 시간도 있고 한 곡 할 때마다 공을 많이 들여야 하니까요. 근데 저는 밴드 색깔에 맞춰 쓰기가 너무 힘이 든 거예요. 해철이가 네다섯 곡 써놓은 걸 보면, 예로 《World》 앨범에 있는 노래 들어보면 어두운 건 되게 어둡고 또 무거워요. 근데 저는 약간 가볍고 쉬운 스타일을 좋아하거든요. 그냥 일반 가요에 좀 더 잘 맞는? 그런데 그걸 버리고 억지로 밴드 색깔에 맞춰 쓰려니 부딪칠 것 같아서 의도적으로 피한 것 같아요.

Q 프로듀서로서는 어떻게 알려진 건가요?

원래 계속 데모 작업을 했고, 만들면 일단 제작사에 줄곧 돌렸어요. 지금은 AR이라는 게 있어서 중간 역할을 하는 사람들이 있지만, 예전에는 제작자가 다 일일이 어디 소문 듣고 가서 연락해보고 찾아서 테이프 받고, 듣고 했거든요. 테이프엔 통기타 하나로 반주하면서 노래하는 게 다였고요. 지금처럼 프로그램 돼서 편곡한 데모작업 그런 건 전혀 없는 거죠. 좀 더 잘하면 4트랙 사용하고 간단한 피아노 넣고 그랬어요. 그렇게 해서 OK 나면 그때 편곡을 시작했죠. 그렇게 하면서 지냈어요. 특별히 인지도도 없었고요.

넥스트 들어가기 바로 전에 제작했던 미스미스터가 부른 〈널 위한 거야〉가 소리소문 없이 잘됐어요. 그때부터 인지도를 얻은 것 같아요. 보컬을 하는 친구가 보이시하게 생겼어요. 그래서 처음에 팬들이 남자인 줄 알았던 거예요. 근데 노래가 조금씩 알려지면서 그애가 남자가 아니고 여자라는

게 밝혀지면서 판매고가 확 올라갔어요. 그래서 그 앨범이
잘되었죠. 넥스트는 넥스트대로 잘되고, 제가 제작하는 팀들도
잘되기 시작했으니까요. 그건 넥스트의 덕인 거죠. 당시에는
제가 잘나서 그렇게 잘나가는 줄 알았어요. (웃음) 근데 세월이
지나서 보니까 다 넥스트 덕이었더라고요. 해철이 덕이었죠.

Q   미스미스터는 어떻게 제작하게 되었나요?

저하고 마장동 유니버설 스튜디오 엔지니어였던 이유억
씨가 있어요. 매니지먼트하는 또 한 친구가 있었고요. 셋이서
의기투합해 지램(z-ram)을 만들었어요. 레코딩, 어레인지먼트,
매니지먼트의 앞 자를 따서요. 그리고 미스미스터를
만들었어요. 앨범 제작비 다 대고, 유통도 저희가 하고요.
그리고 수용이하고 세황이에게 세션 부탁을 했어요. 멤버 두
명이 여자인데, 나머지 베이스랑 드럼이랑 일부 일렉기타는
우리가 좀 쳐주자고요. 대신 해철이한테는 비밀이라고
하면서요. 그렇게 저희가 전부 세션을 했어요. 그리고 또
해철이에게도 부탁했어요. 내가 제작하는 애들인데 코러스를
좀 해달라고요. 물론 넥스트 멤버들이 참여했다는 건 말하지
않았죠. 그러다가 노래가 인기를 얻던 어느 날, 해철이가 그
노래를 듣더니 "형이 제작한 팀. 그 여자애가 기타를 이렇게
쳐?" 하고 묻는 거예요. 그래서 세황이가 쳤다는 말은 못
하고 그냥 대충 "어, 잘 쳐" 하고 얼버무렸죠. 그런데 공연을
앞두고 있는 미스미스터 연습실에 해철이가 찾아온 거예요.

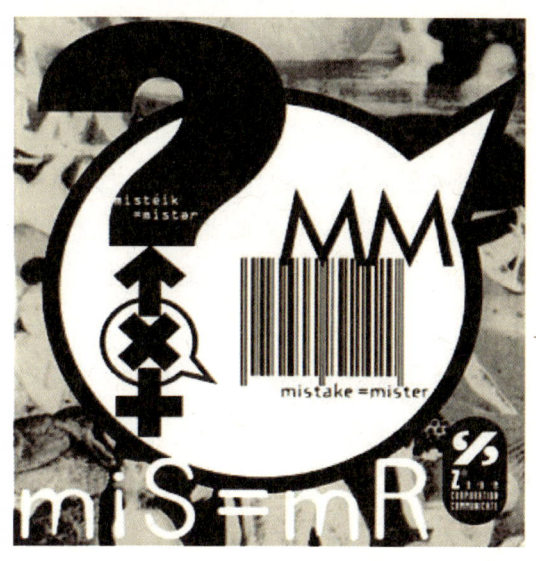

그걸 보고는 엄청 뭐라고 했고 제가 박살이 났죠. 결국 우리 팀이 다 해준 거니까요. 해철이는 그럴 거면 코러스 안 해줬을 거라면서 뭐라 그러고요.

Q   제작비 조달은 어떻게 하셨나요?

　　실질적으로 가장 돈이 많이 드는 건 스튜디오 비용이고요. 그다음에 편곡비랑 세션비예요. 근데 편곡이랑 세션은 자체 조달이니까 그렇게 힘들지는 않았어요. 요즘엔 홍보비가 많이 들지만, 당시에는 정해져 있었어요. 한 3천만 원 정도면 라디오 한 바퀴 돌리죠. 근데 인맥이 있으면 더 적게 들어요. 그 인맥으로 라디오 돌려서 나오게 할 수 있으니까.

그 당시에는 어떤 공식이 있었기 때문에 요즘보다 더 쉬웠다고 볼 수도 있죠. 그러면 밥값, 의상비, 운영비 정도가 더 들겠죠. 가령 리아 같은 경우는 해철이가 〈음악도시〉 해서 거기 PD에게 새로 제작한 가수라고 소개해줬어요. 그랬더니 그 PD가 모든 프로그램을 다 돌려서 틀게 해줬어요. 그렇게 해서 반응이 있는 노래면 뜨는 거고, 아니면 묻히는 거죠.

Q 저작권료가 적지 않으실 것 같아요.

그냥 끊이지 않고 조금씩 들어오고 있어요. 대부분은 유행할 당시만 좀 나오고 그치지만, 그렇지 않은 곡들이 있어서. 그렇다고 그걸 믿고 생활할 수 있을 정도는 아니고요. 〈발걸음〉은 아이돌 가수들이 가끔 장기자랑식으로 한 번씩 불러줘서 그 친구들 덕분에 유명해졌다고 생각해요. 나중엔 여자들이 싫어하는 노래 리스트에도 올랐죠. 〈널 위한 거야〉나 〈왜 하늘은〉 같은 곡들도 있고.

Q 신해철 씨는 언제 처음 알게 되었나요?

고등학교를 졸업하고도 팀이 해체되지 않고 그대로 갔어요. 그래서 대학 다닐 때 1988년도에 《하얀 그림자》 앨범을 냈죠. 그 앨범을 가지고 라디오 방송에 나갔는데, 그때 신해철 씨가 DJ를 맡고 있었어요. 무한궤도로 〈대학가요제〉 대상을 받은 후 워낙 말도 잘하고 목소리도 좋고 똑똑하니까 곧바로 DJ가 됐어요. MBC였던 거 같아요. 거기에

게스트로 출연해서 알게 되었죠. 나이도 비슷비슷하니까
금방 친해졌어요. 그리고 방송 활동을 하면서 자주 봤어요.
해철이가 솔로 앨범을 내고 또 DJ니까 굉장히 자주 마주쳤죠.
그렇게 해철이는 무한궤도와 솔로 활동을 했고 저는 팀을
하다가 군대에 갔어요. 그리고 군대 갔다 오면서 하얀
그림자가 해체되었고, 전 다른 멤버들을 데리고 비트라는 팀을
또 하게 되었죠. 2집까지 같이 했어요.

0 넥스트 합류는 언제 하셨나요?

해철이가 솔로로 공연을 돌 때 제가 베이스 쳤어요.
라이브 앨범 《My Self Tour》 거기서부터였던 것 같아요.
그때부터 제게 넥스트를 하자고 꼬셨어요. 처음에는 드럼의
이동규, 기타의 정기송 그리고 또 누구 한 명 있었는데,
그 친구는 전문적으로 음악을 하는 친구는 아니고. 암튼
그렇게 시작했어요. 그때 저에게 제의가 왔는데요. 그때는
고사했어요. 그랬더니 드럼이었던 이동규 씨가 베이스로
바뀌서 작업을 했어요. 그게 《Return Pt. 1》 앨범까지 갔고,
그다음에 이동규 씨가 탈퇴했어요. 그때가 굉장히 급하게
공연을 해야 하는 상황이라서 저에게 세션 제의가 왔어요.
부산 공연이었던 것 같아요. 그때 제가 군 복무 중이었어요.
원래 지방이나 먼 데 가면 안 되거든요. 근데 군악대에서
복무했기 때문에 음악 쪽이랑 관련 있는 일을 한다니까 좀
봐줘서 주말에 나올 수 있었어요. 그때 머리가 짧아서 가발

쓰고 공연을 했어요. 근데 웃긴 건 저에게는 세션이라고
말해놓고 막상 무대에 올라가니까 거기 온 팬들에게 새로운
멤버가 들어왔다고 해버린 거예요. 그래서 그냥 그때부터
넥스트 멤버가 되었죠.

Q 처음에 고사한 이유는 뭔가요?

해철이가 평범한 성격은 아닌데, 정기송 씨도 평범하지
않고. 그래서 이건 분명히 부딪히겠다 싶었어요. 괜히 했다가
싸움만 나겠다고 생각했죠. 그래서 거부했어요. 사실 저도
그전에 밴드를 해봐서 알지만, 멤버들이 서로 자주 부딪치면
오래 못 가거든요. 근데 저도 알고 보면 제가 하고 싶은 대로

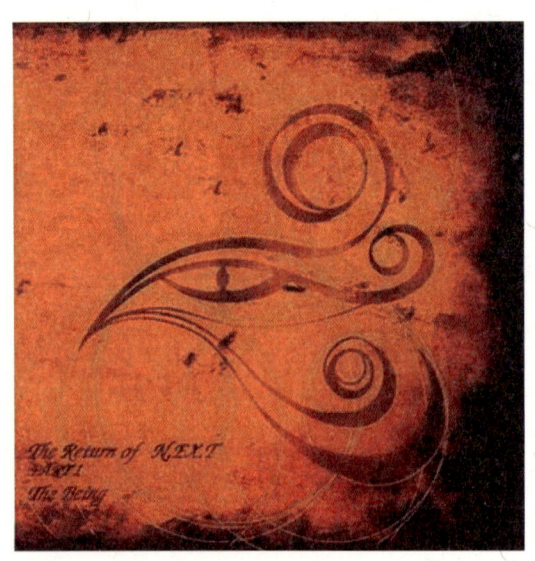

하는 성격이에요. 근데 해철이 성격이 장난 아니잖아요. 워낙 강하니까 아무리 그의 재능을 인정하고 숙이고 들어간다고 해도 끌려다니고 싶지는 않았어요. 그러다가 이수용과 김세황이랑 같이 공연을 많이 한 뒤에는 너무 좋았어요. 워낙 유명한 친구들이라 평소에도 같이 해보고 싶다는 생각을 하긴 했거든요. 연습하는 걸 보니까 정말 잘하더라고요. 암튼 그때는 멤버들의 매력이 절 편안하게 했어요.

Q 합류 전 넥스트 곡들의 베이스 파트는 새로 만드신 건가요?

공연 때는 그전에 나온 앨범들을 듣고 카피했어요. 베이스만 들으면 되는 거니까. 제가 직접 만들기 시작한 건 《Return Pt. 2》부터예요. 제가 들어갔을 때는 앨범 녹음이 하나도 되어 있지 않았어요. 이동규 씨가 친 거 서너 곡 있었고요. 멀티트랙으로 녹음해놓았던 거니까 베이스만 걷어내고 제가 다시 쳤죠.

Q 넥스트 멤버들이 1990년대 중반에 세션을 많이 한 이유가 있었나요?

원래 제가 베이스 연주보다는 작곡하고 프로듀서 하는 게 꿈이었어요. 그래서 제의가 들어오면 달려가서 했죠. 그리고 세황이, 수용이도 경험이 없어서 세션을 해보고 싶어 했고요.

그래서 애들을 데리고 많이 했어요. 그렇게 하니까 제작자들이 우리를 개인으로 부르기보다는 세 명이 같이 해주는 걸 원하기 시작했고, 페이도 2~3배 더 받았으니까 재밌었죠. 물론 개인으로도 했어요. 아마 세황이가 제일 많이 했을 거예요. 당시에 진짜 막 몰아서 했어요.

근데 해철이는 그걸 싫어했어요. 그래서 다툰 적도 있었죠. 왜 자꾸 애들을 데리고 나가냐고요. 멤버들의 합주가 하나의 팀 색깔인데 그 색깔을 자꾸 다른 데다 쓰냐고요. 뭉쳐 다니지 말고 한 명씩만 가서 세션을 하라고. 근데 제작자들은 그런 우리만의 색깔을 좋아하는 경향이 많았어요. 그래서 한 명씩은 또 안 쓰려고 했죠. 그래서 섭외도 멤버들을 통해서 왔어요. 회사로 오면 싫어하니까요. 친한 사람들을 통해서요. 그러다가 어느 순간에는 해철이 말이 맞는 것 같고, 저도 클라이언트들이 요구하는 대로 이것저것 막 하다 보니까 자존심도 좀 상하고 힘들더라고요. 저랑 색깔이 맞지 않는 것도 여러 장 하고요. 그래서 그다음부터는 거의 안 하기 시작했어요. 아마 마지막으로 같이 했던 건 김원준의 〈Show〉하고 조규만 앨범까지였던 걸로 기억해요. 수용이는 좀 더 오래 했던 거 같고요.

Q 《Return Pt. 2 - World》 편곡 작업은 어떻게 진행됐나요?

일단 총안은 해철이가 무조건 다 찍어요. 넥스트 초반

앨범도 다 그랬어요. 저희 때만 해도 대부분의 뮤지션이 정식으로 편곡을 배운 사람들이 거의 없었어요. 그래서 대부분 편곡한다 그러면 그 편곡자가 꽤 일찍부터 프로그래밍 작업을 했던 거예요. 아타리 컴퓨터든 뭐든 간에요. 해철이는 MC 500이라는 시퀀서를 썼고, 저 역시 케이크 워크라는 프로그램을 도스 시절부터 썼어요. 시퀀싱을 할 줄 안다는 건 그 당시에는 굉장히 흔하지 않은 역량이었고요. 저도 그걸 했기 때문에 편곡 작업을 했던 거고, 정식으로 공부하지 않아도 프로그램을 계속 해보면서 실패하고 고쳐나가면서 한 거죠. 물론 클래식 공부를 했다 해도 프로그램 작업을 하지 않으면 편곡하기 힘든 것도 있고요.

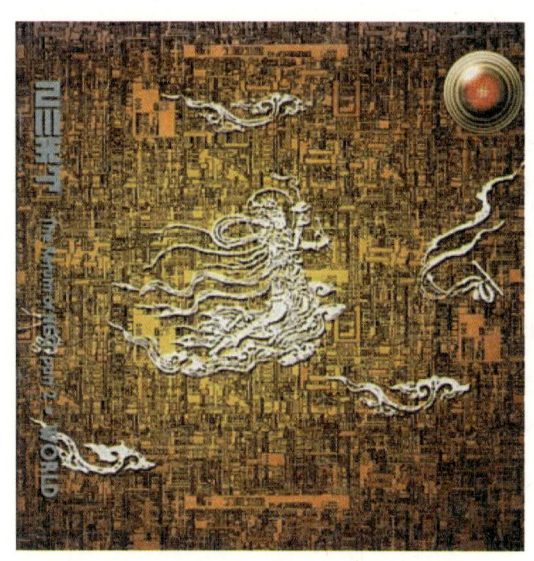

해철이가 일단 기타와 보컬을 제외한 베이스, 드럼까지 초안을 잡아와서 멤버들에게 뿌려요. 그러면 멤버 각자가 거기에 뭘 더 넣거나 빼거나 해서 완성하죠. 해철이는 아마도 아시아에서 가장 빨리 찍었을 거예요. 너무너무 빨랐어요. 모니터가 아주 작거든요. 근데 드럼 트랙 같은 것도 그냥 눈 깜짝할 사이에 다 해치워요. 독보적이었어요. 오래 지켜본 바로는 집중력이 아주 대단한 사람이에요. 책 같은 걸 읽어도 다 읽을 때까지는 밥을 먹으면서도 그걸 끝까지 봐야 하는 성격이니까요.

Q. 〈힘겨워하는 연인들을 위하여〉는 어떻게 만든 건가요?

가만히 있었더니 해철이가 하도 곡을 만들어내라고 난리를 쳐서 한 곡 쓴 거예요. 작사는 자기가 알아서 할 테니 발라드 하나 만들라고 해서요. 해철이가 일반적인 사랑 얘기는 싫다고 해서 가사는 그런 주제로 가고요. 저는 그냥 제 스타일로 곡을 쓰기로 하고 그렇게 타협을 보고 만든 곡입니다. 저는 넥스트 밴드 음악에 제 음악을 고집하지 않았어요. 그렇기 때문에 어떤 음악 스타일이나 음악적 성향을 가지고 해철이와 싸운 적은 단 한 번도 없어요. 인정할 건 인정했으니까요. "손 대고 싶어도 네 음악엔 손을 못 댈 것 같다. 난 너처럼 할 수가 없다"라고요. "난 할 수 있지만 일부러 안 하는 거다"가 아니라 "너처럼 못하겠다"고 하니까요. 그게 사실이었고요. 그래서 넥스트 음반에 제 작곡이 별로 없는 거예요. 자연스럽게.

Q 신해철 씨가 아니라 멤버들이 주도한 곡도 있었나요?

일단은 해철이에게 맞췄어요. 그리고 해철이가 찍은 거를
더빙하고, 멤버들이 모여서 완성된 걸 들었죠. 각자 애드립한
것도 있고, 각 악기의 멜로디라인은 각자가 만든 게 있죠.
해철이가 완전히 처음부터 끝까지 다 찍은 건 아니고요.
약간 여유를 줬어요. 예를 들면 기본 리듬하고 전체적인
섹션만 구성해서 주고 나머지는 비워놓는 거죠. 아니면 어떤
건 평범하게 그려놓고 그다음에 다 멤버들이 알아서 만들어갈
수 있게 해주기도 하고요. 저는 그게 정답이라고 생각해요.
왜냐하면 이렇게 다른 사람들에게 더 많은 생각을 들을 수
있으니까요. 제안도 할 수 있고요. 또 군이 멤버가 아니더라도,
가령 드러머 강수호 씨 같은 경우는 이것저것 제안을 많이
하거든요. 하면서 자기가 신나면 기존의 편곡까지 뒤집을
정도로요. 그러다 보면 더 좋은 아이디어도 생기니까요.
현장에서 바꾸기도 하고 그러죠.

Q 넥스트 싱글은 팬 서비스 차원에서 내신 건가요?

팬 서비스 차원인 건 분명해요. 앨범을 내면 항상
팬클럽들이 모여서 모니터링을 했어요. 《World》 모니터링
때 해철이는 〈Money〉가 좋은 반응을 얻길 바랐죠. 근데
결과는 〈힘겨워하는 연인들을 위하여〉가 훨씬 높게 나왔어요.

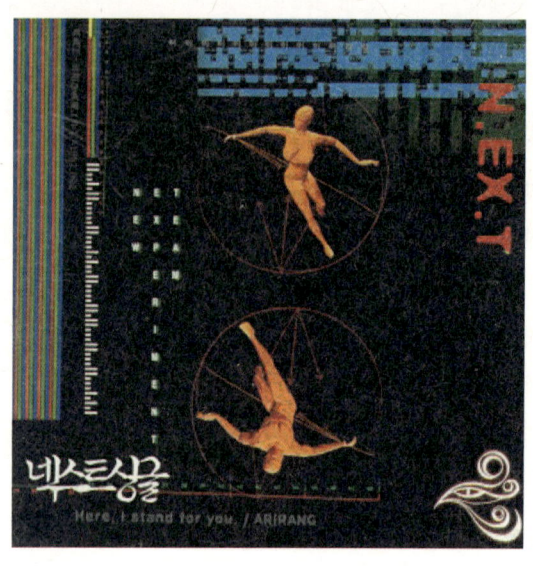

굉장히 오랜만에 앨범을 냈는데, 록밴드가 발라드로 활동을
시작하기는 좀 그렇잖아요. 그래서 모니터링의 결과를
무시하고 〈Money〉로 활동했어요. 그러면서 해철이는
록밴드다운 발라드를 하나 만들어야겠다는 생각을 하고
있었던 것 같아요. 그리고 마이너인 〈Here I Stand For You〉가
나온 거죠. 저는 너무 고음이라 그렇게 좋아하진 않았어요.
너무 악을 쓰는 게 싫어서. 그런데 해철이는 이렇게 안 하면
밴드의 발라드가 아니라고 해서. 그것도 맞는 말이라
생각했죠. 본인도 라이브 할 때는 힘들어하기도 했어요.
후렴이 워낙 두성으로 지르는 거라서요. 본인 컨디션이
안 좋으면 분위기가 험악해졌죠. 마이크 집어던지기도 하고.

Q 〈라젠카〉 만들 때는 어땠나요? 밴드하우스도 만들었는데.

밴드하우스는 제가 좀 반대했어요. 다 같이 합숙하면서 작업하기를 원했는데, 멤버들이 그때 너무 바빠지고 텅텅 비는 날이 많았어요. 서로 원하지 않는 사람들끼리 어떻게든 막 해나가려고 하면 그렇게 해도 되는데, 독보적인 아티스트 한 명 있거나 자기주장 센 두세 명이 모여서 하면 그런 분위기가 안 만들어지거든요. 의견이 안 맞는데 어쩔 수 없이 따라가기는 해도 속으로는 분이 안 풀리는 때도 있고요. 근데 앨범을 듣고는 굉장히 감탄했어요. 제가 데모 베이스 듣고 베이스 편곡해서 연습하고 스튜디오에 가서 연주할 때 보면, 해철이는 자기가 데모에서 불러놓은 걸 성악 하는 애들

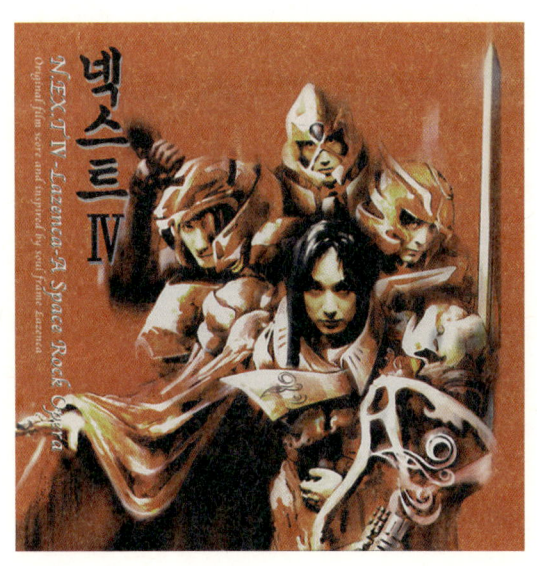

불러서 다 해놓은 거예요. 정말 깜짝 놀랐어요. "이게 이렇게 나오네" 하며 감탄이 나왔죠. 그래서 "너 혼자 알아서 하면 잘할 걸 뭘 뭉쳐 있자고 그래?"라고 말했죠.

Q 애니메이션 음악을 하는 것에 대한 이견은 없었나요?

전혀 없었어요. 다들 재밌겠다고 생각했죠. 그리고 우선 해철이가 들고 오는 어떤 콘셉트나 스토리 방향에 대해선 아무도 이의제기를 하지 않아요. 해철이가 "이렇게 해서 이렇게 해서 이렇게 할 거야" 그러면 다들 OK였죠. 당시에는 그것에 크게 관여해야 한다는 생각을 하지 않기도 했고요. 그런 방면에서는 모두가 해철이를 완전히 인정했어요. 가사도 그랬거든요.

예를 들면 제가 예전에 다른 밴드에서는 멜로디도 그렇지만 편곡도 그렇고 가사를 또 봐요. 그리고 멤버들이 모여 가사 보면서 "여기 이게 낫지 않아?" 같은 의견을 내서 바꾸곤 하죠. 하지만 넥스트는 절대 그런 거 없어요. 녹음 당일까지도 아무도 가사를 체크하려는 생각조차 하지 않아요. 완전 무한신뢰하죠. 이건 신뢰하는 정도가 아니라 그냥 우리보다 한 수 위라는 생각을 하고 있으니까요. 아마 우리뿐만 아니라 당시에는 그 누구도 해철이의 가사를 보고 뭐라고 못 했을 거예요.

Q 넥스트를 해체한 이유가 뭘까요?

두 가지가 있었는데요. 그때 기회가 있어서 일본에서
활동할 수 있었어요. 해철이가 일본에 가자고 했는데,
찬성파와 반대파로 나뉘었죠. 저는 그때 신혼이라
망설였거든요. 그래서 불화가 좀 있었어요. 그때를 돌아보면
해철이 말이 맞는 건데…. 신혼이 뭐라고 다 제쳐두고 갔어야
하는 건데. 그게 행복인 줄 모르고. (웃음) 다른 한 가지는 다들
과하게 활동을 많이 하고 관심도 많이 받아서 좀 피곤했던
것 같아요. 그리고 그때 해철이가 크리스 샹그리디를 만나서
본토에 가서 음악 하고 싶은 생각이 있었던 것 같고요.
그래서 해철이가 해체하겠다고 했을 때 나머지 멤버들이 다들
힘드니까 그렇게 하라고 했죠.

지금은 무조건 말렸겠죠. 이후에 후회를 엄청 했어요.
노바소닉 할 때도 이미 후회하고 있었고요. 내가 미쳤지.
그때 왜 해체하라고 했는지. 물론 해철이가 영국 가서 음악
공부하는 데 꽂혀 있어서 그냥 했을 것 같기도 하지만요.
물론 해체 안 하고 해철이가 솔로 활동을 좀 한 후에 다시
하자고 설득했어도 괜찮았겠죠.

Q 넥스트 해체 후에 노바소닉이 나온 배경은?

해체하고 저희는 그냥 각자 작곡, 프로듀서 하면서
지내려고 했던 것 같아요. 저는 그때 아마 홍경민 씨 거 하고
있었던 것 같고요. 그랬는데 멤버들이 버릇처럼 제 연습실에

와서 있는 거예요. 성수동 넥스트 연습실이 제 작업실 겸
연습실이었거든요. 거기서 술도 마시고요. 그렇게 오래 자꾸
보니까 같이 있는 게 편해지고, 그렇게 해서 "우리도 팀이나
하나 하자"고. 그렇게 된 거죠. 보컬을 구하면 넥스트와 했던
것들이 비교될 테니까 해철이가 했던 것과는 아예 비교를 못
하게 다른 음악을 하자고 해서 김진표를 생각했던 거고요.
패닉하고 같은 스튜디오를 썼는데, 진표의 랩이 두껍고
그루브도 좋더라고요. 그래서 아예 작정하고 패닉 공연에
갔어요. 방송에 나오는 걸로는 파악이 안 되니까요. 보니까
카리스마도 있고 캐릭터도 있어서 얘기했죠. 제의하니까
진표가 좋아했어요. 근데 고생은 좀 했어요. 힙합을 하던

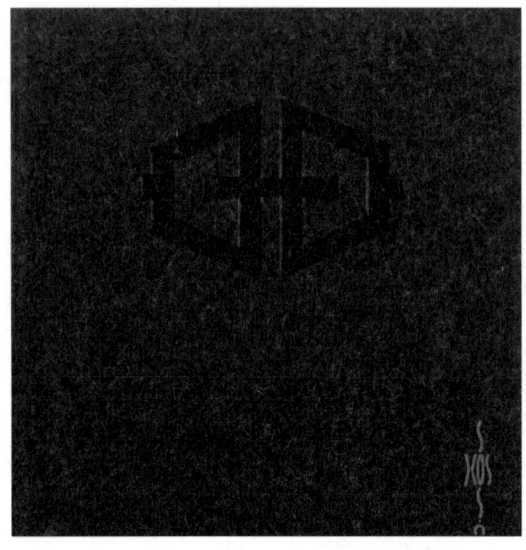

친구가 록 음악의 악기들을 뚫어야 하니까. 나중에는 아파서, 본인이 힘들었는지 그만하겠다고 했어요.

우리가 그렇게 팀을 한 것에 대해 해철이가 섭섭해했을 수도 있는데요. 그건 의도적인 게 아니라 상황이 그렇게 된 거라 어쩔 수 없었다고 생각해요. 그런 건 있었죠. 해철이가 머리 좀 기르라고 했는데, 머리 긴 게 싫어서 저는 기르지 않았거든요. 근데 노바소닉 때 머리 기른 거 보더니 자기가 그렇게 기르라고 할 때는 기르지 않더니 뭐라고 해서 웃었던 적이 있어요. 팀 해보니까 알겠더라고요. 멤버들이 말을 안 들어서 해철이가 얼마나 힘들어했을지.

Q 〈Regame?〉에서 재결합을 했어요.

당시 해철이는 투자도 받아야 하고 비즈니스도 해야 하니까 외부 활동을 꼭 해야 했어요. 그래서 저에게 멤버들과의 가교 역할을 잘 해달라고 부탁했죠. 세황이도 그렇고 수용이도 그렇게 뛰어난 뮤지션들을 이전에 본 적이 없었어요. 그렇다 보니 모두 개성이 강해요. 다른 사람들 말 듣는 걸 싫어했죠. 잔소리를 하면 "알았다"고 하고 그냥 자기 맘대로 해버리곤 했어요. 그래서 해철이를 많이 힘들게 했죠. 세션으로 갔을 때도 안 좋은 적이 있어요. 제작팀 쪽에서 원하는 대로 해주기가 힘드니까요. 수용이의 경우는 하라는 대로만 하면 막 답답해하고 그렇게 하다가 리듬 자체가 이상해진 적도 있어요. 자유롭게 놔두면 훨씬 더 잘하는

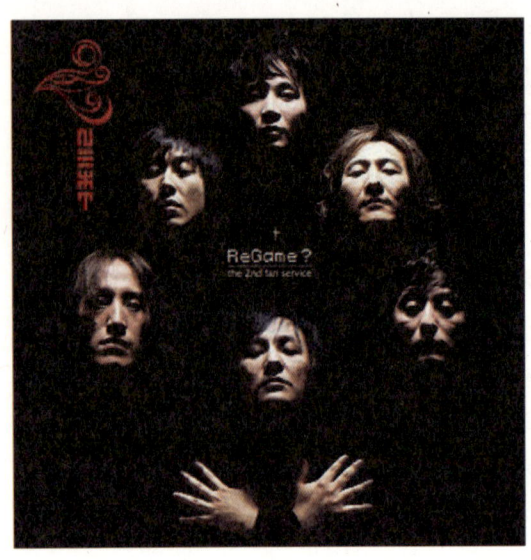

스타일이죠. 대신 좀 러프해지는 건 있어요. 성향 차이이긴
한데, 자신을 절제하면서 상대가 원하는 대로 해줄 수 있는
연주자들이 세션맨을 잘하는 것 같아요. 그래서 해철이는
저에게 멤버들과 중재 좀 해달라고 요청했어요. 그리고 자기
편이 좀 되어달라고요. 근데 제가 그러질 못했어요. 애들 편을
더 들었죠. 그래서 해철이가 힘들어하고. 전 또 그걸 못 견디고
나오고. 그러면서 또 흩어졌어요.

Q   넥스트 유나이티드는 어떤 의미일까요?
     어느 날 해철이가 저에게 유나이티드를 할 거래요.
그래서 "무슨 조기축구회도 아니고 뭐 유나이티드까지 하냐?"

그랬더니 넥스트 이름으로 거쳐간 인원이 되게 많다는 거예요.
그래서 봤더니 진짜 수십 명인 거예요. 그러면서 해철이랑
터놓고 얘기했어요. 그전까지 서로 쌓아두고 섭섭했던 거
이런 거 다 오픈하고 상황 봐서 편한 멤버들끼리 그때그때
조인해서 팀을 꾸려나가는 게 어떻겠냐고요. 그렇게 의견이
맞아서 팀을 하자고 했고, 나도 공연할 때 올라가는 거에
주안점을 두고 하겠다고 했죠. 근데 그러자마자 불의의
사고를 당한 거예요. 굉장히 안 좋을 때 사고를 당했으면 또
모르겠는데, 이제 다 화해하고 풀 거 다 풀고 그냥 우리 서로
늙어가면서 마음 맞는 사람끼리 편하게 좋은 음악 하자고 한
순간 그렇게 되어버렸으니까. 너무 마음이 안 좋더라고요.
그래서 추모공연 같은 거 열게 되면 모든 일 다 제쳐두고
나서서 해요. 미안한 마음이 커서.

Q 노바소닉 4집의 이현섭 씨는 어떻게 넥스트로 간 건가요?

해철이와 좀 어색한 관계였다가 풀어진 계기가 된 게,
해철이가 분당 쪽에 쓸 만한 작업실을 구한다는 거예요.
그래서 제가 현섭이 작업실을 소개해줬거든요. 그 작업실을
빼려고 하고 해철이는 작업실이 필요하다고 하니 그 작업실을
쓰라고요. 그때 해철이와 현섭이가 처음 만난 거죠. 그리고
친하게 지내더니 작업실을 둘이 같이 쓴다는 거예요. '둘 다
보컬인데 뭘 어쩌려고 그러지?' 했는데, 현섭이가 어느 날
"저 넥스트 하기로 했어요"라고 말하는 거예요. 그래서 "너희

둘 다 보컬인데 어떻게 같이 하냐?"고 했더니 투 보컬로
간다고 하더라고요. 그때부터 유나이티드에 대한 얘기가 된 것
같아요. 고정된 팀을 만들어서 어떤 특정한 음악 장르로 가는
게 아니라 편한 사람끼리 그냥 편하게 음악을 하자는 취지로.

Q 넥스트 정산은 잘 이뤄졌나요?

앨범 녹음하면 해철이는 멤버들한테 다 현금으로
줬어요. 몇천만 원씩요. 지금 생각해도 상당히 큰돈을요.
저희는 회사랑 계약한 게 아니고 해철이와 구두로 계약한
멤버인 거예요. 계약서도 없고 아무것도 없어요. 그래서
해철이가 소속된 회사건, 아니면 자기가 운영하는 회사에서
앨범을 내건, 초기에 얼마 팔릴 거라고 예상하고 미리 그
돈을 다 현금으로 줘버렸어요. 멤버들 성격이 다들 보통이
아닌데, 그나마 왜 말을 잘 들었겠어요? 기브 앤 테이크가
확실하니까요. 진짜 확실했어요. 그리고 예를 들면 기타줄
같은 건 연습실에 항상 박스로 사놓곤 했어요. 악기 소모품
같은 거는 정말 많이 쌓아놓고 썼죠. 드럼 중에서 심벌이
좀 이상하다 싶으면 바로 다 교체해줬어요. 제가 봤을 때는
앞으로 10년은 더 써도 되는 심벌을 싹 교체해버리니
속으로는 아깝기도 했죠. 근데 그런 정도로 정말 확실하게
잘 챙겨줬어요. 보통 밴드들은 그런 거 하기 힘들잖아요.
그런 것에 대한 꿈을 실현해준 거죠. 소모품엔 돈을 아끼지
않았던 것 같아요. 술도 그렇고요. 록 음악 하는 배고픈 동생들

술도 많이 사줬어요. 전 아껴뒀다가 나중에 더 중요한 데 쓰라고 했지만, 해철이는 록밴드다운 뭔가가 있어야 한다고 생각했던 것 같아요. 암튼 해철이는 저와 돈 문제만큼은 정말 깨끗했어요.

Q 에메랄드 캐슬의 제작과정이 궁금해요.

넥스트로 넘어갈 때가 비트 2집 때였어요. 제가 멤버들한테 간다고 얘기하면서 그 앨범을 끝으로 활동을 좀 하다가 그냥 해체됐죠. 하지만 제가 비트를 나오게 된 이유가 넥스트로 가게 되었던 것뿐만 아니라 비트가 그 당시에 유행했던 댄스에 가까운 음악을 해서였어요. 제작자가 제게 댄스 음악 같은 그런 걸 하나 써주고 가라고 해서 그 곡을 완성하고 나왔던 거죠. 뮤직비디오도 약간 그런 식으로 갔어요. 춤도 추고요. 암튼 그래도 거기 있던 멤버들에게는 미안했어요. 제가 시작해서 만들어놓고는 그렇게 나왔으니까요. 자기는 나가서 넥스트에서 하고 싶은 록 음악 맘껏 하고, 자기네들은 거기서 댄스 같은 거나 하라고 하니까 실망했죠.

에메랄드 캐슬이 원래 보컬 하나, 기타 한 명 이렇게 2명만 있는 밴드 구성이었어요. 근데 제가 해철이를 설득해서 지우라는 보컬에다가 비트 멤버를 다 데리고 와서 만들었어요. 그걸로 과거의 선택에 대한 미안함을 좀 보상했죠. 다행히 분위기도 좋아서 그 당시에는 그걸로 위로가 됐어요.

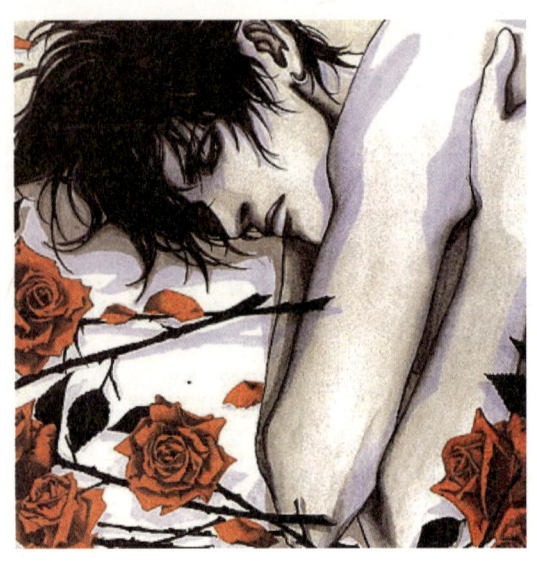

그 친구들은 요즘도 가끔 봐요.

Q 에메랄드 캐슬은 어떻게 만들었나요?

밴드를 하면서 회사 사장님이 앨범을 하나 제작하고
싶다고 해철이한테 부탁을 했던 것 같아요. 근데 해철이가
혼자 하기는 좀 버거울 것 같고 제가 미스미스터를 해봤으니
한번 같이 해보자고 했죠. 술 마시다가 이름을 뭘로 할까
하다가 무슨 호텔 이름 얘기하다가 지은 거고요. 대부분
밴드는 스쿨밴드에서 출발하는데, 에메랄드 캐슬은 그런
히스토리는 없어요. 아는 후배들 모아서 기획한 팀이라.
근데 결과적으로는 제가 다 했어요. 해철이는 멤버 같이

구하고 자금 끌어들이고 명목상 가사 몇 개 쓴 게 다였죠. 그건 해철이도 인정했어요. 그래도 히트곡 하나 생기니 괜찮았어요. 결과적으로 망하지는 않았지만, 그렇다고 대박 나지도 않았던 그런 팀이 되었죠.

Q 신해철 씨는 혼자서도 음악을 할 능력이 출중한데 왜 굳이 밴드에 집착한 걸까요?

제가 생각할 때는 원래 밴드를 좋아했던 것 같아요. 오히려 솔로 때가 예외였죠. 당시에는 밴드를 할 수 있는 여건이 아니었고, 또 당시 유행했던 스타일대로 본인이 하고 싶은 것도 있었던 것 같아요. 그리고 밴드를 해봤던 사람은 무대에 올라갔을 때나 게스트로 갔을 때, 자기 밴드가 있는 것하고 반주에 맞춰 부르거나 세션맨들 대동하는 거하고는 많이 다르다는 걸 알아요. 그게 인지도가 있고 없고를 떠나서 자신의 포스를 극대화할 수 있는 거에 차이가 있거든요. 예를 들어 우리가 시나위 게스트로 간 적이 있었는데, 우리가 밴드로 가니까 한참 선배팀이고 천하제일의 시나위 앞이지만 전혀 주눅 들지 않았어요. 자신감이라고 할까, 그런 게 혼자서 할 때랑 완전 달라요.

Q 그 시절 넥스트는 어떤 팀이었나요?

당시 넥스트가 압도적이었던 건 모두가 공감할 거라고 생각해요. 제가 봤을 때는 신해철이라는 캐릭터 자체가

일단 지명도가 있는 상태에서 과하지도 않고 덜하지도 않게
음악을 똑똑하게 만들어냈던 거 같아요. 가볍게 해서 대중의
기호에 맞춘 것도 아니고, 그렇다고 해서 정말 완전히 대중과
괴리된 것도 아니고요. 그사이를 잘 맞췄다고 생각해요.
그리고 멤버들을 잘 이끌었던 것 같아요. 물론 관리하기는
되게 힘들었을 거예요. 그런 것들이랑 또 운도 시대적으로 잘
맞아서 잘됐던 것 같아요. 사실 이후에 들어온 밴드 멤버들도
대한민국에서 그렇게 못하는 친구들이 아니거든요. 근데 우리
기수 때보다는 잘 안 됐던 것 같아요. 그래서 전 그 시절이
우리랑 잘 맞아서 잘됐다고 생각하지 뭔가 유별난 게 있어서
잘됐다고는 생각지 않아요. 해철이도 그렇고 저도 그렇고
우리의 전성기라고 해야 하나. 그랬던 것 같아요.

Q   **밴드를 잘 유지하는 방법이 있을까요?**

인간이 돼야죠. 사람이 답인 것 같아요. 그런 팀이
체리필터예요. 그 친구들은 서로가 잘났다고 하지 않기
때문에 싸우지 않아요. 배려를 잘하고요. 해외 공연 가면
자기네들끼리 방에서 블루마블 게임을 한대요. 작년인가
펜타포트에서 그애들이 〈오리날다〉 하는 걸 보는데 가슴이
뭉클하더라고요. 같이 작업하고 야단치고 그랬던 게 엊그제
같은데, 그걸 보니 밴드란 저런 거구나 하고 느꼈어요. 테크닉
같은 게 문제가 아니라 그렇게 오랫동안 잘 유지하고 멋지게
합주하고 그런 거. 그래서 끝나고 전화해서 "멋있다"고 했죠.

밴드 하는 친구들은 가끔 다른 팀 멤버 중에 잘하는 애가 우리 멤버면 어떨까 생각할 때가 있거든요. 근데 체리필터 애들은 그런 게 전혀 없다는 거예요. 그런 사람들이 모여서 하면 밴드가 잘 유지되는 것 같아요.

Q 특별한 활동 계획 있으신가요?

신성우, 장호일 형과 밴드 '지니'를 해볼 생각이에요. 10여 년 전부터 둘에게서 입단 제의가 있었는데요. 당시는 각자의 활동으로 바쁜 나머지 계획만 세우고 지나쳤었는데, 이제 본격적으로 진행될 것 같습니다. 주기적으로 신곡도 발표하고, 공연 활동도 꾸준히 이어갈 계획입니다.

대기업 자본과 시스템의
첫 등장

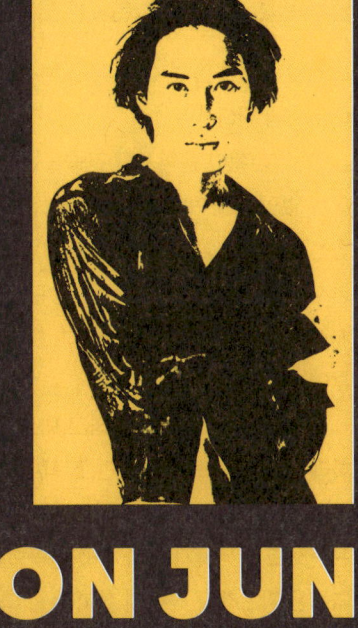

KIM
김원준
WON JUN

2023년 하이브의 매출액은 2조 1,780억 원이고, 9,610억 원을 번 에스엠엔터테인먼트는 카카오의 계열사로 등록되어 있다. 두 회사의 매출과 위치를 보면 이게 정말 음악 사업을 중심으로 번 돈이 맞나 싶을 정도다. 그만큼 케이팝으로 불리는 한국 엔터테인먼트 사업 시장은 매우 커졌고, 중요한 산업으로 올라섰다는 의미이기도 하다.

한국에서 1980년대까지만 해도 음악으로 이러한 매출 성과를 낸다는 건 상상조차 하기 어려운 일이었다. 인기와 매출은 비례하지 않기 때문이다. 그러다가 가정마다 카세트 플레이어와 CD 플레이어 보급률이 높아지기 시작한 1990년대부터 음반 판매만으로도 성과를 올리는 환경을 맞이했다. 흔히 말해 음악으로도 돈을 벌 수 있는 시기가 찾아온 것이다.

이러한 흐름을 대기업에서 놓치지 않았다. 가장 먼저 손을 뻗은 곳은 삼성그룹의 계열사인 제일기획이었다. '오렌지(Orange)'라는 레이블을 만들었고, 이를 통해 본격적인 엔터테인먼트 사업에 발을 내디디게 된다.

제일기획이 음악시장 진출을 선언했을 때, 쉽게 성공을 예측하는 이는 없었을 것이다. 그간 삼성그룹이 펼친 사업과 많이 동떨어져 있는 업종이었기 때문이다. 그러나 오렌지는 공개 오디션을 통해 1호 가수를 발굴하고, 6개월 만에 등판시키며 보란 듯이 이 프로젝트의 시작을 성공적으로 수행해냈다. 그 1호 주인공이 바로 〈모두 잠든 후에〉의 김원준이다.

케이팝 시스템의 시초라고 봐도 무관한 김원준은 이렇게 화려한 데뷔를 하게 되지만, 정작 인기 때문에 음악 실력이 가려진 뮤지션이기도 하다. 직설적으로 "얼굴 때문에 음악이 묻힌 케이스"로 표현해도 어색하지 않다. 타이틀곡의 작사, 작곡을 모두 해낸 그의 역량은 지드래곤 이전에 살펴야 할 아이돌 뮤지션의 원조임이 분명하다. 1990년대 가장 과소평가 당한 뮤지션이 당대 어떤 음악들을 해냈는지 이 인터뷰를 통해 기록하고자 한다.

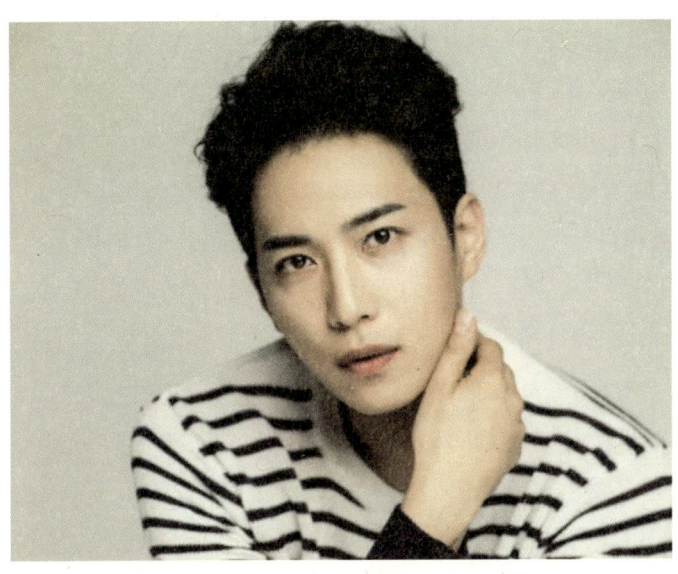

사진: 김원준 프로필

Q 전공이 영화과인 걸로 압니다. 대학 생활 때 어떻게 음악의
길로 빠지신 걸까요?

서울예대 영화과가 전공이었지만, 예음과라고 불릴
정도로 통기타 서클에서 음악에 좀 많이 빠져 있었어요.
거기에 박선주 선배님, 조규만 선배님, 예민 선배님이
엄청 영향을 주셨죠. 그전까지 음악은 약간 취미였는데,
'음악을 하는 삶도 멋지겠다'는 동기부여를 준 게 통기타
서클이었어요.

영화과는 당연히 배우나 연출로 계속 오디션을
보게끔 프로그램이 짜여 있던 기억이 나요. 춤으로라든지,
방송국이라든지 애들끼리 동기끼리 삼삼오오 계속 오디션을
갔는데 그게 신의 운명인지 계속 떨어졌어요. 그것도 지금
얘기하면 웃기지만, 1차는 사진이었거든요. 동기들은 다
1차에서 붙는데, 저는 1차에서 계속 떨어지는 거예요.

그래서 사진을 잘못 찍었나 싶어 좋은 스튜디오
가서 친구들하고 찍었는데도 3대 공중파에 다 떨어졌죠.
망연자실했고, 그런 와중에 '예음회'라는 통기타 서클이 많은
힘이 됐어요. 사실 노래 잘하는 가창자로서 거기 들어간 게
아니라 기타 연주하는 팀원으로, 약간 코러스와 반주자 같은
역할로 들어갔거든요.

어느 날 선주 누나랑 규만 형이 "노래도 해봐. 노래까지 하면 싱어송라이터야"라고 권했어요. 그때 처음 싱어송라이터라는 단어에 눈을 뜬 거 같아요. 그러면서 제가 만든 곡들을 예음회 사람들한테 부르게 하고, 그 모습을 보면서 자신감도 생기고, 나도 곡을 써서 누가 불러주면 되게 이런 행복감이 있다는 걸 소소하게 느꼈죠.

① 대학생 때 제일기획이 만든 레이블 '오렌지'에 붙게 됩니다.

어느 날 예음회 선배가 제가 오디션에서 낙방하는 걸 보고 "제일기획에서 오디션이 있는데 이게 좀 특이하다" 해서 물었더니 "모델을 뽑는 거다"라고 하시더라고요. 그래서 저는 키도 외모도 내세울 만큼 출중하지 않아서 "글쎄요"라고 답을 하자 "일단 여러 가지 다재다능한 걸 보려고 하니 한번 오디션을 봐라"라고 했는데, 거기에 1차로 붙은 거예요.

2차는 실기였던 것 같아요. 너무 무서웠어요. 대기업의 심사위원분들이 쭉 계시는데, 머리 긴 제 모습을 보고 "자네는 다 좋은데 단정하면 참 좋을 것 같아"라고 해서 "싫습니다. 이 머리는 제 자존심이고 청춘이고 패기입니다"라고 답했던 것 같아요. 그런데 결과를 보니 2차에 붙어 있더라고요.

결국 3차엔 머리를 자르고 갔고(웃음), 4차까지 긴 오디션이었던 걸로 기억하는데 최종적으로 저만 붙었어요.

아직도 기억나요. 회사에서는 모델을 뽑으면서 학과

김민종 선배님 이후 하이틴 스타의 계보로 콘셉트를 잡았어요.
오디션 과정 중간에 노래가 가능하냐는 질의들이 있었고,
추측해보면 홍콩 영화가 전성기였던 시대이기 때문에
비디오형 가수를 원했던 것 같아요.

O   조금 아이러니합니다. 당시 심사위원분들은 음악계에
     계신 송문상, 이태열, 강인봉 선생님이셨는데 모델을
     뽑았다는 게요.

     맞아요. 저는 큰 틀을 몰랐던 거죠. 오디션 당시 노래는
제가 어필할 수 있는 어떤 부속품이라고 생각했고, 그분들은
이미 음반 계획과 CF 등 모든 것을 다 종합적으로 큰 그림을
갖고 계셨던 거죠. 그게 오렌지 레이블의 탄생 배경이죠.

O   그럼 회사에서 노래는 어떻게 시작하게 된 건가요?
     어느 날 회사에서 "CF 음악을 불러야 한다" 해서
"노래해본 적이 없습니다"라고 했죠. 그때까진 강변가요제에
나간 것밖에 없거든요. 중·고등학교 때 곡을 쓰는 것들에 대해
조금 감각을 키워놓은 상태라서 제가 만든 곡들을 친구들이
불러서 가요제 출전하면 낙방하고, 끝나서 소주 한잔하고
해체하는 것들이 반복되는, 뻔한 스쿨 밴드였죠.
     강인봉 선생님하고 이태열 선생님이 음반을 낼 거라고
하시는 거예요. 서울오디오의 김도향 선생님이 협업 관계이기
때문에 진행한다면서요. 그곳에서 '카운트다운'의 CM송을

부르면서 동시에 삼성물산의 CF모델이 된 거죠.
그리고 본게임이 시작됐어요. "넌 1집을 할 거다."

Q   이 과정들이 모두 6개월 만에 이뤄졌습니다.

맞아요. 1집《눈에 띄고 싶어》(1992)를 얘기할 때 그냥
웃으면서 하는 얘기가 '아픈 손가락'이라는 표현을 쓰거든요.
제 의도가 들어가지 않은 앨범이고 또 들어갈 수도 없었던 게,
뮤지션이 가져야 할 소양들을 갖추고 있지 않았어요.

지나고 나서 생각하니 모르고 하는 게 약이라는 생각이
좀 들기도 해요. 지금은 내 안이 꽉 차 있고, 알 필요 없는
것들까지 너무 많이 내재해 있으니까 음악 하는 데 방해가

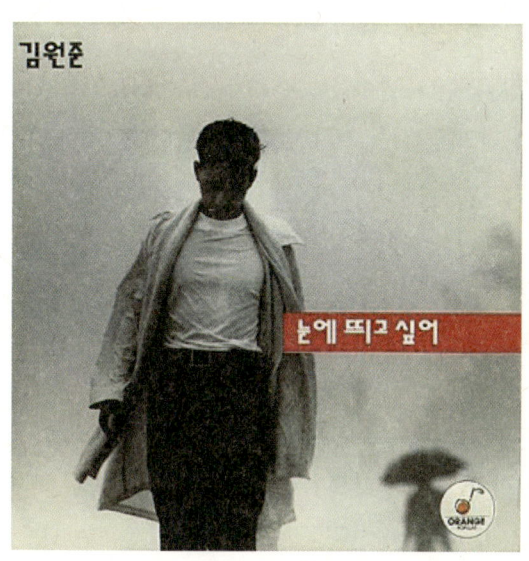

되거든요. 〈모두 잠든 후에〉라는 곡을 지금 쓰라면 못 써요.

Q 〈모두 잠든 후에〉를 제작진들에게 들려줬을 때 반응은 어땠나요?

리액션이나 피드백이 상당히 좋았던 걸로 기억해요. '요놈 봐라?'라는 반응. 제 거를 귀 기울여서 들어주는 상황이 처음엔 신기했어요. 뮤지션도 아니고, 제대로 음악 공부도 안 했는데 반응이 있으니까요. 특히 이태열 선생님이 가장 많이 칭찬해줬던 것 같아요.

Q 〈모두 잠든 후에〉는 어떻게 수록된 건가요?

1집은 '작은별 가족'과 '제일기획 광고팀' 쪽에서 곡을 거의 다 썼어요. 당시 분위기는 '너는 가만히 있어. 그냥 노래 부르기만 하면 돼'라는 느낌이었어요. 그런 와중에 오렌지 레이블 팀에서 "너 써놓은 곡 괜찮던데 의논하자" 해서 여러 곡을 드렸는데, 그중 〈모두 잠든 후에〉가 있었죠. 최초는 발라드곡이었는데, 너무 처지는 것 같으니 다시 편곡하자 해서 강인봉 선생님이 마이너 디스코 느낌으로 의견을 주시면서 재탄생했어요. 옷을 새로 입힌 거죠.

Q 〈모두 잠든 후에〉는 고등학교 때 쓴 걸로 알고 있습니다.

네. 음악을 정식으로 공부하지는 않았지만, 고등학교 때 세운상가에서 악보 피스 사서 독학하면서 여러 곡을 써봤고,

그중 한 곡이 〈모두 잠든 후에〉였어요. 그때 만든 곡들이 엄청 많았던 것 같아요. 그리고 녹음기가 없을 때라 항상 더블 테크를 화장실에 갖다놓고 공테이프로 녹음하면서 스피커로 소리를 받는. 지금으로 따지면 진짜 원시적인 어이없는 방식으로 녹음했죠. 그렇게 믹스 테이프를 만들어서 다음 날 학교에서 친구들에게 500원에 팔기도 했어요.

Q   악기 연주를 언제부터 하게 된 걸까요?

초등학교 시절 친형이 피아노를 쳤고, 저는 미술을 했어요. 어느 날 형이 바꿔 배우자던 그 말 한마디에 피아노를 시작하게 됐죠. 집에 있던 짙은 밤색의 영창 업라이트 피아노가 제 친구 같았어요.

Q   첫 작곡은 언제 하셨나요?

중학교 때 교회 누나가 송명희 시인의 시집을 하나 선물해줬어요. 덕분에 교회 가서 가스펠 선배들에게 기타 배우고, 치게 된 거죠. 어느 날부터 그 시집에 기타 코드를 막 적기 시작했어요. 1983년산 코르그 퍼스널 키보드(KORG Personal Keyboard)도 리듬 반주 기능 등이 있어 곡 쓰기 딱 좋았죠. 이를 동반하여 더블 테크에 카세트 넣어서 첫 작곡을 하고요. 순수한 마음으로 이성 친구에게 선물도 하고. 내 음악을 들려주니 좋아했고, 그 에너지를 받아 송명희 시인의 모든 페이지에 곡을 다 썼죠.

제 멜로디나 송라이팅 기법은 102.7 Eagle FM,
〈김광한의 팝스 다이얼〉, 〈황인용의 영팝스〉와 새벽 라디오
〈전영혁의 음악세계〉가 키운 거예요. 음악의 진행이나 감성은
누구나 똑같이 라디오 키즈라서 영향을 많이 받은 것 같아요.

Q 1집이 대성공을 거두고, 2집 《나에게 떠나는 여행》(1993)도
같은 패턴으로 이뤄진 제작 환경인 것 같습니다.

그렇죠. 대중한테 관심을 받고 수익이 나니까 회사
입장에서는 더 키우려고 했던 거죠. 서울스튜디오에서 하루
날 잡아서 밴드 부르면 악보 펼치고 녹음해서 철수하는
방식이었어요. 시간에 쫓겨서 만들었어요.

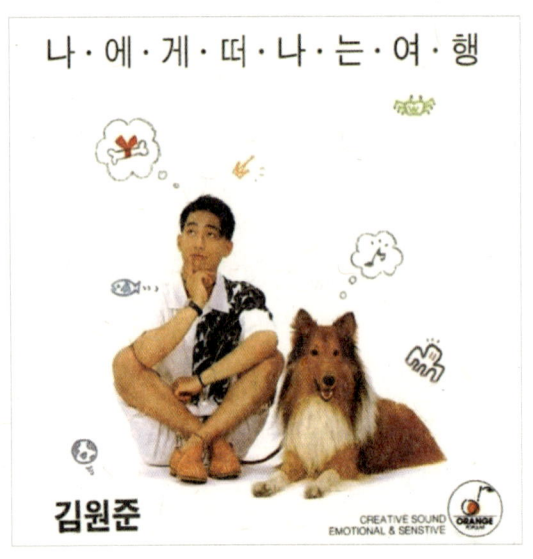

Q   3집 《김원준 3》(1994)부터 뮤지션의 의도가 더
     들어갔다고 느껴집니다.

     세련되어진 거죠. 1~2집 제작 때는 시행착오가
있었어요. 정서적으로나, 진행 방식으로나 여유가 없었죠.
제 의사가 반영될 수 없을 만큼 톱니바퀴처럼 돌아갔어요.
다행히 소포모어 징크스는 피하게 되면서 3집부터는 회사에
강력하게 얘기했죠.

Q   피드백이 바로 반영됐나요?

     됐다, 안 됐다가 아니라 너무 과부하가 걸렸던 것 같아요.
브레이크를 밟아야 하는 타이밍이었던 것 같고, 1, 2집이

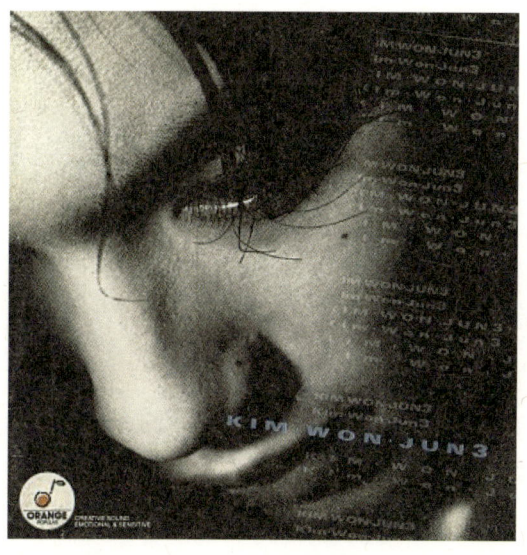

흥행했기 때문에 회사 측에서도 3집은 "그럼 네가 하고 싶은 대로 해봐"라는 얘기를 해주신 것 같아요.

Q   **《김원준 3》에서 김형석이 등장합니다.**

2집 〈언제나〉라는 곡으로 활동할 때 김형석 형이 무대 뒤 키보디스트였어요. 왜 그랬는지 모르겠는데, 어느 날 공연 중 과장 없이 제가 2m가 넘는 무대에서 뛰어내렸어요. 형석 형이 연주하다가 쳐다봤는데, 자기 말로는 제가 무대 밑에 내려가서 관객과 호응하면서 마치 고삐 풀린 망아지처럼 막 무대를 휘젓고 다니더래요. 그 모습이 슬로모션처럼 보이면서 정말 인상적이었대요. 이후 형이 "야, 너 밥이나 한번 먹자"고 해서 가까워지게 됐죠. 그런데 형석 형을 알게 되니 그 건너에 신승훈, 김건모, 노이즈, 박미경 등 김창환 사단(라인음향)이 있었어요. 그러면서 술한잔 하게 되고, 패밀리가 된 거죠. 그 모임이 매일 있었어요.

형석 형을 찾아갈 때마다 음악 하고 있으니, 어깨너머로 더 많은 관심을 두게 됐죠. 그래서 "형, 나 음악 배우고 싶어"라고 하니 이후부터 원 포인트 레슨을 해주기 시작했고, 주마다 숙제를 내주면 해왔어요. 그런 의지를 보여주니 곡을 만들고 편곡하는 법까지 알려주게 된 거죠. 결정적으로 친해진 건 형석 형과 같은 김 씨라는 사실을 알게 되면서부터였어요. 둘이 국내에 몇천 명밖에 없는 '청주 김씨'거든요. 양가 아버님들 회동할 정도로 빛의 속도로 가까워졌고, 활동 끝나면 형 집에 가서 진짜 많이 배웠죠. 컴퓨터 음악이 무엇인지도 배우고, 미디 시퀀싱이 어떤 건지도 알게 되고. 형석 형을 만나기 전까지 음악 실력이 1층이었다면, 63빌딩까지 올라간 것처럼 초고속 성장했죠. 정말 작곡에 관한 모든 노하우와 금기사항까지 다 알려줬어요. 지금 제 모든 음악 토양이 김형석에서부터 시작돼요. 정말 고맙죠.

Q 원래 곡을 만드실 때 컴퓨터를 잘 활용하시는 걸로 알고 있습니다. 그럼 그 출발이 김형석 씨에게 배우면서부터 시작하게 된 건가요?

네. 아주 처음을 얘기하라면 대학교 1학년 때 음악 작업으로 쓴 아타리(ATARI) 1040이 첫 컴퓨터예요. 아직도 이 기기만의 그루브가 있어요. 8비트 컴퓨터 소리(칩튠)나 인더스트리얼 테크노 음악을 만들 땐 이만한 기계가 없죠. 그 후에 코르그(KORG) T3 신시사이저와 맥용 프로그램 이지 비전으로 독학했지만, 한계가 있었어요. 누구한테 물어보기도 어려운 시기였으니 그냥 느낌 가는 대로 곡을 만든 거죠. 그걸 형석 형에게 들려주니 꽉꽉 웃으시면서 "야, 네가 끼는 있다"고 하더니 이제부터 아타리나 맥을 통해 작업한 프로그램 등은 모두 지우라고 했어요. 그리고 시작한 게 컴퓨터가 아닌 그냥 악보에 연필로 곡 써서 만드는 작법을 배우게 된 거죠.

약 1년 반에서 2년의 기간 동안 근본을 배우게 된 거예요.

인기가 톱이었을 때 형 쫓아다니면서 연필만으로 작업했어요.
싱코페이션, 비트 메이킹, 리하모니제이션 등등 모든 걸요.
책 수십 권을 그렇게 배웠어요.

Q 3집부터 샘플링을 종종 쓰게 되십니다. 당시 샘플링을
쓰는 것에 대해 사회 분위기는 아직 적응되기 전이었어요.

샘플링은 여러 가지 사용 방식이 있잖아요. 다양한
효과를 3집에 접목했지만, 관건은 작곡을 제가 했어도
모든 편곡을 형석 형이 맡았다는 거죠. 제가 주도적이지
않았기 때문에 샘플링 자체를 진두지휘한 건 4집
《Dear》(1995)부터였어요.

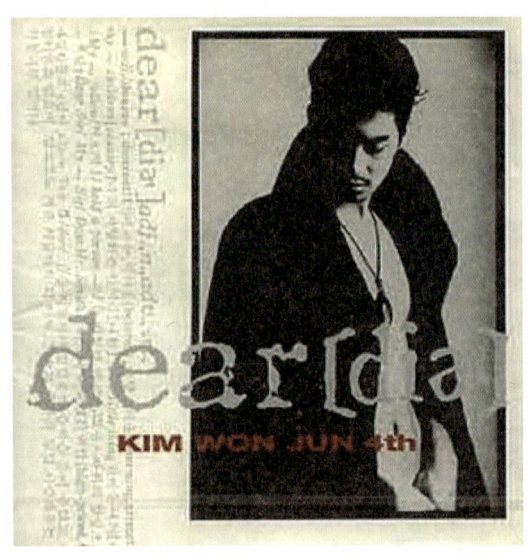

당시 샘플링 음악 작업에는 해외 유명 샘플 CD를 모으는
게 필수였죠. 미국으로 직접 가서 수집하는 게 일상이 될
정도로 수없이 반복했어요. Big Fish Audio 레이블, Black II
Black, L.A.RIOT, REMIX CD 시리즈들과 Killer Vocals CD,
X-Static Goldmine 등 4집과 6집에서 많이 사용됐어요.
〈넌 내꺼〉는 모든 작업 방식이 샘플링에 기반을 두고 있고요.

Q **《Dear》를 끝으로 오렌지와 계약이 종료됩니다.**
원래부터 4장이 계약된 걸까요?

처음부터 4장이었는지, 중간에 연장해서 4장이었는지는
오래된 얘기라 정확히 기억은 안 나요. 다만 계약 종료 후
재계약 제안이 왔었지만, 5집부터는 형석 형과 함께하게 됐죠.

Q **학창 시절에 쓴 곡들이 언제까지 정규 앨범에 들어갔던**
걸까요?

1집과 2집만 학창 시절에 쓴 곡이에요. 6집의 히든
트랙 〈17세의 비망록〉만 유일하게 고등학교 때 썼다가 넣은
곡이죠. 〈너 없는 동안〉은 압구정 로데오거리에서 아이디어를
얻었어요. 〈넌 내꺼〉 역시 X세대의 모습을 보고 쓴, 그래서
3~4집의 타이틀곡은 X세대가 X세대의 노래를 부르니까,
그 세대들이 많이 공감했던 것 같아요.

Q 대중음악 시장이 호황을 맞이하면서 대기업에서 만든 첫
회사였습니다. 당시 매니지먼트나 업무 프로세스 등은
어땠나요?

　　그때는 음반을 많이 팔아서 보너스로 대한민국 1호
스포츠카인 '스쿠프'를 선물로 받았거든요. 그런 대우 등
신인으로서 받을 수 있는 혜택은 다 받았다고 생각하고요.
그리고 어쨌든 제 이름을 알려준 고마우신 분들이잖아요.
광고모델도 하고 또 '카운트다운'이라는 콘서트를 돌면서
당대 최고의 뮤지션들과 무대에 서봤고. 그래서 그런 것들은
안 좋았던 기억보다 좋았던 게 많고 그래요. 오히려 제 선례로
2호 가수가 나온 기억도 있고요. 그리고 오렌지가 잘되어
제일기획을 넘어 삼성 본사에서 '영상사업단'이라고 사업을
확장했어요. 재계약을 안 하게 된 계기는 회사가 너무 커지고
대기업화되어서요. 결제받는 시스템이 아니라 그냥 직접
진두지휘해보고 싶었죠. 그래서 처음부터 일하던 첫 매니저랑
나오게 된 거고요.

Q 오렌지와 계약이 끝난 후 《Show》는 어디와 계약한
건가요?

　　형석 형과요. 딱 5집 앨범 한 장 했고, 당시 인순이 누나와
저는 같은 회사였고, 박진영 형이 형석 형과 프로듀서로 함께
일했던 기억이 나요. 그래서 진영 형에게도 어깨너머로 배울
기회가 있었죠.

Q   **5집 《Show》의 진행 과정이 궁금합니다.**

해철 형과 전람회, 형석 형 등이 다 친했어요. 당시
형석 형을 중심으로 모이는 패밀리들이었죠. 그 모임에서
(김)동률이를 소개받았고, 동률이가 저를 생각하면서 만든
곡이 있다며 들려줬는데, 정말 좋아하고 원해서 선물받게
되었죠. 동률이는 자기가 원하는 대로만 작업해달라는
조건이 있었죠. 그래서 연주를 넥스트 멤버가 해줬고, 마장동
유니버설 스튜디오에서 녹음하게 됐죠. 이미 5집에 제가
썼던 곡들이 몇 곡 있는데, 어느 순간 '내가 지금까지 다
해왔으니까 여기선 한 번 숨 고르기가 필요하지 않을까?'라는
생각이 들면서 크리스마스 선물 같은 〈Show〉를 앨범 전면에

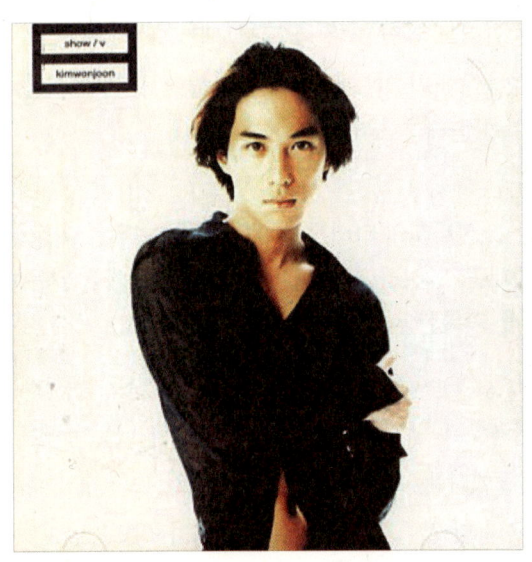

내세웠죠.

Q **넥스트가 참여한 〈Show〉의 작업 과정은 어땠나요?**

말할 것도 없죠. 정말 최고의 뮤지션들이잖아요.
김영석(베이스) 형은 녹음할 때 집중하기 위해 다 나가 있던
기억이 나고, 김세황(기타) 형은 중간 간주를 한 번에 하겠다고
해서 마음에 들 때까지 연주한 뒤, 원 테이크로 녹음한 버전
중 하나를 골라서 넣었어요. 동률이와 해철 형은 녹음하는
걸 계속 지켜봤고요. 크레딧에 나와 있진 않지만, 해철 형이
매일 함께 비공식 디렉팅을 해주면서 "야, 음악은 별거 없어.
한 공간에서 같이 숨 쉬는 것만 해도 그게 음악 같이하는
밴드야"라고 말한 게 아직도 기억에 남아요.

〈Show〉는 아직도 공연 때 원곡 그대로만 노래하거든요.
그만큼 항상 뒤에 누군가 있는 듯한 느낌이 들어요. 그 느낌은
저만 느끼는 것 같고 매우 특별하고 소중하죠.

Q **〈Show〉는 그전까지의 타이틀곡 대비 공중파 1위를 가장
많이 못 했지만, 아이러니하게도 현시대에서는 가장 많은
재생 횟수를 기록한 김원준의 노래가 됐습니다.**

맞아요. 대신 〈Show〉는 2위를 아주 오래 했어요. 잘된
이유는 가사 내용이 사랑 얘기가 아니기 때문에 남녀노소
누구에게나 어필했다는 것, 관객 수가 많건 적건 부를 수
있다는 것, 누구나 다 같이할 수 있다는 것, 그리고 오프닝이나

엔딩에 잘 어울린다는 큰 장점이 있어요. 노래방 문화가
보급되면서 넥타이부대들이 선호하고, 학교에선 응원가로
쓰이는 등 아직도 불리고 있다는 게 저한테 큰 힘이 되죠.
물론 사랑 노래가 강도는 더 셉니다. 그러나 만인이 함께 겪고
즐기는 인생 응원곡 같은 노래는 사실 몇 곡 없거든요.

Q 김형석 씨와 협업은 언제까지 이어졌나요?

3~5집까지요. 6집부터는 녹음실을 만들면서 샛길로
빠집니다. 저는 그걸 '샛길'이라고 표현해요.

**Q 당시 김형석 씨는 ACE라는 브랜드를 만들면서 에이스
사단이 언론에 많이 홍보했는데, 김원준이라는 이름은
찾기 어렵습니다.**

맞아요. 그것도 노출이 안 된 것 같아요. 전 에이스
멤버였어요. 형석 형이 〈히든싱어〉에 나왔을 때 "우리 둘
관계를 아직도 모르는 사람이 너무 많다"고 말했는데,
당시 방송에서 말한("원준 씨의 멘토였다") 것들이 그대로예요.

**Q 〈Show〉부터 록 성향의 음악이 더 짙어졌다는 느낌도
듭니다.**

앨범에 참여한 '넥스트' 영향이 큰 거 같고요. 사실 로커를
꿈꾼 적도 없고, 록 마니아 성향도 크지 않고요. 음악적 요소에
록적인 사운드가 가미된다고 해서 그 뮤지션의 음악 장르가

록일 수는 없으니까요. 그래도 1980년대 멜로디 위주의
팝적인 록 밴드 음악이 워낙 인기가 많아서 그런 음악적
영향은 분명히 있는 거 같아요.

Q **7집 《Self Destruction》(1998)을 그렇게 록 성향으로
만들었는데요.**

이 인터뷰를 진행하기 전에 제 음악 정체성에 대해
곰곰이 생각해봤어요. 굳이 얘기하면 한국 대중음악이에요.
더 생각해보니 답을 찾은 게, 원래 형제들의 영향을 되게
많이 받는 것 같아요. 제 형이 고등학교 때 스쿨 밴드
멤버였어요. 게리 무어(Garry Moore)의 〈Always Gonna Love
You〉(1982)를 낡은 키보드로 연주했는데, 거기에 완전히
반한 거죠. 동년배 친구들이 헤비메탈을 들을 때 저는 그
음악에 꽂혔어요. 이후 형을 따라서 본 조비(Bon Jovi), 스키드
로우(Skid Row) 등 대중적인 팝 메탈을 들은 거죠. 그전까지
저는 카펜터스(Carpenters)나 에프 알 데이비드(F. R. David) 같이
서정적이고 포근한 음악을 좋아했는데, 형을 보면서 갑자기
음악의 강도가 그쪽으로 갔어요.

사실 저를 록 마니아라고 얘기하면 할 말이 없는 게,
가족의 영향을 통해 들은 게 록 베이스 음악이 컸어요.
〈언제나〉도 댄스에 록이 가미됐어요. 〈모두 잠든 후에〉도
록적인 요소가 있고요.

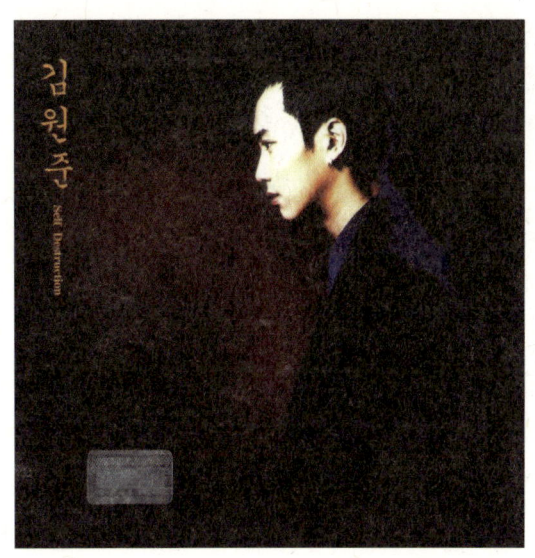

Q   《Self Destruction》은 정말 비장하고, 모든 걸 다
    해보겠다는 느낌이 듭니다.

    그렇게 해보고 싶었어요. 신해철 형의 영향이 컸어요.
형은 저한테 매번 술자리에서 "너를 보면 항상 네가
(음악계에서) 사고 칠 것 같아. 그리고 너는 멋진 놈이야"라고
얘기해줬어요. 거의 주문처럼 말해줬는데, 이후로 나온 게
〈Show〉였죠.

Q   뮤지션 김원준의 삶에는 늘 동료들이 함께합니다.

    맞아요. 김형석 다음의 챕터를 얘기한다면 김동률과의
만남, 그 무리에 있던 신해철과 대형 AV 식구들, 신해철을

통해 알게 된 윤상과 '노땐스'. 이런 것들이 줄기가 이어져요.

노땐스의 경우 작업 과정을 유일하게 지켜보면서 "형, 나도 이거 하고 싶어"라고 해서 윤상과 신해철한테 전수받은 게 MOTU에서 개발한 DAW '디지털 퍼포머'예요. 디지털 퍼포머에 입문하면서 제 음악이 김형석의 시대에서 넘어가는 거죠.

대학원에 간 배경은 사실 윤상 형 덕분이었어요. 그래서 석사과정을 윤상 형한테 갔죠. 상이 형한테 배운 건 정말 진짜 꿈 같았어요. 음악에 대한 학문적인 지식이 진짜 요동치고 확장되던 때가 대학원 시기였어요.

Q   그런데 그런 사람들과 함께 협업했다는 것이 대외적으로는 정말 '티'가 안 납니다.

일단 대중이 저한테 원하는 모습이 다르니까요. 아직도 데뷔곡 〈모두 잠든 후에〉가 자작곡인지 모르고, 지금도 '곡을 잘 쓰는 김원준'을 원한다고 생각하지 않아요.

Q   1990년대 한국 대중음악은 유독 평가가 없습니다. '좋다', '나쁘다'도 없이 아예 음악성에 대한 얘기가 남아있질 않아요. 그 당시 중심에 계셨던 뮤지션으로서 어떤 생각이 드세요?

과거의 댄스가 없었다면 지금의 케이팝이 과연 있었을까요? 그 태동의 시작은 1990년대가 아니라

1980년대부터라고 봐요. 조용필의 〈단발머리〉(1980)와
〈모나리자〉(1988)가 그냥 그룹사운드가 아니잖아요. 전영록의
〈불티〉(1984)나 〈아직도 어두운 밤인가봐〉(1984)가 록
넘버일까요? 저도 어떻게 보면 그런 부분에서 이어진, 복합된
뮤지션이라고 생각해요. 그런 얘기들 하잖아요. "이미 나올
음악은 1980년대에 다 나왔다." 그걸 맹신까지는 아니지만
인정은 합니다. 화성 진행 등은 이미 12개의 스케일로 끝났고,
음악의 3요소인 멜로디, 하모니, 리듬에서는 이미 기존에 나온
것을 토대로 재조립·재생산하죠. 다만 계속 나아갈 수 있는
건 이 기반에서 누가 부르느냐가 물음표로 남잖아요. 또 다른
가창자의 등장을 통해 우리는 새로움을 얻는 거고, 신선함을
발견하는 거라고 생각해요.

　　제일 인정할 수 있는, 케이팝의 모티브라고 감히 얘기할
수 있는 '소방차'의 군무가 없었다면, 1990년대 패러다임은
없었을 것 같아요. 사람들이 자꾸 1990년대에만 포커싱하는
건 그게 주류로 올라왔을 뿐이죠. 소방차가 있기 전까지
댄스는 댄스인지 모르고 들었던 거죠. 댄스 음악을 한국스럽게
바꾼 주역들은 이미 1980년대에 등장했다고 생각해요.
예전엔 춤을 추면 "남사스럽게 왜 춤을 추냐?"라는 분위기가
있었잖아요. 근데 그것을 표면화시키고, 클럽문화를 만들고,
댄스 음악도 숨어서 하지 말자고 얘기할 수 있게 된 게
1990년대고요.

Q 앞서 '샛길'로 표현하신 녹음실 '디어넷 스튜디오'는
어떻게 시작하게 된 걸까요?

작업실에 장비를 더 이상 놓을 수 없는 상황이 다다르다
보니 공간을 확장하게 됐고, 그게 스튜디오까지 이어진 거죠.
동부이촌동 서울스튜디오 엔지니어들이 직접 다 설계해주고,
해외에서도 많은 녹음실 장비를 공수해왔어요.
자연스럽게 이기찬, 솔리드 정재윤, 김조한, 채리필터, 샵 등
동료 뮤지션들이 자주 드나드는 성지가 됐고요. 6~9집도
녹음을 그곳에서 다 했어요. 다만 사업도 해본 사람이 해야
하는데, 경영한 경험이 없어서 운영이 어려웠죠. 2002년 한일
월드컵으로 모두가 다 축제일 때 저는 최종 폐업 신고했어요.

Q 다시 녹음실을 운영할 기회가 생기신다면, 하실까요?

처음 청담동 쪽에 스튜디오를 차렸다가 거기서 끝내야
했는데, 남은 장비들을 가지고 '한 번 더 해보자'라고 해서
디어넷 스튜디오 2기를 했어요. 그러니까 이미 두 번 한
셈이죠. 그래도 세상에 나쁜 경험은 없다고 생각해요.

Q 지금은 대학의 학과장이십니다. 어떤 인연으로 시작된
건가요?

2002년도에 스튜디오 정리하고 잠간 저 자신을
내려놨어요. 그러다가 2006년도부터 '숭실대학교
콘서바토리'에 강의 제안이 와서 나가게 됐어요. 그래도

녹음실을 운영하면서 사운드 디자인에 관한 전문지식과 기술을 꽤 많이 습득했거든요. 그 경험 때문에 관계자분들과 연결된 거죠. 그러다가 더 전문성을 갖춰야겠다는 계기로 대학원에 들어가 석사부터 공부를 시작해 지금 박사과정까지 마치게 된 거죠. 어떻게 보면 디어넷 스튜디오는 비싼 수업료라고 생각하고 있어요.

Ｑ 《Self Destruction》은 어떤 마음으로 만든 앨범일까요?

7집은 그냥 음악에 미쳐있었어요. 아직도 7집을 들으면 제 음악 같지 않아요. 〈가까이〉라는 타이틀곡은 '베이시스트' 정재형 씨랑 작업하면서 되게 힘들게 했죠. 어느 정도냐면, 모든 대화가 음악으로 시작해서 음악으로 끝나는, 좀 과한 느낌이 있었죠. 과대망상? 그 정도였어요. 재형이 형이 그때 애기해준 게, "음악에 중독돼 있다"라는 표현을 썼어요. 어느 날은 형이 저를 데리고 부산에 내려간 적이 있어요. 잠깐 멈추고 좀 쉬자면서요. 제가 해달라는 게 정말 많았거든요.

Ｑ 환기가 좀 됐을까요?

아니요. 그래서 동률이랑 형석 형이 중재를 섰을 정도였어요. 헤어나오지 못했어요. 나만의 세상과 틀에 갇히게 된 거죠. 작업은 협업이란 게 필요한 건데, 그때는 경주마처럼 음악에 완전히 중독돼 있었던 거죠.

가끔 7집 노래를 무대에서 불러달라고 하면 〈가까이〉
같은 노래는 어쩔 수 없이 부르는데, 그때 만들던 과정이
아직도 선명하게 기억나 잠시 멍하게 되죠.

0   **6집 이후부터는 어떠한 마음으로 작업하신 걸까요?**

솔직히 말해서 5집 흥행 이후 음악을 만만하게 봤어요.
더불어 그전까진 일대일 레슨을 통해 음악을 배웠다면,
6집부터는 스튜디오를 만들면서 종합반에 들어가게 된
느낌이었어요. 녹음실에서 너무나 많은 유입 경로가 생긴 거죠.
사람을 많이 접하다 보니 방향성이나 음악을 담는 그릇이
너무 많아졌죠.

5집까지의 앨범이 앞만 보고 달리고 제 모든 에너지를 다
소진할 정도로 불태웠다면, 그 뒤의 앨범들은 저를 지치게 한
것 같아요. 음악을 대하는 걸 적당히 유지했으면 캐주얼하게
갈 수 있었는데, 너무 진중했던 거죠.

헤어나오지를 못하겠더라고요. 그러다가 9집에서 타협한
게 댄스로의 복귀였는데, 은퇴한 사람이 다시 마운드에 선
느낌이었어요. 사실 작품적으로 뭐가 좋냐고 하면 사람들은
당연히 〈모두 잠든 후에〉를 얘기하지만, 저는 만드는 과정이나
표출, 제작 방식 등 마음가짐에서 가장 잘 채운 건 정규 9집
《Dearro Nine》(2001)이었어요.

히트는 예전만큼 못 했지만, 만약 단독 공연을 한다면
마지막 댄스 자작곡 〈나인(裸人)〉을 부르고 싶은 희망이

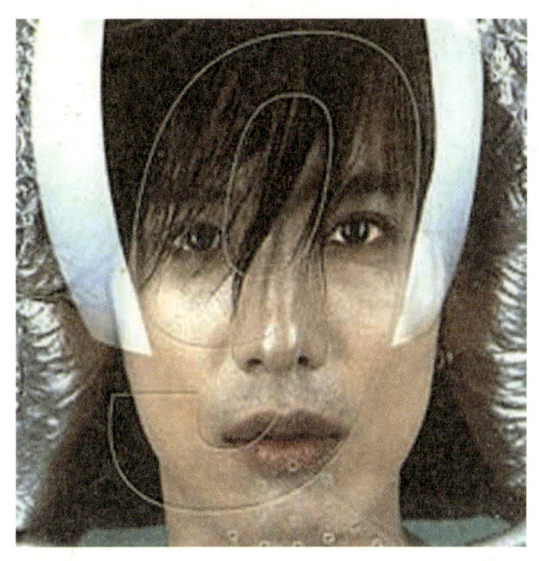

있어요. 댄스 장르 하나로만 봤을 때, "퍼포먼스가 가미된 곡은 여기까지입니다"라고 소개하고 싶었던 앨범이에요.

0   왜 그런 생각을 하게 되셨나요?

솔리드의 정재윤 씨 덕분이에요. 재윤 형이 제 마지막 멘토예요. 8집 이후 LA로 여행을 가게 되는데요. 그때 재윤 형 집에서 두 달 정도 묵게 돼요. "음악을 관둘까?"라는 얘기를 했는데, 오랜만에 '뉴키즈 온 더 블록(New Kids On The Block)' 멤버 조던 나이트가 댄스 음악으로 복귀한 얘기를 해줬어요. "너두 댄스 가수 출신인데 댄스로서는 여기서 쉼표를 한 번 찍겠다"라는 걸 보여주라고요. 그래서 《Dearro Nine》은 제

마지막 아홉 번째 댄스 앨범이에요. 이 선택에 대한 후회는
없습니다.

**Q 항상 앨범에서 첫 트랙은 타이틀곡이 아니었습니다.
특별한 이유가 있었을까요?**

그런 이유는 전혀 없었습니다. 1, 2집은 제 선택권이
없었기 때문에 그런 의도가 없었고요. 3집부터는 트랙 배치와
상관없이 무조건 모니터링으로 선택했던 기억이 납니다.

Q 전자 음악에 대한 관심은 어떻게 갖게 된 건가요?

정확히 아하(Aha)의 〈Take on me〉(1985)가 나온 뒤, 그
노래의 선율이 아닌 건반 리프에 빠져들었어요. '이건 어떻게
만든 거지?'라며 접근하게 된 거죠. 악기가 곡을 이끌어가고
압도하는 것이 신기했어요. 그때부터 전자악기에 대해 완전히
관심을 두게 된 거죠.

**Q 김원준이라는 뮤지션은 음악만큼 전자기기를 좋아하는
것 같습니다. 전자기기 때문에 음악을 한다는 느낌까지
받았습니다.**

없지 않아 있을 것 같긴 해요. 왜냐하면 태생 자체가
악보에 연필로 곡을 쓰는 스타일이 아닌, 고3 때부터 형의
'매킨토시 LC'를 통해 PC 동호회와 정보를 공유하면서 이지
비전으로 음악을 시퀀싱 했으니까요. 기계나 도구에 관심이

많았던 거죠. 그래서 이과가 체질에 맞고, 대학도 공대에 가려고 했던 거고요.

작곡은 작업 방식에서 다양한 사례가 있는데 "그냥 피아노 하나 하면 돼", "녹음기 하나 하면 돼" 이런 사람이 있듯이 난 그걸 쓰기 위해 '이런 하드웨어 장비가 중요하다'라는 자세였던 거죠.

그래서 전자악기 판매사인 '미디앤사운드' 줄여서 '미앤사'가 성지였던 게 '이번엔 어떤 악기가 나올까? 어떤 소리로 날 자극할까?' 이런 기대치가 있었죠. 내 음악을 만드는 데 있어서 이 도구들이 나를 채워주는 만족감이 있었어요. 음악과 상호 관계였던 거죠.

전자악기의 발진기, 곧 오실레이터(oscillator)의 파형들과 로우 하이 프리퀀시 등 주파수 대역 필터가 주는 특정 사운드, 이 시그널 안의 것들을 온전히 느끼거든요. 그 소리와 질감들을요. "원래 엔지니어를 했어야 한다"는 얘기를 자주 들었어요.

Q 엄청난 전자기기 마니아입니다. 당시 어떤 기기들을 쓰셨나요?

대학 때 '라스트 씬'이라는 3인조 퓨전 밴드를 만들었는데, 그때부터 컴퓨터로 음악을 만들었어요. 아타리 1040 ST와 노테이터 시퀀서 이매직(Notator Sequencer Emagic - Notator SL)이 처음으로 세팅된 장비였죠.

이후 맥 전용 음악 프로그램인 '이지 비전(EZ Vision)'과 사운드 모듈인 '사운드 캔버스(Roland Sound Canvas SC-55)' 일명 '사캔'으로 음악을 만들었죠. 이걸로 2집《나에게 떠나는 여행》도 작업했어요.

내돈내산 제 첫 번째 신시사이저인 코르그 T3와 외장 사운드 모듈인 E-MU Vintage Keys 등을 사서 요즘 같은 베드룸 팝과 유사한 환경을 만들기도 했고요.

O   당시 유행하던 기기를 선택하는 가장 중요한 기준이 있었을까요?

악기 선택에 대한 선호 기준은 철저히 음악적 취향이었어요. 크라프트베르크(Kraftwerk)의 〈Autobahn〉(1974), 핑크 플로이드(Pink Floyd)의 〈Wish You Were Here〉(1975), 장 미쉘 자르(Jean Michel Jarre)의 〈Oxygene PT4〉(1976), 디페쉬 모드(Depeche Mode)의 〈Just Can't Get Enough〉(1981), 듀란 듀란(Duran Duran)의 〈The Reflex〉(1983) 등 다양했어요.

O   당시 전자음악 장비를 가장 많이 갖고 계셨던 분은 누구인가요?

저는 뵌 적 없는데, 딱 한 명 떠오르는 사람은 있어요. '캡틴퓨쳐(Captain Future)'로 활동한 송재준 님요. 컴퓨터 음악의 샘플링으로 대형 편곡 작업을 하고 싶었던 시기에 해철이 형 1집과 2집에 참여해 "이쪽의 완전 전문가가 있다"면서 만나게 해준다고 했는데 결국 불발되었어요. '직접 만나 봤으면 지금 제 음악은 어땠을까?' 하는 상상을 하죠.

Q   당시 가장 인상 깊었던 전자음악 뮤지션은 누구였나요?

프로디지(The Prodigy)와 다프트 펑크(Daft Punk)요. 가장 많은 영향을 준 전자음악 팀이었고, 두 팀을 알기 전후로 작업 스타일에 많은 변화가 있었던 것 같습니다.

무엇보다 장비와 그 장비들의 작업 방식이 컸습니다. 프로디지를 통해 알게 된 신시사이저 롤랜드(Roland) W-30은 샘플러와 시퀀서를 통합한 워크스테이션이라는 게 흥미로웠죠. 프런트맨 키스 플린트(Keith Flint)의 퍼포먼스

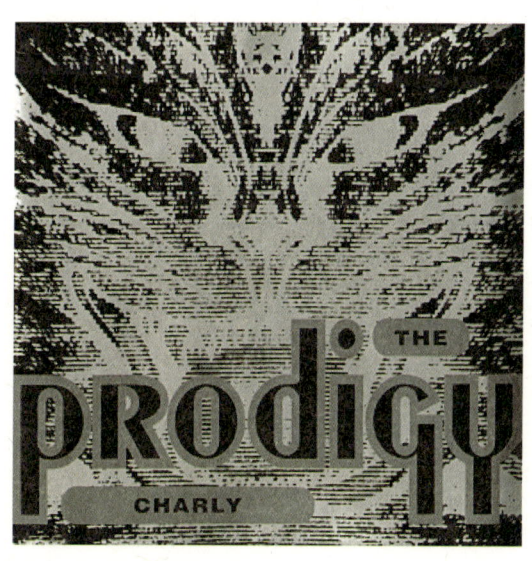

역시 빼놓을 수 없고요. 이들의 데뷔 싱글 〈Charly〉에서
쓰인 샘플링 역시 인상 깊었습니다. 덕분에 샘플링 독학을
시작하고, 작업 환경도 샘플러를 통한 시스템으로 확장하게
됐죠. 관련 명기인 E-MU 계열 SP-1200과 E6400 ULTRA,
AKAI MPC 3000, Ensoniq ASR-X Pro, 모노포닉 아날로그
신스인 KORG MS-20, 전설의 명기 Minimoog Model D 등
주요 아날로그 하드웨어들을 모으게 된 게 아닐까 싶습니다.
덕분에 4집 〈Jungle Boogie〉, 〈미친 사랑의 후회〉, 7집 〈파멸〉,
〈승리〉, 〈가까이[Drum & Bass 버전]〉, 8집 〈…Holic〉, 〈거꾸로〉
등이 나올 수 있었어요.

다프트 펑크를 통해서는 각종 전자악기와 보코더
장비들에 완전히 미치게 됐죠. KORG VC-10, Roland VP-70,
KORG DVP-1, VOCODER SVC-350 그리고 이를
복각한 'Korean Roland'로 불리는 ADtech AVC-350까지.
팀이 사용한 악기들을 중심으로 어렵게 수집하고 모았을
정도입니다. 6집 〈악연〉, 〈Feel So Bad〉 등이 이러한 보컬
이팩트를 사용하여 녹음하기도 했죠. 결국 제 석사논문 주제
또한 「소프트웨어 보코더(Software vocoder)를 활용한 보이스
프로세싱에 관한 연구」가 되었죠.

Q   오랜 기간 뮤지션으로 활동하면서, 하고 싶은 음악은 다
     하신 걸까요?

아니요, 아닙니다. 다프트 펑크 같은 스타일의

프로듀서가 되는 게 꿈입니다. 그래서 2018년부터 '빈방 프로젝트'를 했고, 전자음악 사운드를 베이스로 가진 1인 프로듀서를 하고 싶어요.

어릴 적에 연주 녹음한 테이프를 팔던 때부터 내 음악을 누군가가 들어주고 피드백을 받는 것에 대해 굉장히 갈망이 컸고, 줄어들지 않았어요. 제 꿈이었던 것 같아요. 단지 작곡자가 아닌 싱어송라이터로 대중에게 등장하면서 순서가 바뀌었지만, 지금도 늘 마음은 작곡자의 자세로 살고 있거든요. 본의 아니게 제가 만든 곡을 제가 부르는 사람이 됐지만, 만든 곡을 누군가가 더 잘 불러줘서 대중에게 사랑받는 게 버킷리스트였고 가장 큰 꿈이었어요.

그게 제 '빈방 프로젝트'에 담고 싶은 빈방의 게스트 같은 뉘앙스이기도 하고요.

대학교 때 가진 순수한 마음인 밴드를 만들어서 가수를 앞에 세우고 뒤에서 연주했던 그때처럼, 언젠가는 저 혼자만의 원맨 밴드 프로젝트와 원하는 보컬리스트나 프런트맨들이 제 음악을 구현해주는 그런 시대가 올 거라고 생각해요. 이 부분에 대해 자신 있게 얘기할 수 있는 게, 제가 잘할 수 있는 포지션을 정말 잘 알고 있기 때문이죠. 9집에서 끝난 게 아니라 영화 〈쇼생크 탈출〉의 한 장면처럼 숟가락으로 감옥 벽을 파고 있다고 봐요. 방점을 찍을 설계도를 가지고 아직도 열심히 조금씩 나아가고 있는 현재 진행형이죠.

셀프 프로듀서 시대의 개막

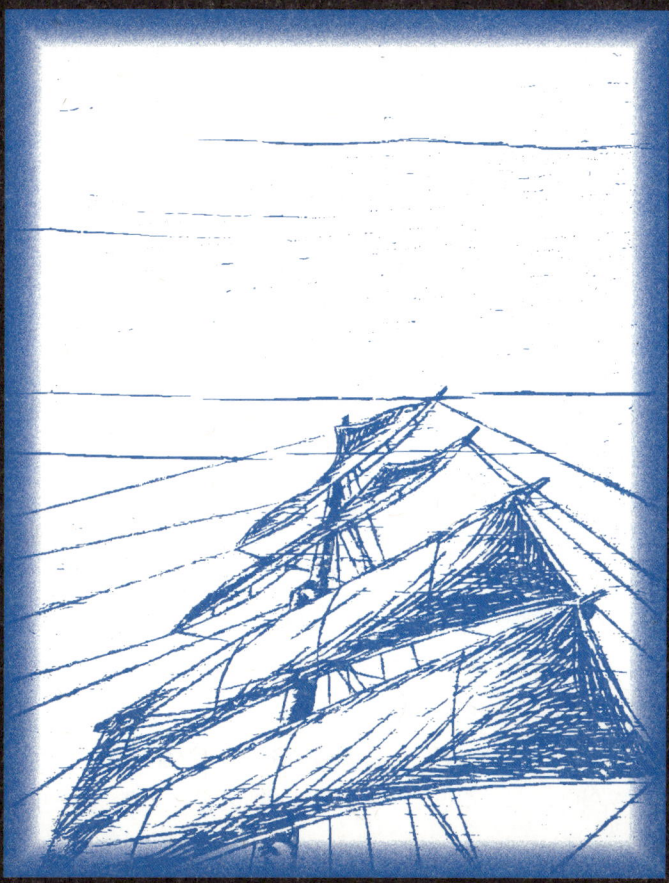

김현철

우리나라 대중음악계가 1990년대의 댄스 대폭풍을 앞두고
있을 때, 퓨전 재즈의 매끄러운 편곡을 탑재한 미풍이 먼저 반도에
당도한다. 그리고 이 도시적이고 세련된 감성은 이전까지 어둡고
칙칙하고 감정에 호소하던 낭만적인 세상을 싱그럽고 밝고 이지적인
감성으로 시나브로 물들이기 시작했다. 이 미풍은 여기서 그치지
않고 이후 발라드, 인스트루멘탈, R&B 영역에서 핵폭풍을 일으키며
1990년대는 물론이고 그 이후에도 강력한 영향을 끼친다.

　　이 바람의 진원지는 흔히 '시티팝의 대부'라 불리는 김현철이다.
조동익과의 우연한 만남으로 음악을 시작한 이 천재 소년은 확실히
이전의 음악가들과는 다른 노선을 취한다. 기존의 음악은 작사가와
작곡가가 곡을 만들어오면 편곡자가 악기를 선별하고 세팅해 곡을
스타일링한다. 그러면 제작자 및 스태프는 이들을 섭외하고 악기별
세션맨들은 악보에 맞춰 자신의 악기로 연주한다. 대부분은 편곡자의
의도에 맞추고 간혹 걸출한 세션들에게는 알아서 연주해달라고 하는
경우도 많다. 이를 디렉터가 총괄한다. 그리고 믹싱과 마스터링은
가수, 음악가들과는 상관없는 전문가의 영역으로 치부하고 그들만의
리그를 인정해주었다.

　　하지만 김현철은 그렇게 하지 않았다. 기존의 정서와 달리 모든
곡을 자신이 작사, 작곡, 편곡, 가창까지 하고 자신의 의도가 틀어질
것을 염려해 세션에게 한치의 재량도 주지 않은 것이다. 분명하게
곡의 방향을 정하고 자신의 작품이 펼쳐지는 제작과정을 완전하게
틀어쥐었다. 그리고 다른 누구의 손길로 인해 자신의 세계가 흩어지는
걸 방관하지 않았다. 세션은 오직 김현철이 부여한 음표만 재현하는
것을 목표로 삼아야 했다. 김현철은 이런 자신의 재량과 포부를
숨기지 않았고 앨범에 최초로 'produced by'라는 문구를 넣음으로써
우리나라 대중음악사에서 최초로 '프로듀서'라 지칭한 표현자가 된다.

그리고 이후에 등장하는 음악감독들을 통해 '셀프 프로듀서'라는 말을 유행시켰다.

그렇게 탄생한 김현철의 음악은 기존의 어떤 음반도 가지지 못한 일관된 방향과 흐름으로 충격을 주었다. 모든 음악적 표현은 다 들어가 있지만, 그 어떤 앨범보다 깔끔하고 정갈했기 때문이다. 그렇게 해서 기존의 음악이 가진 끈끈함과 투박함을 동시에 날려버렸다.

당시 유행하던 일본의 시티팝에 문외한이던 이 약관의 명장은 어떻게 순식간에 이토록 새로운 세계에 닿았을까? 지금부터 한 천재가 이뤄놓은 그 경이로운 순간을 추적하고 함께 확인하고 재구성해보자.

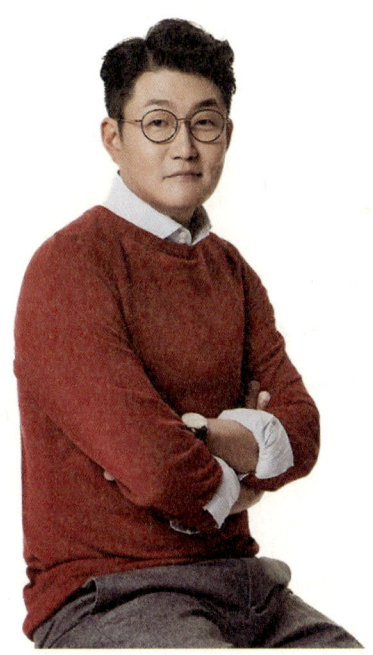

사진: 김현철 프로필

Q **동아기획과는 어떻게 연이 닿았나요?**

고3 때 시험 끝나고 김수철 씨 공연을 보러 갔어요.
근데 게스트로 어떤날이 나왔어요. 공연이 재미없어서 저도
어떤날만 보고 나왔죠. 지하철 타러 갔는데, 거기서 열차를
기다리는 (조)동익이 형을 만났어요. 그래서 달려가 "좋아해요.
팬이에요" 등등의 팬심을 말했죠. 잠깐 그러고 나니까
그다음엔 할 말이 없는 거예요. 그래서 둘이 어색하게 그냥
있었어요. 그때 동익이 형이 너무 뻘쭘했는지 "그러면 나중에
저희 집에 한번 놀러오세요" 하고 전화번호를 알려줬어요.
그래서 받아 적었죠. 아마 그때 전화번호를 주지 않았다면
음악을 안 할 수도 있었을 거예요. 또 고모가 콘서트 표를 주지
않았더라면.

Q **동아기획 김영 사장과의 첫 만남은 어땠나요?**

제가 박학기 씨 1집에 참여했잖아요. 제 곡도 5곡 정도
넣고요. 근데 형들이 곡비에 대해 이야기를 하더라고요.
보통 얼마이고, 누구는 얼마 받고, 어떤 곡은 얼마 받고 등등요.
그래서 저도 곡을 줬으니까 곡비를 받을 수 있겠다고
생각했어요. 그래서 박학기 씨한테 김영 사장님에게 곡비에
대해 제 얘기를 전해달라고 했어요. 그랬더니 이야기를 했대요.

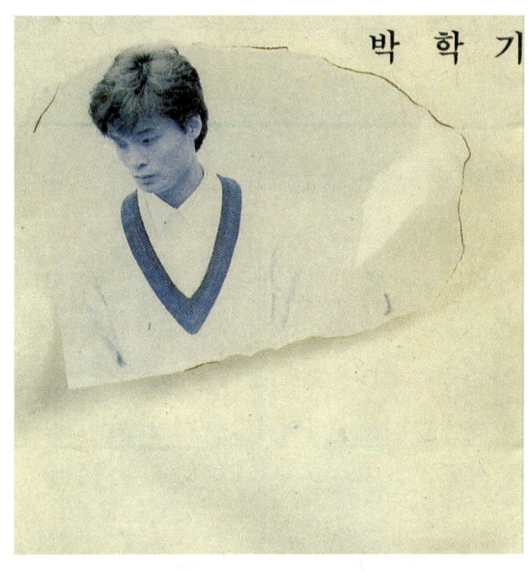

박 학 기

그래서 사장님을 찾아갔어요. 그때까지 사장님 얼굴만
알고 있었으니까 좀 어렵긴 했죠. 그런데 제가 가서 하는
이야기를 듣더니 기가 차다며 웃는 거예요. 네가 뭔데 곡값을
달라냐면서요. 네 곡이 앨범에 실리는 게 영광이지 돈은 무슨
돈이냐고요. 그때는 또 그럴 때였어요. 근데 저도 어릴 때라
그랬는지 마음이 그렇게 넓지 않았어요. 그래서 저도 양보하지
않았고 김 사장도 화내고 그러면서 싸웠죠. 결국 곡당 50만
원씩 받았어요. 나중에 알고 보니까 최고 가격이었더라고요.
당시 해바라기 이주호 씨가 50만 원을 받았으니까.

1집은 어떻게 나오게 됐나요?

　　김 사장님이 어느 날 절 보자고 했어요. 그리고 솔로
앨범을 내자고 했죠. 박학기 씨 음반도 잘되고, 제가 노래
부르는 것도 얼핏 듣고 그랬던 거 같아요. 가이드 보컬도 하고
그랬으니까. 근데 저는 내지 않겠다고 했어요. 그때까지도
엄마의 포기하지 않은 꿈으로 미국 시애틀 유학을 생각하고
있었거든요. 아직 어릴 때라 엄마랑 저랑 분리가 잘되지 않을
때였어요. 엄마가 그렇게 하라면 그렇게 하는 거였죠.
그래서 사장님께 "음악을 너무 좋아해서 추억 삼아 즐긴 것으로
생각하겠습니다. 여름방학 지나면 저는 외국으로 갑니다"라고
말했죠.

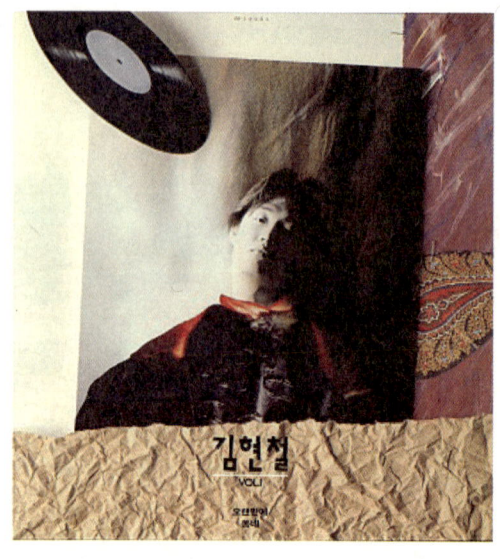

근데 제가 안 내겠다고 하니까 애가 닳았는지 어느 날 골프 가방에 현찰을 넣어서 왔어요. 저는 "아니, 이게 뭐예요? 이거 받으면 음반 내야 하는 거 아니에요?"라고 하며 거절의 표시를 했는데, 일단 가져가라는 거예요. 받았더니 뒤도 안 돌아보고 전화 받아야 한다면서 가버리더라고요. 전 3천만 원이 든 가방을 들고 버스를 타고 덜덜 떨면서 집으로 왔어요. 그리고 어떻게 할까 하다가 그냥 침대 밑에다 숨겨놨죠. 그걸 엄마가 나중에 발견했어요. 엄마는 제가 범죄조직에 연루된 건 아닐까 하고 걱정했어요. '우리 아들이 그럴 리가 없는데' 하면서요. 그래도 엄마는 끝까지 인정하지 않으셨어요. 빨리 돌려주라고 그랬죠. 그런데 아버지가 그러셨어요. 후회하지 않을 자신 있냐고. "내가 대학 나와 회사생활 해보니 그것도 별거 없더라"라면서요. 엄마는 아버지한테 끝까지 날 설득하겠다 그러고. 암튼 아버지의 말을 믿고 그런 상황에서 1집 계약서 쓰고 제작에 들어갔어요.

Q 편곡은 어떻게 시작했나요?

처음 편곡한 것은 최성원 씨가 제작한《우리노래전시회》 앨범 때였어요. 동익이 형이 다리를 놔줘서 박학기 씨에게 노래를 줬거든요. 〈계절은 이렇게 내리네〉라는 곡이었어요. 근데 저보고 편곡을 해보라는 거예요. 근데 저는 한 번도 프로들의 편곡을 해본 적이 없잖아요. 그래서 녹음 당시에 다른 가수들은 어떻게 하나, 세션들은 어떻게 연주하나

등을 어깨너머로 보고 일단 그냥 했어요. 어? 근데 잘했다는
거예요. 그래서 그때부터 본격적으로 편곡을 하게 된 거죠.
공부도 하고요. 그때 길옥윤 씨가 번역한 책이 있었는데,
그걸 보고 많이 배웠습니다.

**Q   1집 편곡 때 레퍼런스로 삼은 뮤지션이나 앨범은
      없었는지.**

전혀 없었어요. 그랬다면 완전히 다른 음악이 나왔을
거예요. 제가 좋아하는 음악은 그냥 재즈였어요. 재즈라는
건 나에게 왕이라 다른 장르의 음악과 비교해볼 생각도 안
한 거죠. 당시엔 제 세계가 온통 재즈였어요. 그래서 그런
음악들이 나온 거라고 생각해요. 음악을 많이 들으니까 그런
스타일의 음악을 할 수 있었던 거겠죠. 물론 제가 김광민
씨처럼 프레이즈를 그렇게 빠르고 현란하게 칠 수는 없으니까
세션으로 기용할 수밖에 없는 거고요.

Q   당시 편곡의 세련됨에 경탄을 금치 못했는데요.

제가 음반을 낼 때 경쟁자는 기존 우리나라 음반들이
아니어서 그랬을 거예요. 그러니까 앨범의 사운드를 모범으로
삼은 것들은 외국 앨범이었던 거죠. 여기서는 이런 사운드를
내고 저기서는 저런 사운드를 내고, 뭐 그런 것들은 다 외국
음반에서 영향을 받은 거예요. 적어도 사운드적인 면에서는
그와 비슷하게 만들어보고 싶은 생각이 있었던 거죠.

그리고 그때는 제가 건반 세션을 막 시작한 때라 세션 하는 애들 중에서 제가 제일 어렸고, 동익이 형이 오전, 오후, 저녁 세 프로씩 할 때 같이 다니면서 하니까 녹음실에 소문이 쫙 났죠. "어린 놈이 음악 좀 괜찮게 하는 것 같다"는 식으로요. 그래서 녹음기사나 세션들이 첫 녹음 들어갈 때부터 뭔가 좀 다르다는 걸 느낄 수 있었다고 생각해요. 그래서 다른 나이 많은 세션들이나 믹싱 기사들하고 충돌이 전혀 없었어요. 그래서 맘대로 할 수 있었죠. 그리고 김 사장님이 하고 싶은 대로 하라고 많이 밀어줬어요. 사장님은 음반에 대해 전혀 뭐라고 하지 않았어요. 그래서 좋은 점도 있고 나쁜 점도 있는데, 음악 하는 사람 입장에서는 하고 싶은 대로 다 할 수 있으니까 좋죠.

Q 편곡에 있어 디지털보다 아날로그를 추구하는 경향이 있는 것 같아요.

시작은 일단 제가 뭐든지 찍어요. 미디 작업을 완벽하게 해놓고 세션들이 그걸 똑같이 치는 거죠. 기타, 베이스에게 노트 하나, 드럼 소리 하나 맡기지 않았습니다. 제작 기간 중 가사 짓는 게 시간이 오래 걸리지 그걸 찍는 건 그렇게 오래 걸리지 않아요. 편곡은 재밌거든요. 세션들에게 미리 연습할 파일을 보내주고 녹음실에 와서 연습한 그대로 하죠. 맞아요. 아날로그를 추구합니다. 가상악기로 미디를 찍어서 그냥 내는 거랑 세션이 그걸 연주하는 거랑은 큰 차이가 있어요.

사람이 연주하기 때문에 어딘지 모르게 어그적대거든요. 어느 부분은 세고, 어느 부분은 약하고, 어느 부분은 잘 안 들리고. 그렇게 어그적대는 걸 좋아해요. 그래서 세션을 써야 하니까 돈이 많이 드는 편이죠. 시퀀싱 프로그램은 로직을 쓰는데요. 제가 필요한 부분만 딱 씁니다.

Q 그런 스타일을 추구하게 된 이유를 찾을 수 있을까요?

20년 동안 보고 자라고 그랬던 것들이 다 투영된 것 같아요. 어린 시절에 어머니도 아버지도 음악을 좋아하시니까 집에는 항상 라디오가 흘러나오는 환경이었어요. 내가 따로 음악을 시간 내서 들어야겠다는 생각이 들지 않을 정도로 자연스러웠어요. 그러다가 고등학교 2학년 때 팻 메스니를 들은 거예요. 너무나 충격이었죠. 그래서 그와 관련된 퓨전 재즈를 찾아 들었어요. 집에는 아버지가 사놓은 데카, 폴리도어 같은 클래식 원판이 많이 있었어요. 근데 그걸 레코드방에 가서 라이선스로 바꾸곤 했죠. 그 레코드방 아저씨는 얼마나 좋아했겠어요. 그런데 나는 하나도 안 들을 것 같은 그런 스타일의 음반들이었으니까. 몰래몰래 가져가서 바꿨어요. 팻 메스니의 음반사들, ECM 레이블 그리고 리 릿나워를 알게 되면서 GRP 등의 퓨전재즈 음반을 샀어요.

그러니까 음악적으로 영향을 받은 세 명을 꼽으라고 하면 팻 메스니, 리 릿나워, 데이빗 포스터예요. 데이빗 포스터는 좋아하지 않는 사람이 없겠지만 암튼 전 그 사람 연구 많이 했어요. 그리고 가사에 영향을 준 뮤지션들은 시인과 촌장, 조동진, 어떤날이에요. "가사에 영향을 준 세 뮤지션과 곡에 영향을 준 세 뮤지션의 감성이 만나니까 내가 하는 음악이 나오더라"로 설명할 수 있을 것 같아요. 만약 위의 뮤지션들을 만나지 않고 밥 딜런을 만났더라면 완전 포크 음악이 되었을 수도 있었겠죠.

Q   그래서 인스트루멘탈에 대한 애정이 있는 것 같아요.

처음에 충격을 받았던 음악이 팻 메스니였으니까요. 그게 인스트루멘탈이어서 그래요. 인스트루멘탈을 작곡하고 지휘하는 음악감독에 대한 열망. 당연히 있죠. 그건 음악을 하면 누구나 다 마찬가지인 것 같아요. 인스트루멘탈이 최고라고 할 거예요. 가사 없이 가사를 표현하는 음악이니까요. 예를 들어 팻 메스니의 〈Last Train〉을 들으면 집으로 가는 그 마지막 열차가 주는 차창 밖의 쓸쓸함 같은 게 느껴지거든요. '아, 난 언제 저런 음악을 해볼까' 하는 생각을 하곤 했죠. 아직도 가사가 들어간 노래를 쓰고는 있지만, 그런 음악에 대한 꿈은 계속 가지고 있어요.

Q   야샤가 그런 팀이 될 수 있었을 것 같은데요.

야샤는 음반이 나오기 전에 이미 팀이 깨졌어요. 앨범도 억지로 낸 거죠. 가장 큰 건 (함)춘호 형이 일이 너무 많았어요. 어떻게 할 수 없더라고요. 그래서 동익이 형이 깨자고 했죠.

그리고 녹음은 각자 알아서 하자고 하고. 그래서 전 (손)진태 형 불러서 같이 하고, 동익이 형 할 때 가서 건반 치고 그랬어요. 춘호 형도 혼자 알아서 다 하고 녹음한 거 들고 오고요.

Q 악기를 많이 다루시는 것도 그 이유가 될 수 있을 것 같아요.

국민학교 2학년부터 6학년 초까지 아버지 직장 따라 사우디아라비아에 가 있었어요. 사우디가 되게 친미적인 국가였어요. 그래서 미국 차들이 다 들어와 있었고, 마트에 장을 보러 가면 미국 방송들이 나왔어요. 그래서 계속 미국 문화를 접할 수 있었죠. 아버지 회사는 토목공사를 주로 했는데요. 그래서 기능공들이 있었어요. 그중에 기타 치는 사람들이 있었는데, 그들을 중심으로 밴드를 조직했어요. 그리고 1년에 두 번인가 위문 잔치 같은 걸 했죠. 그때 그걸 보고 내가 관심이 있어하니까 한 아저씨가 기타를 가르쳐줬어요. 교재가 없으니까 팝송 책 달랑 하나 보면서요. 그 아저씨가 도중에 서울로 가면서 나에게 통기타와 그 책을 선물로 주고 갔어요. 그 때문에 오늘날 제가 이렇게 된 거예요. 주구장창 기타를 쳤으니까요. 그때 또 드럼을 제일 먼저 쳤어요. 드럼이 제일 멋있어 보였거든요. 신기하고 재밌으니까 자주 두들겨보았죠. 교민들 체육대회 갔을 때 내가 드럼 치니까 다들 쳐다보고 그랬죠. 기분이 좋더라고요.

하모니카도 배웠고요. 그리고 서울에 와서는 학교에서
이범용의 〈꿈의 대화〉를 부르며 간주에 하모니카를 불었죠.
그래서 인기가 좀 있었어요.

　　또 사우디 가기 전 유치원에서 바이올린도 4년 배웠어요.
저를 의사로 만들려는 우리 엄마의 헛된 꿈이 그렇게 만든
것 같아요. 엄마가 이화여대를 나오셨는데요. 그때 연대
의대생들하고 미팅을 몇 번 했나 봐요. 연대 의대에는
학생들이 하는 오케스트라가 있었어요. 엄마는 그게 멋있어
보였나 봐요. 나보고 연대 의대 가서 그런 거 하라고 그랬던
것 같아요. 국민학교 6학년 때부터는 엄마가 체르니 배우라고
해서 피아노를 시작했죠. 기타는 코드를 잡을 줄 알았으니까
기타 코드를 피아노로 치면 어떻게 될까 하고 생각하면서
처음에 쳐본 게 Em이에요. 미, 솔, 시 잡고 딱 눌렀죠.
Em을 네 번 치니까 노래가 되는 거예요. 그때 처음 친 노래가
조용필의 〈촛불〉이에요.

　　그러니까 이제 발랑 까진 애가 됐어요. 바이올린 잡고
나니까 기타 잡는 것뿐 아니라 다른 악기 잡는 것들도 어렵지
않았어요. 피아노도 학원에서 배운 기초 말고 혼자서 그때부터
독학으로 쳤어요. 맨날 이건가 저건가 짚어보고 라디오에서
나온 노래 녹음해가지고 코드 짚어가면서 쳐보고요.

Q 색소폰도 많이 좋아하시는 거 같아요.

색소폰을 비롯해 브라스를 다 좋아해요. 트럼본, 트럼펫,
색소폰 세 개가 다 다르잖아요. 가령 트럼펫은 좀 드라이하고
슬러(이음줄)가 없는 악기잖아요. 색소폰은 기름지고 슬러가
많고요. 그런 면에서 차이가 있죠. 근데 우리나라에서는
색소폰이 솔로 하기 가장 편하니까 애호하는 게 좀 있었어요.
초창기에는 제 음악의 색소폰도 M1 건반에 있는 걸로 찍을
정도로 제가 원하는 성향의 뮤지션들이 별로 없긴 했지만요.
트럼펫도 좋은데, 내가 원하는 스타일을 연주하는 뮤지션들이
없어가지고 많이 넣지는 못했던 거죠. 요즘에 와서는
트럼페터가 많이 늘었어요. 그래서 색소폰 못지않게 트럼펫도
많이 써요.

**Q 위의 요소들이 합쳐져서 도회적인 음악이 만들어진 것
   같아요.**

제 음악이 도회적이라고 하는데요. 저한테 속속들이
박혀 있는 세포가 다 도시라 그래요. 그게 바로 저인 거죠.
만약에 제가 시골에서도 살고 바닷가에서도 살고 도시에서도
살았다면 '어디에 있는 내 모습을 보여줄까. 아, 도시에 있는
내 모습을 보여줘야지' 이렇게 되었을 수도 있는데요. 전 그런
게 아니고 태어나면서부터 도시, 도시의 감성이라고 할까,
그 감성이에요. 그냥 도시가 다예요. 도회적인 걸 의도했다고
말하는 사람들의 생각은 알겠지만, 이런 스타일의 감성적

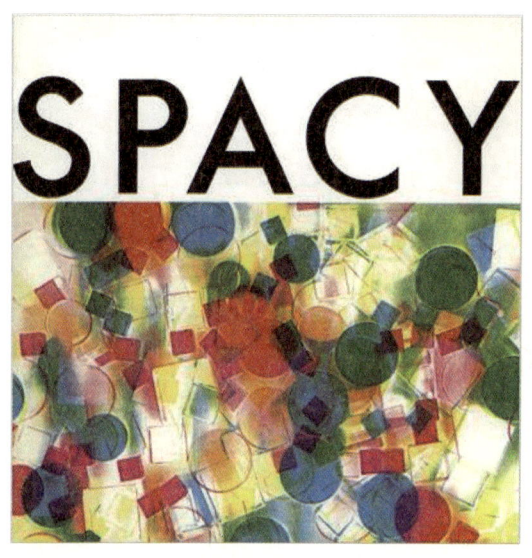

표현은 제겐 애쓰지 않아도 되는 그냥 자연스러운 거예요.

Q 그런 음악을 '시티팝'이라고도 하잖아요. 어떻게
생각하시나요?

'시티팝'이라는 말은 10집 내고 나서 처음 들었어요.
그리고 그때 야마시타 다쓰로를 처음 들었어요.
오, 좋더라고요. '이걸 1980년대에 했단 말이야? 야~
진짜 대단하다'라는 느낌이 들었죠. 어느 날 1집에 있는
〈오랜만에〉를 들었는데, 그게 그냥 시티팝이더라고요. 도시,
바람 다 나오는 거예요. 그래서 '오, 맞네. 내가 시티팝을 1집
때부터 했구나'라고 생각했죠. 시티팝이라 부르건 어반팝이라

부르건 뭐든 다 가능하다는 생각이 들어요. 요즘 느끼는
일본의 시티팝이라는 것은 도시 자체를 표현했다기보다
도시에 사는 사람이 바닷가 등을 그리워하는. 그러니까 도시
감성을 가진 사람이 자연과 만났을 때 나오는 음악이라는
생각이 들어요.

Q 〈달의 몰락〉 때부터 음악 스타일이 바뀐 것 같다는 평이
많은 것 같아요.

김 사장님이 음악에 대해 절대 아무 말도 하지 않는데요.
2집을 내고 난 후에는 마이너풍의 조금 빠른 템포를 한번
해보는 게 어떻겠냐며 넌지시 던지는 거예요. 그래서 그냥

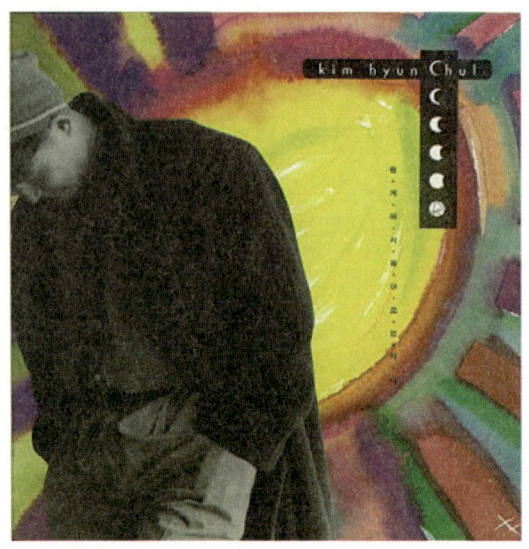

만들어봤어요. 그리고 타이틀곡으로 생각지도 않았고요. 근데 성원이 형이 앨범을 듣더니 딱 "이거다!"라고 하더라고요. 전 싫다고 했죠. 근데 타이틀로 정해지고 나서 내놓으니까 반응이 아주 뜨거웠어요. 덕분에 이전의 제 음악을 좋아하던 팬들은 많이 떠나갔죠. 정말 많이 떠나갔어요.

Q 당시 추구하던 보컬 스타일이 있었나요?

최대한 노래 스타일에 맞게 부르려고 했는데요. 그때는 높게 부르려고 한 것도 있는 것 같아요. 가령 〈새로운 시작〉 같은 건 말도 안 되게 높이 불렀어요. 그래야 멋있는 줄 알고. 지금은 많이 낮아졌어요. 지금의 내 노래 스타일에 맞게요. 그때처럼 날카롭고 쭉 질러대지는 않아요. 그보다는 좀 더 묵직하게 부르려고 하고 있어요.

Q 초창기 스캣이 인상적이에요.

하고 싶은 대로 막 한 거죠. 자신이 있어서라기보다는. 그러니까 요즘 와서 생각하기에 그때는 조금 잘난 척을 했어요. 내 나이 때 음악 하는 애들이 흔치 않았으니까요. 한번 해봐야지 생각하는 모든 걸 했고, 나중에 쪽팔린다는 소릴 들으면 안 되겠다고 생각했던 것 같아요. 그러니까 그건 자신감이 아니라 잘난 척이었던 것 같아요. 진짜 창피한 거죠. 그때가 스무 살 때였어요. 생각해봐요. 스무 살 때 여러 사람이 "음악 좀 하네" 그러면 "어~ 그래. 그냥 나 좀 잘났어" 하고 잘난 척하게 돼요. 주위에서 "잘한다 잘한다" 하니까 진짜 잘하는 줄 알고요.

가령 나라는 사람이 있고 내가 그리는 사람이 있잖아요. 김현철 본인이 있고 김현철이 그리는 김현철이라는 사람이 있어요. 내가 그리는 김현철은 고독하면서 옛날 추억도 많고 세련된 감성을 가진 그런 완벽한 사람이에요. 그런 사람이 하는 음악을 하는 거죠. 〈춘천 가는 기차〉에 "흘러가는 한강은 예나 지금이나 변함없고"라는 가사가 있어요. 하지만 전 그때 춘천을 처음 가본 거였어요. 예나 지금이나 변함이 없긴 개뿔. 그렇게 현학적이고자 했어요. 장필순의 〈어느새〉의 "내 나이도 희미해져 버리고"도 그래요. 그게 스물한 살 때 쓴 거예요. 그냥 그렇게 달랐던 거죠. 그때는 그랬지만 지금에 와서는 나 자신과 내가 그리는 나가 조금 가까워졌다고 생각해요.

Q 초창기 이별곡들의 가사가 강렬한데요.

그렇죠. 경험담이니까. 이전의 이별곡들을 만들 때는 결정적인 어떤 영감을 확 주는 그런 사람이 있었어요. 그 외에도 몇 명 있었죠. 근데 그런 대상은 그 당시에만 강렬하게 영감을 주는 것 같아요. 초창기에는 그 대상에 집중했지만, 점점 다른 대상으로 넘어가더라고요. 지금은 남보다 나에게 집중하고 싶은 생각이 큽니다. 과거의 그런 모습도 소중하다면 소중한데요. 요즘 들어서는 나라는 사람에 대해 잘 찾아보고 알아보자는 생각이 있어요. 나라는 사람을 아직도 제대로 쳐다보지 못하고 있어서요. 워낙 아픈 구석이 많아서 쳐다보는 순간 너무 괴로운 것 같아요. 아픈 구석도 많고, 못난 구석도 많고, 지지리궁상인 부분도 많고. 예술가들은 자기 자신을 제대로 들여다보기 정말 힘들다고 생각해요. 남들은 모르는 자기만의 모습이 있잖아요. 인간이라면 누구나 회피한다고 생각해요. 정면으로 보면 다 나오는 거죠. 일단은 쳐다봐야 하고요. 음악으로는 어떤 식으로 나올지 모르죠.

가사에 대해 말하자면, 글 쓰는 거 되게 귀찮아했어요. 근데 습작은 많이 해요. 평소에 가사 습작을 하는데, 지금까지도 생각날 때마다 핸드폰에 많이 적어놔요. 써놓고 때가 되면 여기저기서 꺼내 발췌하고요. 어떤 제목의 노래라도 풀어놓을 수 있을 만큼 많이 저장해놨어요. 그것들을 조합해서 지금 우리가 만난 이야기를 당장 노래로 만들 수도 있을 만큼요.

Q 동아기획은 어떤 존재였나요?

동아기획이 좋았던 점은 김 사장님이 직접 가수를 선택하지 않았다는 거예요. 밑에 있던 가수들이 잘하는 애라고 누구를 데리고 오면 그걸 그냥 받아서 열어줬죠. 그러니까 가수들이 누구든지 추천할 수 있었고, 괜찮은 애라고 생각하면 그냥 판을 내줬어요. 만약 저번에 데리고 왔는데 내주지 않았다고 그러면 이번에 또 데리고 오면 길을 열어주고

그랬어요. 그게 아주 큰 장점이었어요. 저도 박학기 씨가
데리고 간 거라고 볼 수 있는 거죠.

Q 《돛》 앨범에서는 "음악을 너무나도 다시 하고 싶다"는
마음이라고 하셨는데요. 지금은 또 어떠신가요?
데뷔 시절과도 그 마음을 비교한다면?

그때보다 더 음악에 대한 애정이 있는 것 같아요.
데뷔 시절, 초창기 앨범들은 사실 돈 버는 재미가 있었어요.
앨범을 낼 때 계약금이라는 걸 받았으니까요.
지난 앨범의 실적을 놓고 다음 앨범의 계약금을 받는 거죠.
그때는 정산이라는 개념이 없었으니까. 만약, 이번 앨범이
잘 팔리면 다음 앨범의 계약금이 왕창 들어올 수도 있는 거죠.
근데 지금은 그런 재미보다 음악 자체에 대한 재미가 아주
커졌어요. 수익도 손익분기점만 맞추자는 쪽이에요.
물론 9집부터는 제가 제 음악을 챙기고 싶어서 제작을 직접
하니까 그 의미가 달라지긴 했죠. 그래도 음악은 지금이 제일
재미있어요.

한국 최초의
랩 앨범

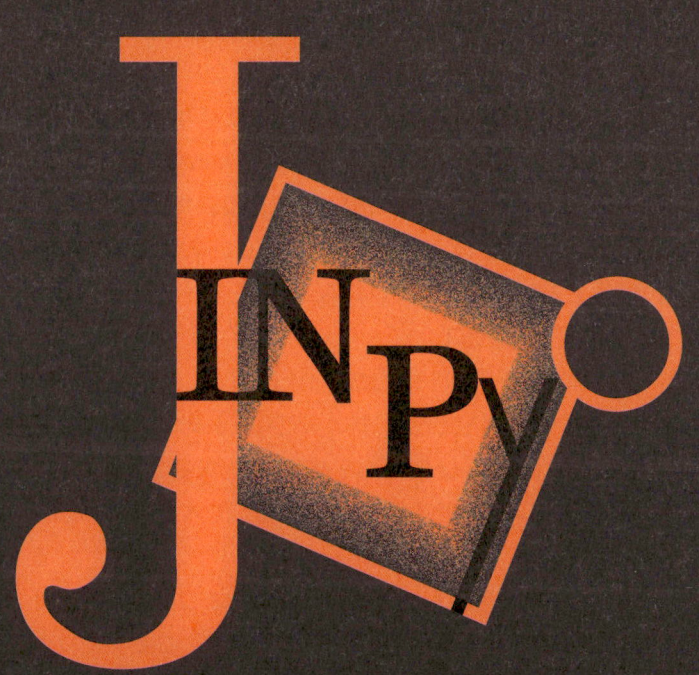

김진표

우리 모두 알고 있다. 한국 대중음악에서 '랩'이라는 기술이 친숙해진 건 서태지와 아이들이 〈난 알아요〉를 불렀을 때부터라는 걸. 이후 짧은 시간 내에 기다렸다는 듯이 랩을 들고 온 가수들이 쏟아졌고, 현진영, 듀스 등이 바통 터치를 이어가며 이 열풍을 지속시켜줬다.

그렇다면 여기서 생각해볼 지점이 있다. 랩이 인기 도구가 됐지만, 하나의 장르로서 온전히 대우받았던 건 언제부터였을까. 〈난 알아요〉가 1992년에 나왔으니 몇 년 후라고 생각하면 오산이다. 드렁큰 타이거가 〈난 널 원해〉를 외쳤을 때가 1999년이고, 마스터플랜이라는 언더그라운드 장소가 생긴 것도 1998년이며, 지누션이 〈가솔린〉을 들고 나왔을 때가 1997년이다. 랩은 단숨에 우리 삶에 침투했지만, 그 자체가 하나의 장르로서 한국에 정착하는 데는 정말 오랜 시간이 걸렸다.

이 부분에 대해 이유를 살펴보면 너무 명확하다. 〈난 알아요〉를 통해 접했던 랩은 '랩 댄스'였다. 랩이 있었지만, 노래의 핵심은 댄스다. 이게 히트 치니 랩이 아닌 랩 댄스가 시장의 중심이 됐고, 온전히 랩 자체만 듣고 향유할 수 있던 환경은 생각보다 더디게 발전할 수밖에 없었다.

이 시절엔 정말 많은 팀이 음악에 랩을 넣었다. 그래서 1990년대 한국의 랩은 주로 노래의 공백을 채우는 역할이었다. 그 이상의 지분을 확보하는 건 매출과 인기를 포기한다는 뜻과 같았다. 대중음악 판에 돈이 많이 돌던 시기임에도 감히 꿈꾸기 어려운 그림이었다.

그런데 어느 날, 다른 래퍼처럼 팀에 소속하고 노래의 한 부분을 메꾸었던 한 래퍼가 '한국 최초의 랩 앨범'이라는 타이틀로 솔로 활동을 시작했다. 패닉에서 랩을 했고, 가끔 색소폰도 불렀던 김진표가 1997년 6월 《열외》라는 앨범을 발표하며 랩으로만 꽉 채운 음악을 선보인 것이다. 〈난 알아요〉가 나온 지 무려 5년 만에.

　믿기 어렵겠지만 사실이다. 드렁큰 타이거의 타이거 JK도
한국에서 1996년에 솔로 앨범을 냈지만, 미국 국적의 신분으로
영어만 가득 채운 음악이었다. 그에 반해 김진표는 한국어로 무장한
음악을 들고 나왔고, 스코어도 확실히 올리며 성공적인 솔로 데뷔이자
랩 앨범을 만들어냈다.

　그러나 《열외》가 최초의 랩 앨범이자 성공한 랩 앨범이라는
것 말고 더 집중해야 할 부분이 있다. 최초임에도 이 앨범은 기존
영미권에서 나온 랩 앨범들에 대한 레퍼런스(참조)를 느끼기
매우 어렵다는 점이다. 그 시절 한국에서 랩 앨범을 낸다는 것도
대단하지만, 그 내용에 독창성이 확보됐다는 점이 매우 중요하다.

　도대체 김진표는 패닉의 《밑》(1996) 앨범 활동이 종료된 지
얼마 되지도 않아 어떻게 이런 앨범을 만들게 된 걸까. 직접 만나 제작
과정을 물어봤다.

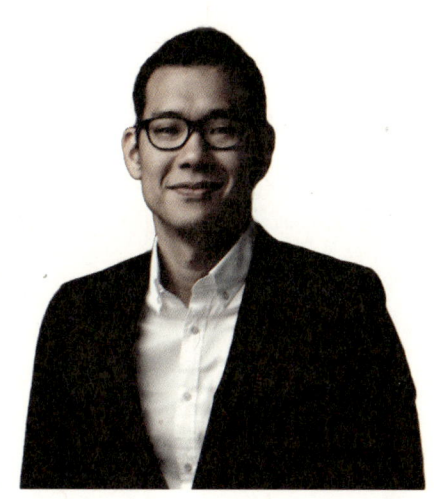

사진: 김진표 프로필

Q 패닉의 《밑》으로 활동한 지 1년도 안 되어 첫 솔로 앨범
《열외》가 나오게 됐습니다.

《밑》이 나온 뒤 이적 형이 다른 음악 프로젝트(카니발)를
할 움직임이 있었어요. 당시 저는 음악을 사랑하는 것 외에
인생을 설계하거나 앞으로의 비전을 계획하거나, 뭐 이런
거에는 아무 생각 없는 철부지였죠. 그래서 적이 형은 제가
걱정됐겠죠.

정확한 워딩은 기억이 안 나지만, "야, 당장 내가 다른
음악 준비하고 있는데, 이게 잘돼가지고 더 이상 너랑 음악 안
하겠다고 하면 어떡할 거야?"라는 얘기를 던졌어요.
그 얘기가 동기가 됐죠.

당시 제가 좋아하고, 하고자 하는 음악이 패닉은
아니었어요. 패닉에서 저는 김밥 위에 참깨 같은 느낌
정도였고, 또 그 정도를 넘어서기 싫었죠. 2년 동안 패닉
하면서 주위에 사람들도 생겼으니, '나도 뭔가 해보면 재밌지
않을까?' 하는 생각으로 《열외》를 시작하게 됐죠.

Q 그 시절 팀 활동을 하다가 바로 개별 활동이 가능한 계약
구조였나요?

계약을 잘했죠. 밴드 '들국화'의 최성원 형이

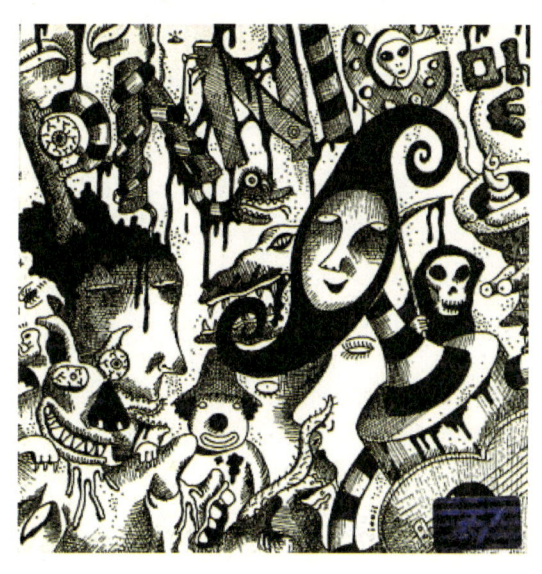

'장미기획'이라는 기획사를 차리면서 패닉 음반을 제작했어요.

그 계약은 패닉으로만 두 장이어서 솔로 활동은 제약이 전혀 없었어요. 지금도 생각해보면 굉장히 좋은 제작자였고 좋은 분이었던 것 같아요. 그래서 제가 운이 좋았다고 얘기하는 게 주위에서 많이 도와준 것도 있는 것 같아요.

Q. 《열외》를 제작한 '바이기획'과는 어떻게 계약한 건가요?

장미기획에서 실장님 역할을 하시는 분이 계셨어요. 바이기획을 차린 배명식 대표님인데, 자연스럽게 저희와 인연이 됐고, 제가 솔로 음반을 준비하고 싶어 하니 본인이 제작하겠다고 해서 같이 하게 된 거죠.

《열외》는 김진표와 레이 강(강세일)의 작업으로
완성됐습니다. 김진표는 솔로로서 첫 데뷔이고, 레이 강도
작곡가로서 첫 데뷔인데, 어떻게 성사된 건가요?

패닉의 《밑》을 대학로에 있는 '난장 스튜디오'에서
녹음했거든요. 그때 레이 형이 엔지니어를 해줬어요. 앨범
녹음을 시작하면 거기에 상주하게 되는데, 이분이 건반 치는
걸 좋아해서 자투리 시간이 날 때마다 피아노를 들려줬거든요.
정말 좋은 거예요. 그 사람이 습작해둔 것들도 들려줬는데,
'그냥 나는 이 사람이랑 음악 하고 싶다'는 생각을 했던 것
같아요.

그게 다였어요. 적이 형이 "너 내가 음악 안 하면 어떡할

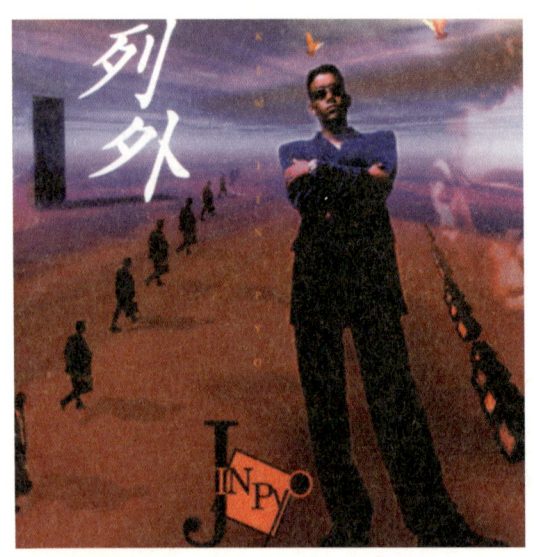

거야'?"라고 했을 때 위기의식이 들었다기보다 오히려
기회였던 거죠. 적이 형 입장에선 여러 가지 걱정이 돼서
그런 얘기를 던졌을 수도 있는데, 저한테는 그게 위기감을
줌과 동시에 '너도 나가서 하고 싶은 음악 해. 난 그거에 대해
너를 구속하고 싶은 생각이 전혀 없어. 니 마음대로 해봐'라는
것처럼 들렸거든요. 그래서 레이랑 같이 해보기로 했던 걸로
기억하고 있습니다. '레이의 고급진 선율에 랩을 할 수 있으면
정말 음악이 좋겠다'는 생각이 있었어요.

0 레이와 그렇게 시작했지만, 굳이 레이와 함께 거의
모든 곡을 프로듀싱할 필요는 없진 않았나요?
첫 데뷔 앨범이니 대중성 등 여러 밸런스를 고려해야
했으니까요.

그건 계산 안 했어요. 그런 계산을 했으면 제가 이걸
사업체로 본 거겠죠. 당시 레이 형은 음악만 먹고사는 음악
천재였는데, 저랑도 친해지니까 쉬는 시간마다
"야, 이거 어때?" 하면서 들려주는 곡들이 정말 아름다웠어요.
'아무누구', 'Fly'의 피아노 리프를 쳤는데, 그 리프에 맛이
갔죠.

또 이 사람한테 몇 곡 받고, 다른 사람한테 몇 곡 받게
되면 얘기가 복잡해지거든요. 저는 그 당시에 굉장히
순수했어요. 레이와 단둘이서 뭔가 '띄워보겠어'라는 마음이
있었던 게 아니라, 올곧이 '이 사람이랑 음악 하면 너무 재밌을

것 같아'라는 것만 생각했던 시기였어요.

랩에 대해 엄청난 자신감이 있었던 것도 아니었고요.
사실 솔로 음반 준비하면서 랩을 좀 랩답게 고민했지,
그전에는 시스템적으로 랩을 구축하겠다는 생각을 별로 갖고
있지 않았거든요. 표현하는 도구로서 랩이 자리 잡고 있었지,
이거를 뭔가 체계적으로 해보겠다는 느낌이 크지 않았던 것
같아요. 그런데 솔로로서 랩으로만 오로지 한 장의 음반을
만들어보겠다고 했을 적에는 스스로 쪽팔리면 안 된다는
생각이 있으니까, 그때 공부도 훨씬 많이 했죠.

Q 레이의 반응은 어땠나요?

《밑》 작업을 계속 했으니까, 이미 저에 대한 파악은
끝났죠. 당시 레이도 누구한테 곡을 파는 게 아니라
엔지니어였어요. 버클리음대를 나온 레이 형은 한국에서
음악 하고 싶어 왔고, 난장에서 엔지니어로 시작한 상태였죠.
그러니까 나도 풋내기, 그분도 풋내기. "풋내기 둘이서 뭔가
해볼까?" 뭐 이런 상황이었죠. 죽이 잘 맞았어요.

**Q 《열외》는 랩 앨범이지만, 팝 사운드의 구조가 짜였습니다.
방향은 어떻게 잡게 된 건가요?**

힙합 음반을 만들고 싶지 않았어요. 그게 먼저인 것
같아요. 제가 힙합을 하기에 부적절하다고 생각했어요.

Q   **왜 그런 생각을 했나요? 블랙 뮤직에 대한 애정이
부족했나요?**

아니죠. 그 어떤 사람보다 좋아하고 심취했다고 봐요.
미묘하고 조심스러운 부분이지만, 지금 와서 제 음악을
힙합이라고 규정하면 안 된다고 생각하는 게, 그냥 살아온
환경이 유복했어요. 그러니까 힙합 하려면 뭔가 궁핍함이
있어야 한다고 생각한 것 같아요. 그런 게 없다 보니 제 음악을
힙합이라고 하면 힙합에 대한 배신인 것 같은. 그러니까 혼자
그 허들을 되게 높게 측정하고 있었던 것 같아요.

지금도 힙합을 즐겨 듣고, 굉장히 애정해요. 특히 그
당시엔 '제 전부였다'고 생각해도 될 정도로 블랙 뮤직의
틀 안에 갇혀 있었죠. 그러나 그때의 블랙 뮤직이라면 지배
계층에 대해 반항하고 기득권에 대해 쓴소리하고 막 이래야
하는데, 살아온 환경을 봤을 때 누리는 쪽이었지 당하는 쪽이
아니었다고 생각하니 스스로 '나는 힙합을 하면 안 된다'는
생각이 자리 잡고 있었던 것 같아요.

Q   **지금도 그 기조가 맞다고 보나요?**

아니요. 이젠 바보 같은 생각이라고 봐요. 그런데 누군가
같은 입장에 있다면 충분히 이해할 수 있을 것 같아요.
왜냐면 '무대 위에선 누구보다 떳떳해야 한다'고 생각하니까요.
누가 그걸로 돌을 던지기 시작할 때도 떳떳해야 하는데,
떳떳하기 쉽지 않다는 거죠.

Q 저항이나 반항의 가사를 뱉을 때, 누군가 "너는 그런 적 없잖아?"라고 얘기하는 상황 때문일까요?

그렇죠. 못 할 말이 너무 많아지는 거죠. 하고 싶은 말은 많지만, 누군가 그것에 대해 자격을 따지기 시작하면 스스로 검증하게 되고, 결국 '아니지. 나는 이거에 대해 말하고 싶지만 말할 수 없는 거나 다름없네'라고 하게 되는 거죠. 그래서 오히려 레이의 음악과 제가 하고 싶은 게 더 붙었던 걸 수도 있어요.

Q 밴드 사운드가 기반을 이루었습니다.

패닉 하면서 익숙했고, 제 성향인 것 같아요. 어쿠스틱한 게 좋거든요. 기본적으로 따뜻한 계열을 좋아하다 보니 지금도 컴퓨터보다 연주를 선호해요. 그런 부분에서 레이랑 잘 맞았어요. 시너지도 나름 있었던 것 같고. 물론 당시 이스트 코스트 사운드도 굉장히 좋아했지만, 거기에 올릴 가사 소스가 너무 부족했어요. 스스로 가사에 대한 자격을 생각하게 되니까요. 그런데 다루고 싶은 얘기는 정말 많아서 저항 주제를 배제해도 하고 싶은 얘기가 많았어요. 또, 이러한 음악 스타일에서 랩을 하게 되면 부담도 적고, 아무도 나한테 돌을 던질 수 없게 되니까요. 그러다 보니 궁합이 잘 맞았죠.

Q **한국의 첫 랩 앨범인데, 레퍼런스라고 느껴지는 것들이 없었습니다.**

레퍼런스는 있을 수 없죠. 시점이 정말 기가 막히게 딱 맞았어요. 그만한 사이즈의 음반을 제작하겠다는 사람도 있었고, 음악을 끊임없이 쏟아내는 사람도 있었고, 거기에 얹을 이야기들도 많고. 일련의 과정들을 난장이라는 익숙한 공간에서 했고요. 그러다 보니 편안한 상태로 작업했죠. 행복하고 스트레스가 없는 환경이었어요.

Q **소속사의 입장은 어땠나요?**

소속사도 제작에 압박이 없었어요. 그리고 제 성격상 틀림없이 그걸 조건으로 걸었을 거예요. "음악에 대해 간섭하지 마라." 어떻게 보면 되게 장사를 신경 쓰지 않은 음반이었죠.

Q **곡은 당시 제작 기간 내에 모두 탄생한 건가요?**

그렇죠. 어렴풋이 기억나는 게 레이 형이 매번 들려줬어요. "이건 어때?", "이렇게 하는 건 어때?" 이러면서 같이 디벨롭해나갔거든요. 그냥 현장에서 "여기 이렇게 바꿔볼까?" 하는, 되게 아날로그식 환경이었죠.

Q **가사는 어떻게 썼나요?**

데모가 테이프로 떠지면 집에서 들으며 스케치를

해나가고, 스튜디오에 와서 엎고, 다시 레이 형이랑 의견을
조율했어요. 멜로디 부분은 모두 레이 형이 썼어요.
저는 가사를 옮기고, 계속 편곡 아이디어를 냈죠.

Q   작업 기간은 얼마나 걸렸나요?

6~8개월 정도 걸렸던 것 같아요.

**Q   유일한 외부 참여로 이적이 한 곡을 줬고, 이하늘만
피처링에 참여했습니다.**

정확하게는 기억이 안 나요. (웃음) 적이 형이 신나서
들려줬던 기억은 있어요. "야, 곡 너무 좋아" 이러면서.

하늘이 형은 제가 섭외했죠. 형을 원체 좋아했고, 지금도
좋아하고요. 가장 위대한 래퍼라고 생각해요. 그래서 음반에
꼭 담고 싶었어요. 그냥 가서 부탁했고, 하늘이 형도 신나게
녹음실에 와서 2시간 정도 가사 쓰시고, 1시간 정도 녹음하고
가셨던 걸로 기억해요.

Q   가사의 주제들은 어떻게 잡았나요?

무조건 음악이 먼저예요. 마음에 드는 곡을 선별하고,
그 곡에 몰입하다 보면 떠오르는 것들을 가사로 만들기 때문에
가사가 먼저 나온 적은 없어요.

Q **앨범 제목이 《열외》입니다.**

제 인생이 주류가 아니었어요. 외골수였는데 좀 독특한
외골수였던 것 같아요. 예를 들어 반에서 랩을 듣는 아이도
나밖에 없었어요. 음악 좋아하는 애들은 다 록이었거든요.

Q **김진표의 가사에선 늘 '외로움'과 '억압'이 주요 키워드로
부상하는 것 같습니다.**

외로움은 완전 동의해요. 억압은 표현한다 해도
아무도 안 알아줄 거라고 생각해요. 구태의연한 걸 되게
싫어하거든요. 항상 쿨한 사람으로 비치고 싶어요.

Q **타이틀곡으로 〈Fly〉가 정해졌습니다.**

특별히 막 우겼던 기억은 전혀 없어요. 〈사랑해 그리고
생각해〉가 좀 더 대중적이긴 한데 〈Fly〉가 좀 더 멋있고,
음반을 가로지르는 무게가 있다는 식의 대화를 주고받은
기억이 나거든요.

자연스럽게 〈Fly〉로 시작하고 〈사랑해 그리고 생각해〉를
후속곡으로 했던 것 같아요.

Q **결과적으로 앨범의 성공은 〈사랑해 그리고 생각해〉가
견인했습니다.**

그렇죠. 그렇다고 해서 어마무시하게 잘된 건 또
아니에요. 순위 프로그램에서 순위가 엄청 올라가서 한 것도

아니고, 그냥 체감하는 것. 주위 사람들이 "야, 네가 이렇게 음악을 할 줄 몰랐어" 이런 식의 것. 실질적인 세일즈와 상관없이 '사람들이 내 음악을 좋아해주는데'라는 게 느껴지는 것만으로 기분 정말 좋았죠.

Q 〈사랑해 그리고 생각해〉에서 후렴 구상은 어떻게 잡혔나요?

기획된 거라기보다는 자연스럽게 흘러가는 대로 쭉 의견을 나누며 잡히게 됐어요. 명확하게 멜로디가 먼저 있었고요. 대신 이 노래로 활동할 것 같으니까 "그러면 후렴 밑에 랩도 깔자. 그래서 내가 심심하지 않게 하자"였고, 또 그 랩이 마음에 들어서 마지막에 혼자 독백으로 남겼죠.

Q 앨범이 완성된 후 시장의 반응을 예상했나요?

제가 만들었던 모든 음반은 리스너 입장에서 대박 날 음반은 없는 것 같아요.

Q 《열외》가 한국 최초의 랩 앨범이 될 거라는 데 대한 계산조차 없었을 것 같습니다.

그럼요. 근데 되게 웃기잖아요. '한국 최초의 랩 앨범'이라는 문구 자체가 사실 저한테 짜증 나는 일이었어요.

평생 랩만 들으며 자라온 사람인데, 늘 한국에서 랩은 노래의 양념 수준으로만 쓰인 게 불만이었어요. 마치 기타

솔로 연주나 잠시 하모니카가 등장하는 수준의 역할로
사용되는 게요. 랩이 끌고 나가는 노래가 없었죠. 물론 과거
홍서범의 〈김삿갓〉도 있겠지만, 그런 걸 떠나서 이렇게 만든
구성 자체가 이슈화된다는 게 자존심 상하는 일이었던 거죠.

어릴 적부터 블랙 뮤직을 들으면서 자랐고, 당시 블랙
뮤직 음반들이 쏟아져 나와 빌보드를 점령하고 있는데,
한국에서는 그런 상황이 아니고. 그래서 제가 이렇게 만든 게
자연스럽고 당연한 건데, 거기에 수식어를 붙이고 대단하다고
얘기하는 게 답답한 상황이었어요.

더불어 슬픈 사실이기도 하죠. 그때까지만 해도 랩은
'잘생겼는데 노래를 못하는 애'가 맡는 포지션이었으니까요.
당시 랩의 위상은 액세서리로서 활용된다는 인식이 있었지만,
얼마나 매력이 있는지에 대해서는 사회적으로 관심이
없었거든요.

Q **판매량이 좋았습니다.**

네,《열외》는 10만 장도 넘었던 걸로 기억하니까.
2집《JP Style》은 기억이 맞다면 5~6만 장 정도. 손익분기점을
넘긴 했지만 수익이 크지 않았죠. 그래서 늘 기획사한테
고마워하는 입장이었습니다. 그냥 하고 싶은 대로 다 할 수
있게 해줬으니까요. 대신 저도 그만큼 금전적인 부분에서 많이
요구하진 말아야 한다고 생각했어요.

Q. 발매 후 이적의 반응은 어땠나요?

'이놈 봐라'라는 것도 있었겠지만, 그냥 안심이 됐겠죠. 별로 기억이 없어요. 적이 형이랑 초등학교 때부터 봐왔으니까 40년이 넘은 것 같은데, 그냥 뻔히 아니까 '이제 내가 한시름 놨다' 할 수 있겠죠.

Q. 마지막 질문입니다. 이 인터뷰를 통해 다시 돌아봤을 때, 《열외》는 어떤 앨범인가요?

2집부터 7집까지는 다시 만들 수 있는 음악의 성질이라는 생각이 드는데,《열외》는 '그 당시의 김진표와 레이'가 아니라면 만들 수 없는 음악임에 틀림없죠. 다시 해도 못 만들 음악이에요.

우리나라
발라드 음악의 절정

김형석

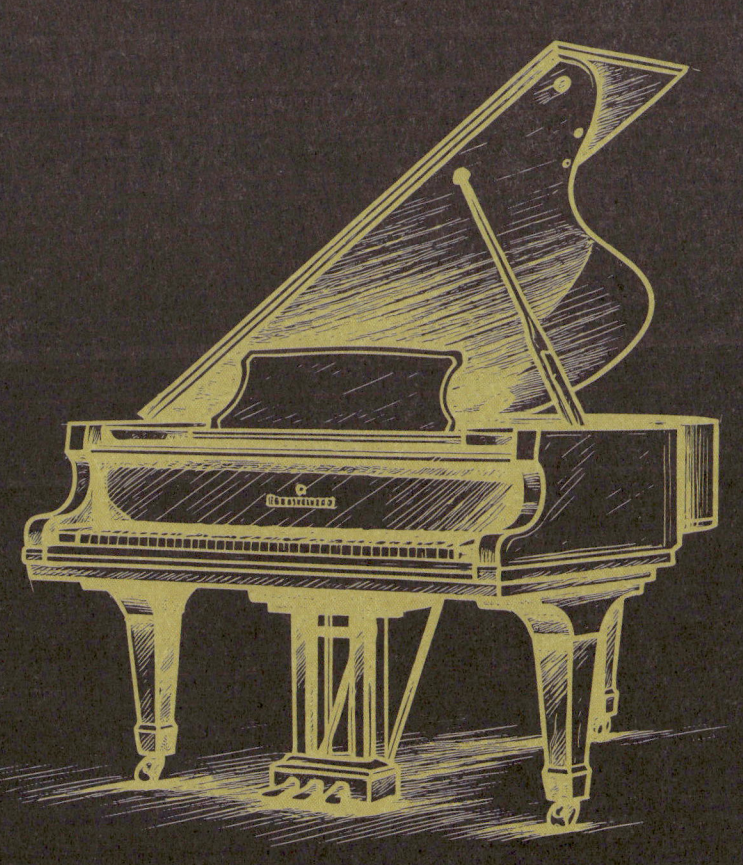

한국 대중음악은 요나누키 음계(5음 단음계)를 장착한 트로트의 득세를 지나 밴드 사운드, 록과 포크 음악의 흐름 속에서 1970년대에 한국형 이지리스닝이라 부를만한 장르를 만들어낸다. 아마도 미8군과 팝 음악의 영향, 외국의 대중음악들을 번안가요라는 이름으로 재해석한 이력들, 포크 음악의 서정성에 서양의 7음계를 입고 탄생한 것으로 보이는 이 음악들은 여전히 밴드 사운드에 기대고 있으며 트로트의 변주가 많고, 무엇보다 김추자의 〈님은 먼곳에〉나 윤형주의 〈어제 내린 비〉, 정훈희의 〈안개〉처럼 단조를 지향하고 있다. 물론 이장희의 〈나 그대에게 모두 드리리〉나 길옥윤이 작곡한 패티킴의 〈이별〉, 혜은이의 〈당신은 모르실거야〉처럼 장조 발라드의 가능성을 열고 있는 수준 높은 곡들이 없었던 건 아니다.

단조 이지리스닝은 조용필의 〈창밖의 여자〉, 김수철의 〈못다핀 꽃 한송이〉 등을 거쳐 이용의 〈잊혀진 계절〉, 다섯손가락의 〈새벽기차〉 같은 장조 이지리스닝을 낳고 이선희의 〈알고 싶어요〉, 전영록의 〈저녁놀〉, 이문세의 〈가로수 그늘 아래〉, 변진섭의 〈홀로 된다는 것〉 같은 단조 발라드로 갈아탄다. 이지리스닝과 발라드의 다른 점이 무엇이냐고 묻는다면, 후렴의 발성이 샤우팅에 기반했다는 것으로 판가름할 수 있을 것 같다. 이지리스닝의 곡들은 장르가 록이건, 블루스건, 트로트건 모두 후렴에 가선 내지른다. 하지만 발라드에 들어서면 그것이 확연히 줄어든다. 그리고 장조 발라드의 시대가 되면 거의 사라지는 걸 볼 수 있다. 하지만 샤우팅에 기댄 창법이 발라드에서 사라지는 건 아니다. 넥스트의 〈Here, I Stand For You〉나 김경호의 〈금지된 사랑〉, 아일랜드의 〈발걸음〉 등에서 록발라드라는 이름으로 화려하게 부활하고, R&B 발라드는 무림의 고수들이 펼치는 고음의 장으로 변모한다.

이런 과정을 거쳐 우리의 대중음악은 유재하의 〈사랑하기

때문에〉(조용필이 처음 발표했지만 영향력은 없었다)가 나온 이후로
이제 고음을 지르지 않는 장조 발라드의 세계로 방향을 정한다.
유재하의 1집이 가져올 파장을 아무도 몰랐다. 유재하는 민해경의
〈어느 소녀의 사랑이야기〉에서 이문세의 〈사랑이 지나가면〉에
이르기까지 간헐적으로 지하에서 흐르던 장조 발라드의 물꼬를 튼다.
그렇다고 단번에 유행되는 것은 아니지만 오석준의 〈우리들이 함께
있는 밤〉이나 이승철의 〈안녕이라고 말하지 마〉, 변진섭의 〈네게
줄 수 있는 건 오직 사랑뿐〉 등 이 흐름을 눈치챈 뮤지션들이 있다.
또한 유재하는 '창법 불량'이라는 명분으로 방송 금지곡이 될 정도로
소위 '말하듯이 노래하는' 창법을 구사해 샤우팅의 세계와 단절한다.
이전에도 전영록의 〈그대 우나봐〉나 〈저녁놀〉처럼 샤우팅이 없는
발라드가 없던 것은 아니지만, 아직은 단조였고 표현 방법도 유재하에
비하면 훨씬 문어체에 가깝다. 위 두 가지뿐 아니라 유재하가 이룩한
발라드의 세계가 가진 최고의 미덕은 곡에 브리지를 넣었다는 것이다.
이전까지 발라드는 대체로 '인트로-A버스-후렴-간주-B버스-후렴-
아웃트로'의 형식을 가졌지만, 마지막 후렴과 아웃트로 사이에
브리지를 넣음으로써 클래식의 카덴차처럼 이를 통해 곡에 새로움을
더해주거나 지루함을 감해주었다.

　　이런 흐름을 거쳐 1990년대는 발라드의 황금기가 된다.
트로트에서 이어져온 100년간 단조의 우위를 물리치고 장조 발라드가
완전히 대세가 된다. 윤상의 〈이별의 그늘〉처럼 단조가 없었던
것은 아니지만 신승훈의 〈미소 속에 비친 그대〉, 이승환의 〈텅빈
마음〉, 김건모의 〈아름다운 이별〉, 김민우의 〈사랑일뿐야〉, 박정운의
〈오늘같은 밤이면〉, 신해철의 〈슬픈 표정 하지 말아요〉, 공일오비의
〈텅빈 거리에서〉 등 분위기는 확연하게 장조로 돌아섰다. 그리고
이러한 분위기를 전체적으로 주도하며 조율하고 좌지우지했던 건

다름 아닌 김형석이다. 김형석은 발라드 왕자의 계보를 잇는 이문세, 변진섭, 신승훈, 조성모, 성시경 등은 물론이고 당시 활동하던 거의 모든 발라드 가수들과 작사, 작곡, 편곡, 피아노 세션, 프로듀서 등으로 협업하며 1990년대 발라드 음악의 근간을 이루어냈다. 거기에 보컬에 있어 대중음악의 판도를 비트는 지점이 되어버린 그룹 솔리드와 함께 R&B의 탄생 과정에 함께한다. 솔리드 이후 발라드 음악계는 R&B 창법을 배우지 않고는 살아남기 쉽지 않은 시장이 되었다. 여기서는 김형석의 음악 인생을 차분히 따라가면서 1990년대의 발라드가 밟고 지나간 흔적을 읽어보려 한다.

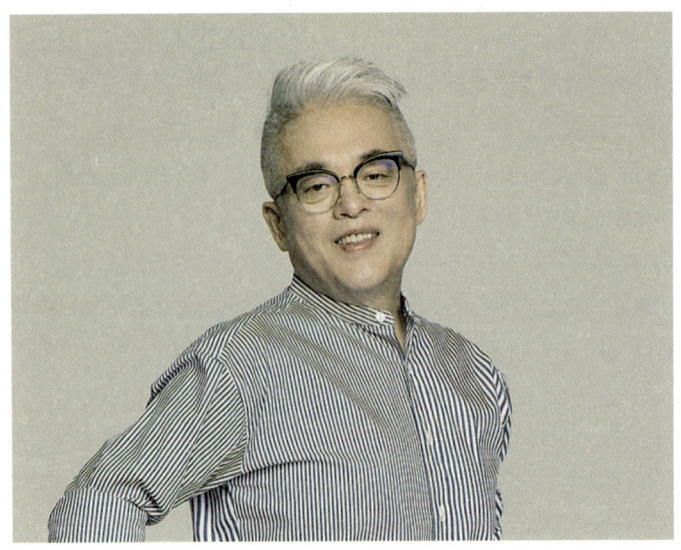

사진: 김형석 프로필

Q 부모님께서 음악을 하시고 이제 거기에 영향을
받으셨다고 했는데요. 음악으로의 진로는 언제
정하셨나요?

　그냥 진로를 결정했다기보다 자연스럽게 물 흐르듯이
음악을 그냥 했던 것 같아요. 그냥 세수하고 이 닦듯이 그냥.
그러니까 어떤 신념이나 확신보다는 팔자라고 해야 하나요?
그렇게 그냥 쭉 갔던 것 같아요. 아버지가 음악 선생님이었고
엄마가 피아노를 가르치셔서 음악적인 환경에서 자랐어요.
그리고 한양대 음대에 갔고 거기서 이제 유재하를 만나
음악을 알게 됐어요. 그러면서 (김)광석 형, 동물원 형들하고
친해지면서 자연스럽게 또 대중음악 쪽으로 가게 됐고요.
원래는 음대 들어갈 때 영화 음악 하고 싶었어요. 재수할 때
엔니오 모리코네의 〈원스 어 폰 어 타임 인 아메리카〉 음악을
듣고 '와~ 영화음악 하고 싶다'는 생각이 들었어요. 근데
자연스럽게 대중음악으로 가게 됐고, 돌이켜보면 어떤 신념,
확신 이런 게 아니라 흘러갔던 것 같아요.

Q 어릴 때 대중음악을 많이 들으셨나요?

　아니요. 어릴 때는 클래식을 많이 들었어요.
대중음악이라는 개념이라고 해봐야 가요 정도였는데요.

119

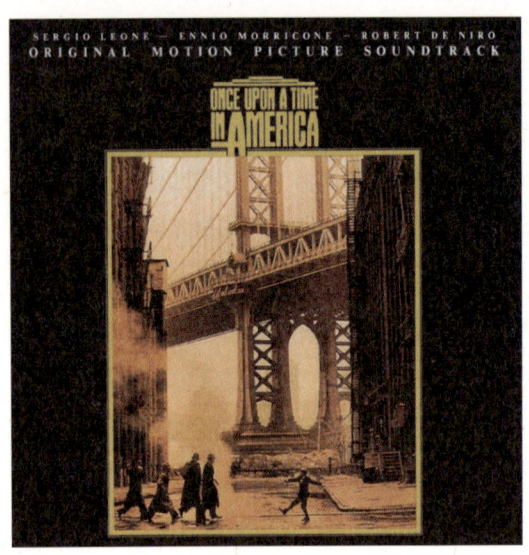

아침에 일어나서 저녁에 잠들 때까지 클래식을 들었죠. 집에서
어머니가 피아노 레슨을 하셨으니까요. 근데 중학생이 되니까
공부하라고 피아노를 못 치게 하셨어요. 그래서 교회에 가서
피아노 치고 그랬죠.

**Q 그러면 부모님은 음악 하시는 걸 별로 좋아하지
않으셨나요?**

아버지는 음악 선생님이시고 어머니는 피아노 하시니까
그 시절에 음악을 한다는 게 얼마나 어려운 일인지 아셨던 것
같아요. 당시에는 저작권이 있던 것도 아니고
또 대중음악을 하려면 그래도 네트워크가 있어야 하는데,

전남 광주에 있었으니까 그걸 자연스럽게 연결할 형편이
못 된 거죠. 당시에는 "공부에 취미가 없으니 난 음악을
할래요"라고, 그것도 "대중음악을 할래요"라고 말할 수 있었던
시대가 아니었으니까요. 실용음악과라는 것도 없었고 기타
치면 부수고 하던 때였어요. 그러니까 "음악 할래요"라고
말하면 당연히 클래식 음악이었고, 그러면 이제 유학도 보내야
하는데 형편상 쉽지 않았고요. 여동생도 셋이나 있었기에
선생님 월급으로 음악은 말이 안 되는 현실이었죠. 그래서
중학교 때부터 피아노를 못 치게 하시더라고요. 공부하라고.
그래서 나간 게 교회예요.

Q 그러면 어떤 교수에게도 사사하지 않고 대학을 가신
건가요?

그래서 혼자 음악을 하면서 제 마음대로 음대에 원서를
냈더니 떨어졌어요. 그런 의지를 보이니까 부모님이
'애는 음악을 시켜야겠다'고 생각하셨나 봐요. 그래서 재수할
때 화성학 가르치는 선생님을 붙여주셨어요. 그리고 음악
선생님이셔서 그런지 제가 처한 상황, 실력, 애가 음악에 어느
정도 감이 있고, 어느 정도 배웠고 등을 살펴보시고 어디가
제일 좋을지 다 체크하신 후에 한양대를 지원하게 해주셨죠.
아버님이 보내주신 거죠.

Q 그러면 대학교 들어갈 때까지만 해도 '클래식 작곡가를 할 거다' 이렇게 생각하고 들어가신 건가요?

그렇죠. 그냥 막연하게 작곡가가 될 거라고 생각했죠. 대중음악 작곡가가 될 거라는 생각은 없었고요. 클래식 음악과 영화 음악은 그 줄기가 비슷하잖아요. 그래서 영화 음악을 할 수도 있겠다고 생각은 했죠.

Q 그럼 대중음악으로 방향을 트신 결정적 계기는 뭔가요?

대학교 1학년 때 유재하 음악을 들었어요. 누가 유재하라는 우리 학교 선배가 앨범을 냈다고 하는 거예요. 그래서 음반 가게에서 앨범을 집었어요.

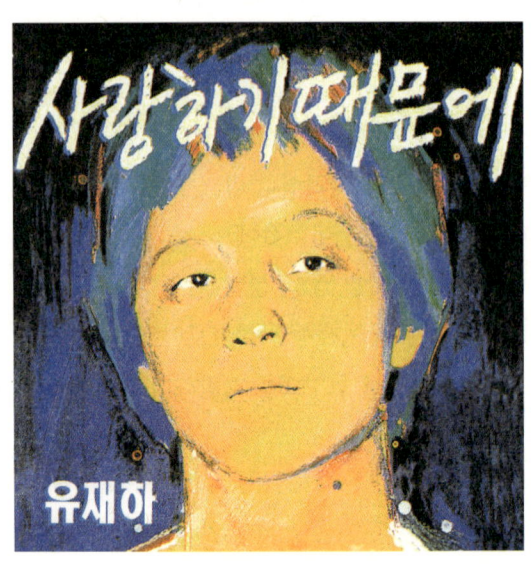

그게 조용필 7집이었어요. 거기에 〈사랑하기 때문에〉가
있었고요. 이문세의 〈그대와 영원히〉도 그때 들었고요.
그러면서 이제 대중음악을 본격적으로 듣기 시작한 거예요.
유재하 다음에 김광석, 동물원 그때 당시에 히트했던
음악들이잖아요. 김현식도요. 그러면서 대중음악에 관심을
갖게 된 거죠. 그리고 재하 형 1집이 나왔는데 거기서 일종의
신세계가 열린 거죠. 1집의 음악 장르부터 시작해서 말의
쓰임새, 편곡의 기법 이 모든 것이 너무너무 좋았어요.

**Q 클래식 음악을 계속하셨는데 그것들을 뛰어넘을 정도로
좋았나요?**

귀에 그냥 박힌 것 같아요. 유재하 1집은 너무 좋았어요.
클래식과 팝 기반이라 다양한 장르를 할 수 있었고 가사도
당시 사랑, 이별 이야기할 때 〈내 마음에 비친 내 모습〉 같은
내용의 가사를 쓴다는 건 너무나도 참신한 거였죠. 그러면서
이제 팝도 찾아 듣기 시작했어요. 물론 그렇게 보면 저는
좀 묘한 구석이 있죠. 어릴 때 가요, 팝을 듣고 자란 세대가
아니고 클래식 바탕에서 시작한 게 이렇게 대중음악으로
확장된 거니까. 남들과는 다를 수 있을 것 같아요. 물론
당시에는 가요가 유치하고 단순하다고 생각해서 안 들은
것도 있어요. 제가 클래식을 하니까 '뭐 이런 거 알아?' 하는
우쭐거리는 감도 있었고요. 근데 지금은 그렇게 단순하게만
보지는 않아요. 히트곡은 그 나름대로 히트한 이유가 있어요.

Q **당시 분위기는 클래식 학도가 대중음악을 하면 안 되지 않았나요?**

그렇죠. 학교에서 좀 제재가 있었죠. 예를 들면 연습실에서 클래식 말고 가요나 팝을 치면 좀 야단도 듣고, 별종 취급도 좀 당하고. 유재하 선배님은 그렇게 튀는 사람이 아니라 조용히 묻어갔던 것 같아요. 그냥 알아서 한 거라고 보면 될 것 같아요. '난 대중음악가가 될 거야' 뭐 이런 게 아니라 그냥 재밌어서 하신 거죠. 저도 클래식 수업을 듣지만 연습실 가면 가요도 치고 팝도 치고 그러다가 데이빗 포스터를 알고 또 그 음악에 반하고.

Q **신재홍 씨랑은 친했나요?**

네. 학교 밖이 유재하라면, 학교 내에서는 재홍이 형에게 영향을 많이 받았죠. 재홍이 형은 저보다 학번이 하나 높았고 재즈 스타일의 음악을 좋아하고 잘했어요. 오스트리아로 재즈 유학도 가고요. 그걸 보고 또 제가 재즈에 눈을 뜬 계기가 되었죠. 당시에 클래식은 환경적인 요인이 컸던 것 같아요. 당연히 음악 하면 클래식이야. 클래식을 해야 돼. 작곡을 하려면 그렇게 하는 거였죠. 그런데 재하 형 음악을 듣고, 재홍이 형이랑 친해지고 재즈 듣고 하면서 스펀지처럼 여러 장르의 음악들을 쭉쭉 빨아들였던 것 같아요.

Q **그럼 본격적으로 대중음악을 시작한 건 언제인가요?**

졸업할 때쯤이었을 거예요. 클래식은 사실 유학을 가야 하거든요. 독일이든 미국이든 가야 하는데, 저는 대중음악에 관심이 가고 그쪽 음악들이 좋아진 거예요. 연습을 많이 해야 하는 재즈보다는 편하기도 하고. 그래서 그런 방향으로 갔던 것 같아요. 그냥 물 흐르듯이.

Q **초창기에 대중음악인들과 친분은 어떻게 트셨나요?**

다섯손가락에서 건반 치던 (최)태완 형의 동생이 또 피아노를 쳤어요. 태수라고. 그 애를 알게 되어 그 친구를 통해 알음알음으로 다섯손가락도 알게 되고 자연스럽게 또 동물원 형들도 보게 되고 그랬어요. 형들하고 신촌에 음악다방 같은 데 가서 피아노 있으면 라이브로 같이 연주도 하고 그러면서 더욱 친해진 거죠. 조그만 애가 피아노를 치니까 형들도 귀엽게 봐주고 같이 놀면서 합주도 하고요.

Q **대중음악 작곡은 언제 처음 하셨어요?**

광석이 형이 1집을 낼 때 〈너에게〉라는 노래를 줬어요. 처음으로 만든 곡이었죠. 형에게 들려주었더니 자기가 쓴다고 그래서 바로 타이틀곡이 되었어요. 근데 제가 당시에 편곡할 정도의 실력은 되지 않았어요. 그래서 데모 작업 때는 연석원 씨가 했죠. 정식 녹음할 때 데모를 듣더니 피아노가 맘에 든다고 저에게 피아노를 치라며 불렀어요. 근데 밴드를 해본

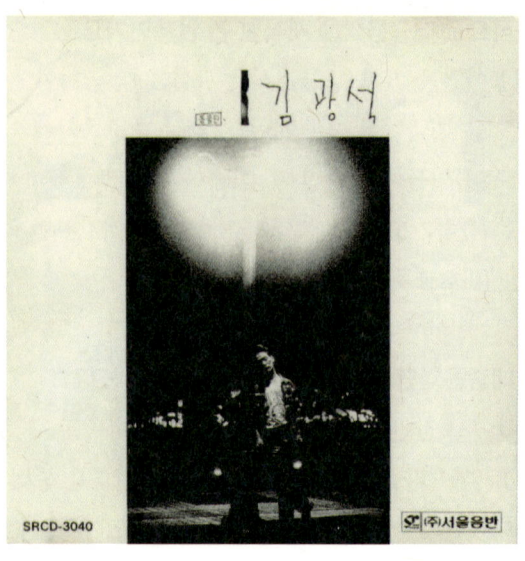

적이 없기도 하고 경험이 없으니까 그야말로 막 어질러놓은
거죠. 그래서 퇴짜를 맞고 공부를 해야겠다고 생각했어요.
본격적으로 레코딩 세션을 하기 전에 가수들 콘서트 세션을
되게 많이 다녔어요. 그러면서 재미를 붙인 거죠. 당시만 해도
클래식 한다는 애가 대중음악 하는 시기가 아니어서, 그런
애가 피아노도 곧잘 치고 하니까 (함)춘호 형이 따라다니라고
해서 공연 가면 세컨 피아노를 치고는 했죠. 제가 공연을 잡은
게 아니라 이제 춘호 형에게 전화가 오면 가서 같이 연습하고
공연을 하고 그러다가 자연스럽게 녹음실 세션을 하게
되었어요.

Q 그 이후 녹음실 세션은 언제 처음 하셨나요?

기억이 나지는 않아요. 엄청 많이 했으니까요. 그렇게
공연하고 다니면서 조금씩 사람들을 알아가니까 건반 주자가
하나 있다는 걸 알게 된 거죠. 여기저기서 부르기 시작했어요.
그때는 '총무팀'이라고 일종의 밴드 형태의 리더가 있었어요.
세션 팀인 거죠. 거기에 기타리스트 손진태 씨가 있었고,
총무팀이 주로 뽕짝을 많이 했거든요. 그로 인해 저도 다양한
장르의 음악을 연습하면서 돈을 받은 거죠. 어떻게 보면
행운이죠. 아침엔 발라드, 오후엔 록, 저녁엔 뽕짝, 밤에는
뭐뭐, 이렇게 계속 녹음을 하고 콘서트 있으면 또 콘서트 하고.
정신없이 그 세계를 흡수했던 것 같아요. 그렇게 하다가
인순이 누나를 알았고 〈이별연습〉이라는 곡도 주고요.
그러면서 작곡가로도 데뷔하게 된 거죠. 일이 있으면 다 했던
거 같아요. 가스펠 세션이 필요하다고 하면 또 가서 하고.
거절할 이유가 없었죠. 생짜 신인을 불러주는데요. 녹음실에서
그냥 살았어요. 가장 행복했던 시기였죠.

Q 〈사랑이라는 이유로〉에 대해 말씀해주신다면?
시작이 되게 독특한데요.

광석이 형이 곡 있냐고 해서 들려줬어요. 철저하게
클래식 구조예요. 처음부터 이렇게 비화성음이 나오면서 그걸
풀어내고 그다음에 시퀀스 멜로디가 나온 다음에 B 파트가
후렴 형태로 간 거죠. 후렴 반복 이런 게 아니라. 그다음에

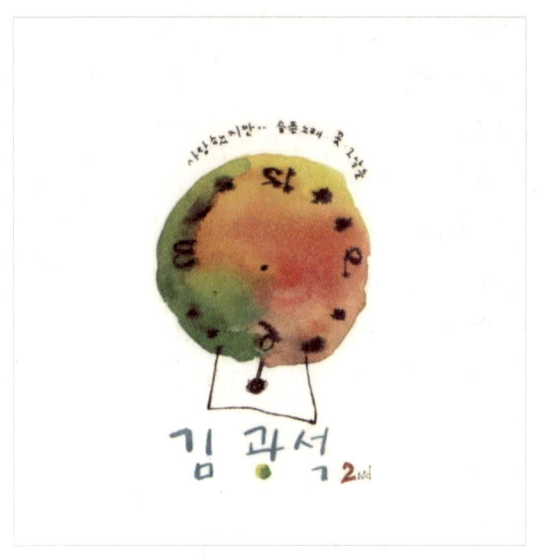

브리지는 간주 형태로 나갔어요. 그야말로 클래식 소품 같은
그런 곡이었는데, 그걸 또 형이 부르겠다고 하니 준 거죠.
저는 클래식을 했으니까 펑키하거나 리듬 있는 그런
노래보다는 감성적이고 좀 서사가 있는 그런 곡들을 쓰기
시작했어요.

　　첫 시작은 그게 단2도거든요. 단2도 사운드인데 보통
시작과 달라서 제게는 되게 재미있는 거였어요. 음악이라는 게
만들고 나서 그게 통용되면 자연스럽게 받아들여지지만, 처음
쓸 때는 백지에서 쓰는 거라 안 해봤던 걸 시도하면 싫어하지
않을까 하는 게 있잖아요. 근데 이 곡은 그런 고민도 없었던 것
같아요. 그냥 '난 이게 좋아'였지, 이걸로 '사람들이 싫어할까

좋아할까, 히트가 되지 않으면 어떡하지?' 이런 생각이 아예 없고 그냥 하고 싶은 대로 자유롭게 했어요. 오히려 지금은 좀 더 매너리즘에 빠지기도 하고, 경험상 이제 '이런 건 사람들이 별로 안 좋아해'라는 자기검열이 들어가요. 그게 가장 힘든 부분이에요. 자기검열을 하면 자기가 했던 걸 다 버려야 하거든요. 계속, 계속 걷어내는 작업이에요. 나를 백지상태, 진공상태로 만들어놓고 아무것도 없는 상태에서 가야 하는데, 사실 그게 쉽지 않아요. 그래서 슬럼프도 오고 그런 것 같아요. 항상 진공상태면 그때마다 행복하겠죠. 경험치가 쌓이면 사운드 퀄리티라든가 혹은 어떤 장르의 세분화라든가, 테크니컬한 부분 같은 건 늘겠지만 실제 순수한 자기 감성을 그대로 투영해내는 건 쉽지 않아요. 모르죠. 한 육십 넘어가고 그러면 욕망이 없어질까. 이게 일종의 욕망이거든요. 자기검열이 없어지고 '그래, 난 자연하고 어울리는 음악 할 거야. 내 마음대로 할 거야' 이렇게 된다면 또 모르겠지만. 결국 창작자들은 그 과정들을 거치는 것 같아요. 창작자가 매 순간 자기검열 없이 음악을 만든다면, 그런 사람들은 진짜 천재라고 할 수 있을 것 같아요.

Q 〈사랑이라는 이유로〉의 브리지는 유재하의 〈내 마음에 비친 내 모습〉의 브리지에 영향을 받았다고 볼 수 있을까요?

곡 자체는 〈내 마음속에 비친 내 모습〉은 완전

팝 발라드이고, 〈사랑이라는 이유로〉는 클래시컬한
발라드인데요. 유재하의 영향을 받기 시작한 건 맞아요.
제가 유재하 음악을 너무 좋아했으니까 코드도 따고 편곡도
공부하고 가사도 보고. 형의 아이디어들이 제 DNA에 들어온
거죠. 당시 브리지가 흔하지는 않았어요. 팝에는 있었지만
우리나라에서는 아마 유재하 씨가 처음이라고 봐도 좋을
거예요. 우리나라는 브리지가 없고 1절 끝나면 간주로
기타 8마디, 2절 나오고 후렴 반복하고 엔딩 뭐 이 정도의
구조였으니까요. 유재하 씨의 브리지는 뭔가 한칼을 보여주는
섹션으로 사용했어요. 작곡가들이 곡을 쓰다가 브리지에서 딱
한칼 보여주는 거거든요. 그러니까 완전히 다른 형태의 어떤
구조가 들어오니까 되게 흥미로웠던 것 같아요. 저도 브리지
쓰는 게 쉽지 않거든요. 완전히 다른 색깔을 딱 집어넣었는데,
앞뒤랑 어울려야 하고 독특해야 하고. 거기서 전조가
일어나거나 혹은 완전히 다른 형태의 어떤 분위기가 되거나
하니까요. 그 뒤로는 브리지를 쓰는 게 흥미를 줬던 것 같아요.
뭔가 시도할 수 있으니까.

Q **1991년 〈우리노래전시회〉에서 노래하셨어요. 작사도
하시고, 혹시 싱어송라이터가 꿈이셨나요?**

그때 진태 형하고 여러 군데 세션을 했는데요. 진태 형이
(최)성원 형한테 나를 소개했어요. 성원이 형이 그럼 데모 하나
들어보자 해서 들고 갔더니, 형이 좋다고 하면서 그 앨범에

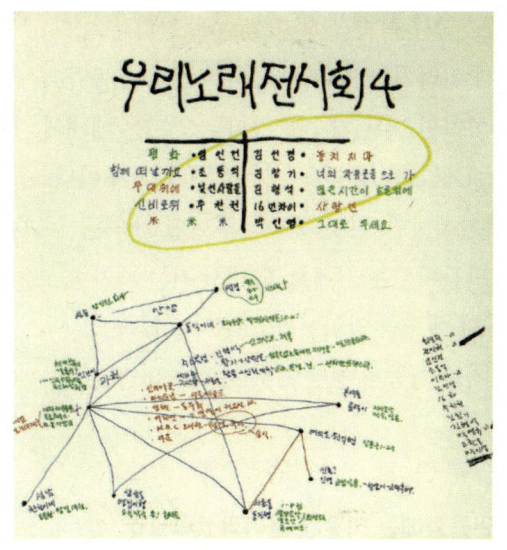

넣자고 했어요. 노래도 하냐고 물어봐서 못한다고 하니까.
그래도 네 곡이니까 네가 한 번 불러봐라 해서 넣게 된 거죠.
그때는 싱어송라이터가 되고 싶은 게 있긴 했어요. 근데 하다
보니까 그건 또 내 길이 아닌 것 같았어요. 무대에 선다는
거는 또 다른 의미이기도 하니까요. 그렇게 활동하면 실제
작곡 분량은 줄어들 수밖에 없고, 재능이 막 엄청나게 있었던
것도 아니고, 거기에 엄청난 욕망이 또 있었던 것도 아니라서
작업자로서 혹은 프로듀서로서 작곡자, 연주자로서의 길이
훨씬 더 편했던 것 같아요. 나중에 〈ACE〉 앨범에서 부른 건
보컬을 못 구해서 그랬어요.

　　그리고 작사보다는 작곡에 더 자질이 있다는 걸

알았어요. 이후에도 작사를 가끔 하긴 했는데, 잘하는
작사가가 많으니까 차라리 맡기는 게 낫다는 생각이 들었죠.
이후에는 엄밀히 따지면 저는 가수를 스타로 만드는 매개체
역할을 하는 사람이에요. 내 음악을 보여주는 게 다가 아니죠.
곡을 쓰니까 내 음악이지만, 그것의 목적은 어떤 가수를
무대에서 잘되게 만들어주는 거예요. 그래서 저는 제가 하고
있는 행위 자체를 다 예술의 영역이라고 보지는 않아요.
예술의 영역도 있지만 기능의 영역도 있고, 예능의 영역도
있는 거죠.

Q 김창환의 라인음향에는 어떻게 들어가셨나요?

어느 날 서울스튜디오에서 녹음하고 있는데 김창환
형이 찾아왔어요. "네 음악을 다 들었는데 같이 작업을
해보고 싶다"면서요. 그래서 좋다고 했죠. 나야 뭐 그때는
기회라는 게 되게 소중할 때니까요. 그렇다고 전속 계약
그런 건 아니었어요. 아주 프리하게 했죠. 전화 오면 같이
작업하고 그런 거였어요. 지금처럼 시스템화돼 있지 않았어요.
그러면서 라인의 음악을 도맡아 하기 시작했어요. 한 4~5년?
3~4년 일했던 것 같아요. 그런 후 1998년도에 나도 기획사를
해야겠다는 생각이 들었어요.

Q 그 당시에 가장 크게 남는 기억은 무엇인가요?

창환이 형은 DJ 출신이어서 댄스 음악에 대해 되게 많이

알고 있잖아요. 그래서 댄스곡의 문법에 대해 많이 배웠어요. 하우스, 펑키 이런 스타일을 작업하면서 흡수한 거죠. 너무 행운이었어요. 어떻게 보면 힘들고, 뭐 이런 게 전혀 중요한 시기가 아니었으니까요. 젊을 때 고된 게 어디 있겠어요? 그냥 되는 대로 막 빨아들이는 거죠. 그런 기회가 주어졌다는 건 엄청난 행운인 거죠. 근데 댄스곡을 만들기보단 편곡을 많이 했던 것 같아요. 신승훈 씨의 〈처음 느낌처럼〉부터 시작했어요. 건반으로 댄스 음악을 편곡하는 법도 많이 배웠고, 저는 나이트클럽을 가거나 그런 종류의 댄스를 많이 듣거나 하지 않았던 사람이라서 창환이 형이 패턴 하나 쳐보라고 해서 여러 개 치면 "야, 그거 좋다. 그걸로 하자" 그러는데, 전 그게 왜 좋은지 전혀 모르는 거예요. 그러다가 형 따라가서 나이트클럽에서 음악을 들어보면 진짜 신나더라고요. 그 분위기를 몰랐던 거예요. 맨날 작업실에만 있고, 클래식 음악 듣고, 감성적인 삶을 살다 보니까요. 편곡하려면 그 분위기를 알아야 해서 가보고 또 막 빨아들이고 그랬던 것 같아요. 돌이켜보면 내가 어떤 장르들을 다양하게 쓸 수 있는 준비가 된 게 아니라 만들 때도 그게 진짜 좋은 건지 잘 몰랐고, 솔직히 댄스나 타 장르들은 막상 그 상황에 가서 들었더니 좋다는 걸 깨달은 거죠. 그러니까 좀 특이하죠. 그 말은 바꿔 말하면 운이 되게 좋았던 거예요.

Q. **라인이 박진영을 잡지 않은 이유가 있었을까요?**

진영이는 그때 당시 김건모 백댄서였어요. 공연하거나 방송할 때 백댄서를 했죠. 마주치면서 인사나 하던 사이였죠. 어느 날 "작곡을 배우고 싶다" 그래서 "그럼 만들어와라. 들어보자" 그랬더니 8마디인가 써왔어요. 그래서 그때는 그런가 보다 했는데, 계속 찾아와서 "이건 어때요, 저건 어때요" 하고 물어봤어요. 그러다 보니 코드를 가르쳐주고 그랬죠. 대개는 그러다가 말거든요. 근데 가르쳐주면 그 코드에 맞춰 한 일주일 있다가 두세 곡 써오고 계속 그러는 거예요. 신기한 건 가사까지 써왔다는 거죠. 보통 멜로디만 써오거든요. 근데 나도 즐거웠어요. 그러면 또 가르쳐주고 또 곡을 써오고 이걸 계속 반복했어요. 진영이가 좋아하는 펑키, R&B 스타일 음악도 들어보고 그렇게 음악적으로 교류했죠. 진영이는 성실한 데다 열정적인 애예요. 그런 걸 보면 막 더 뭔가를 퍼주고 싶고 그래요. 그렇게 친해졌어요.

그러다가 진영이랑 박미경 씨랑 구준엽 씨, 강원래 씨랑 '프리스타일'이라는 그룹을 만들기로 했는데, 아마 진영이 군 문제 때문인가 뭐 그런 걸로 무산되었고 진영이가 솔로 앨범을 내려고 할 때는 창환이 형이 잡을 생각이 없었던 것 같아요. 전 친하고 열심히 하는 애니까 앨범을 내겠다고 해서 곡도 써주고, 편곡도 해주고, 틀도 잡아주고 그렇게 도와줬죠.

Q   친하면 다 해주셨던 건가요?

친하면 해줄 수 있는 거죠. 그때는 친하니까 해줬어요.
물론 작업비 받은 사람도 있지만, 작곡가 (이)현승이처럼 중3
때 가르쳐달라고 와서 꾸준하게 노력하면 가르쳐줬어요. 그런
모습이 되게 예뻤던 것 같아요. 어떻게 보면 선생 팔자 같은
거겠죠. 근데 그러면서 나도 느는 거잖아요. 꽁꽁 숨기고 있는
것보다는 그게 좋아요. 마당에 페라리가 있으면 뭐 해요, 시동
걸고 다녀야지. 그렇게 그런 친구들하고 교류하면 내 재능이
더 느는 거죠. 상대에게 영감을 얻기도 하고요. 또 나와 다른
측면이 있으면 그로 인해 내가 더 확장되기도 하고, 그러다가
새로운 걸 시도해보기도 하고 그런 거죠. 지금은 저작권이랑
지적재산(IP) 가치가 높아져서, 혹은 그때랑 시스템이 달라서
손해 보는 게 아닌가라고 생각하지만, 그때는 그런 게 다
재미였던 것 같아요. 이 일이 재밌었던 거죠. 그 친구를 위해
한다는 것도 있겠지만, 그냥 다 같이 뭘 하는 게 재밌었던
거예요.

물론 "도와준 애가 떴어. 근데 뜨고 나니 연락이 없어."
그럴 수 있죠. 하지만 유통기한이 있는 거예요. 그렇다고
그거를 후회하면 무슨 도움이 될까요. 저에겐 아무 도움이 안
돼요. 내 인생에서 상대를 원망하는 건 의미 없다고 생각해요.
자연스럽게 우리 관계의 유통기한이 다 된 거예요. 또 그
친구가 뜨는데, "내가 다 했다" 하는 것도 오버예요. 뭐, 자기가
다 키웠다고 하는 경우도 있죠. 무대에 서는 사람한테는

관계에 대한 기대를 한 30%는 접어야 해요. 왜냐하면 그 사람은 어차피 무대에서 살아남아야 하잖아요. 분도 바르고 자기 재능도 보여주고 그래야 하는 거예요. 근데 그 입장을 "나와 똑같다고 생각해서 내가 해줬는데 모른 척한다" 뭐 그런 걸로 다투기 시작하면 힘들어져요. 그냥 그 사람의 직업을 이해해주는 게 편해요. 그리고 싸워봐야 무슨 득이 얼마나 있겠어요. 반대로 "남들은 다 해주면서 왜 난 안 해주냐?" 뭐 그런 친구들도 있었어요. 그 사람 입장에서는 서운할 수 있죠. 근데 이게 다 상대적인 것 같아요. 그리고 제 천성이 그런 것 같아요. 간혹 관계에서 상처받아도 '그럴 수도 있지'라고 생각하면서 점점 굳어진다고 생각하는 거예요. 상처 안 받는 연습을 하는 과정인 것 같아요. 사람이니까 좀 서운하고 혹은 밉고 그럴 수 있죠. 근데 그걸 담고 있는 게 오히려 더 힘든 것 같아요. 오십이 넘어가면 외로운 거를 받아들일 줄 알아야 하는 것 같아요. 안 그러면 힘든 것밖에 없어요. "왕년에 내가 가르쳤는데 연락도 없고 서운하다" 그럴 필요가 없는 거예요. 그 시절엔 그런 게 중요했지만, 지금은 지난 얘기라 중요하지 않을 수도 있으니까요.

Q **1990년대 랩 댄스 음악을 어떻게 평가하시는지?**

이전 대중음악은 발라드와 리스닝 음악 위주로 축이 돌고 있었어요. 그 궤도에서 살짝 비켜서 박남정, 소방차 같은 댄스 가수들이 있었죠. 그때는 음반의 시대라 댄스 음악은 돈이 안

된다는 인식이 있었어요. 주로 밤무대를 통해서만 돈을 벌
수 있었죠. 그런데 1990년대에는 음반이 많이 나갔잖아요.
사람들이 좋아하는 거는 다 이유가 있거든요. 사실 당시 댄스
음악은 발라드를 빠르게 만든 거라 그래요. 〈잘못된 만남〉,
〈이별 공식〉 이런 곡들은 다 발라드를 빠르게 한 거예요.
그런 장르가 생겨난 거죠. 사람들이 발라드를 좋아했는데,
이걸 가지고 막 놀고 싶어 하는 과정에서 멜로디나 폼은
발라드지만 편곡의 형식을 하우스로 하면서 음악들이
빨라지기 시작했어요. '감성적이지만 신나', '슬프지만 신나'
이렇게 됐죠. 그게 기본 바탕이었던 것 같아요. 그러면서
음악이 다양해졌어요. 레게도 레게 같지 않게, 리듬만 레게로
하는 식으로 단순히 빠르게 하는 것을 넘어서 이것저것
해보는 거죠. 막 이것저것 합치니까 별종들을 만들어냈어요.
그랬던 시대예요. 어찌 보면 지금보다 훨씬 재미있었던
시대죠. 지금은 딱 분위기에 맞춰 트렌드한 걸 내거든요. 물론
외국의 "이건 저지클럽", "이건 덥스텝", 그렇게 정하고 딱
그 안에서 움직이는 것과 달리 케이팝은 한 곡에서 이것저것
다 나오니까 외국인들이 보기엔 신기한 게 있어요. 그게
1990년대 댄스 음악의 유산이라고 생각해요. 비빔밥문화라고
해야 하나. 우린 지루한 걸 못 참는 것 같아요.

Q   솔리드와는 어떻게 알게 됐나요?

솔리드는 처음에 제작자가 저한테 데리고 왔어요. 그때

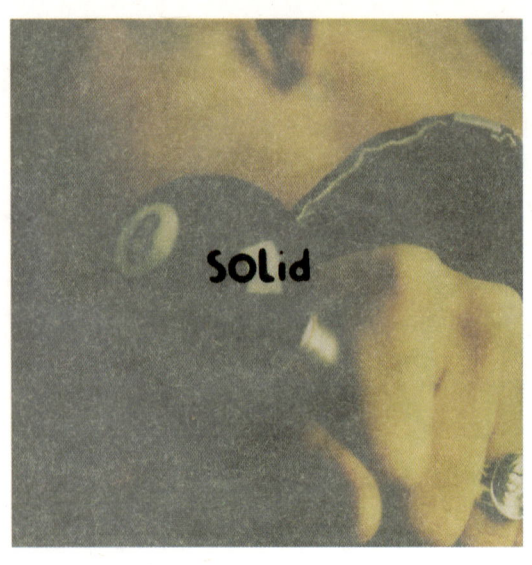

Solid

당시 가수들하고 몰려다닐 때였는데요. 누구 생일이었던 것
같아요. 그때 술집에 3명이 줄줄이 들어왔어요. 그래서 노래
뭐 하나 해보라고 했더니 한국 노래 아는 게 없대요. 그래서
속으로 '가수 한다고 한국 와서 한국 노래도 모르다니'라고
생각했어요. 그러더니 자기네들끼리 아카펠라로 그냥
하나 하겠대요. 그러면서 〈In The Still Of The Night〉을
아카펠라로 부르는데 듣고선 "일루와 일루와" 이렇게 된
거죠. 근데 봤더니 1집을 냈더라고요. 그래서 다 들어봤는데,
언어의 뉘앙스가 보통 '알러뷰' 그러면 가사 쓸 때 세 글자로
쓰거든요. 근데 '아일러브유'와 같이 다섯 글자로 폭을
넓혀놓아야 돼요. 한국말로 들리는 음절만 따지면 되게

루즈해져요. 그래서 외국 곡들을 번안할 때 그런 것들을 잘 계산해야 해요. 안 그러면 무슨 성악곡같이 돼요. 근데 솔리드 1집이 딱 그랬어요. 그래서 2집은 한국 가사의 뉘앙스에 맞게 리듬을 쪼개는 데 중점을 뒀어요.

근데 워낙에 김조한이 노래를 잘했어요. 그런 가수가 없었죠. R&B는 그전에도 많은 가수가 그러한 형태의 음악을 했어요. 모든 장르는 그 장르를 진짜 잘하면 히트하거든요. 흔히들 "재즈는 안 돼"라고 하지만, 노라 존스가 너무 잘하니까 히트하는 거예요. R&B 역시 김조한처럼 R&B 표현을 잘하는 가수가 하니까 되잖아요. 김조한의 보컬은 지금도 손에 꼽으니까요. 그래서 제 역할이 크다기보다는 운 좋게 그런 가수를 만난 것이기도 하죠. 정재윤이 또 음악을 잘했고요.

사실 시장에 내놓을 때 좀 걱정을 많이 하긴 했어요. 왜냐하면 발음이 정확하지 않았거든요. "느의 입술이", "잠시 널 무드야겠지' 이런 식으로 발음하니까. 그래서 그때 발음을 잡으려고 아주 지난하게 노력을 많이 했어요. 그런데 명확한 발음을 하면 또 김조한이 주는 R&B 특유의 느낌이 살지 않더라고요. 우리말이 조한이에게는 낯선 언어적 표현이기도 하니까요. 그래서 전체적인 뉘앙스로 표현하게 할 거냐, 아니면 윤종신처럼 발음을 또박또박하게 해서 갈 거냐의 방향을 두고 오래 고민하다가 전자를 택하기로 했어요. 그랬지만 그러면서도 되게 걱정을 많이 했어요. 지금까지 그렇게 해본 적이 없었으니까.

Q **솔리드 이후 R&B에 대해 평가하자면요?**

장르에 대한 이해와 그 쓰임새가 넓어진 것 같아요.
R&B의 유행은 솔리드를 기점으로 봐도 될 것 같아요.
우리나라에서 R&B가 유행할 때 내는 벤딩(애드립)도 김조한
때문만은 아니겠지만 그 영향을 받은 거라 볼 수도 있고요.
'R&B라는 장르가 이런 거구나' 하고 사람들이 인식하고,
가수나 프로듀서들도 그런 재료들을 갖고 스스로 혹은
프로듀서가 만들어보고 하면서 확장되었다고 봅니다.
저도 그랬으니까요. 좋아하건 그렇지 않건 그 장르를
시도함으로써 그 장르에 대한 이해가 깊어지고 그 장르를
갖고 또 다른 응용할 게 생겨요. 음악은 섞이는 거예요.
'이 장르는 딱 이래야 해' 그런 건 없다고 생각해요. 요즘
아이돌 음악들을 들어보면 DJ씬에서 하는 장르들을 갖고
와서 멜로디 같은 것들을 붙이잖아요. 그렇게 막 섞이는 거죠.
그러면서 아티스트가 어떤 색깔을 갖고 있느냐에 따라 또
다르게 섞을 수 있고요.

Q **직접 기획사를 설립한 이유가 있을까요?**

그때는 음악으로만 어떤 파워를 만들 수 없겠다는
생각을 했던 것 같아요. 물론 욕망도 있었겠지만, 자연스럽게
제작을 해보고 싶었던 시기였던 것 같아요. 시를 잘 쓴다고

출판사를 차린다는 건 난센스잖아요. 그때는 그걸 몰랐어요. 한 페이지만 넘기면 된다고 생각했던 거죠. 그리고 김원준, 김조한, 조앤, 엑스틴 등의 앨범을 만들었죠.

근데 제 상황에 맞지 않게 제작에 돈을 되게 많이 썼어요. '무조건 퀄리티'라는 마인드로. 보통 사업 마인드였으면 돈 번 거로 건물도 사고 할 텐데, 그냥 제작에만 계속 쓴 거예요. 그래서 조금 힘든 시기가 있었죠. 뭐든지 안 해본 거를 하면 힘든 경험들이 생기잖아요. 그 경험치가 또 나를 확장시킬 계기도 되고. 거기다가 대우가 '세음'이라는 유통사를 만들고 우리 음반을 유통했는데, 대우가 IMF 때 망하면서 지난한 법정 싸움에 들어갔어요. 나는 법적으로는 문제가 없으니까 대우한테 받은 거 좀 돌려주고 조정으로 잘 끝났지만, 계약 위반이라도 했으면 좋게 끝나지 못했을 수도 있었겠죠.

Q 솔로 앨범 《AC+E》, 《Andantheraphy》의 기획 의도가 궁금합니다.

그때 당시 순위 프로그램에서 1위부터 10위까지 건반을 쳤든, 편곡을 했든, 작곡을 했든 제 작품이 8곡씩 있고 그랬어요. 그러면서 이제 이름이 알려지기 시작하고, 그러면서 내 음반도 하나 갖고 싶다는 생각이 들었죠. 데이빗 포스터의 영향을 많이 받은 거겠죠. 근데 그냥 하는 거예요. 사람들은 엄청난 신념이 있어서 한다고 생각하는 것 같기도 한데, 저는 무슨 의미를 두거나 그런 거 아니에요. 버릇처럼 하는 거예요.

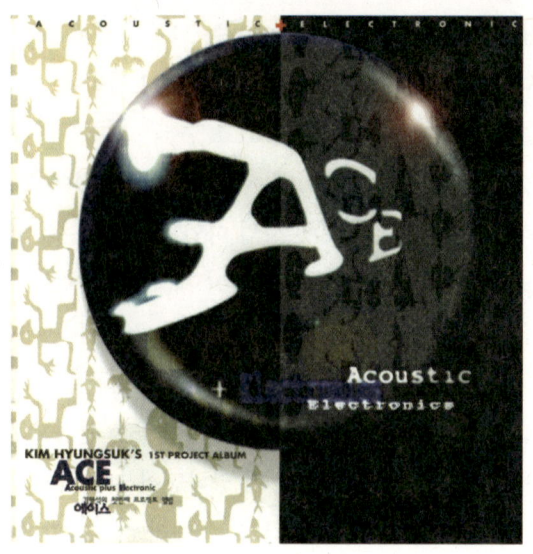

산발적으로 여기저기 흩어져 있는 것들 모으고, 새 곡도 좀 몇 개 더 치고 해서 내는 거죠. 감성적인 거 좋아하니까. 밥 먹고 잠자기 전까지 맨날 하는 게 이거니까. 이것도 한번 해보자, 저것도 한번 해보자. 그렇게 하는 거예요. 일상처럼.

Q   곡을 들으면 히트 가능성을 어느 정도는 아시나요?

좋은 곡은 들으면 알겠는데요. 히트하는 건 완전히 다른 문제예요. 너무나 많은 요소로 히트하고, 너무나 많은 요소로 히트가 안 되죠. 히트는 음악이 다가 아니에요.
엔터 사업은 뙤약볕에 아이스크림 파는 거랑 비슷해요.
맛있는 아이스크림을 받는 것도 중요하지만,

뙤약볕이 있어줘야 한다는 거죠. 갑자기 추워지면 팔리지 않는 거예요. 그런 타이밍, 각자의 역할에 대한 시너지 이런 것들이 다 엮여 있어요. 그러니까 히트가 안 되다가 그다음 가수가 불러 히트한 것도 많아요. 그 가수의 역량보다는 환경적인 요인이 더 큰 거예요. 예를 들면 김현성한테 〈킬러〉를 줬는데 뜨지 못하고 베이비복스가 떴어요. 그럼 현성이가 못 불렀나? 들어보면 훨씬 잘 불렀어요. 그런 거예요. 음악이 중요한 역할은 하지만 이것만으로 튼튼한 나무가 되는 건 아니에요. 물도 줘야 하고, 기후도 맞아줘야 하고, 땅도 괜찮아야 하죠.

Q   당시와 지금은 작곡 방식이 바뀌었나요?

그럼요. 예전에는 혼자 피아노로 서사를 만들면서 지었어요. 이 코드로 가고 이어서 다음 코드로 가고. 근데 지금은 두 마디나 네 마디 패턴을 딱 정해놓고 쭉 깔아놓은 다음에 B 파트는 여기서 리듬을 뭘로 바꾸고, 여기는 뭘로 바꾸고, 그다음에 빌드업은 어떻게 하고, 브리지는 어떻게 하고. 레고 쌓기처럼 구조적으로 만들어요. 두 마디 네 마디 패턴이 반복하면서 리듬이 바뀌더라도 코드가 같으면 사람들이 쭉 빨려 들어가는 게 있거든요. 그렇기 때문에 이제는 블록 쌓기를 할 수밖에 없어요. 예전처럼 한 번에 쓱 만드는 일필휘지가 안 되는 거죠. 그래서 지금은 공동 작업이 많은 거예요. 같은 베이스 위에서 각자가 만들어온 곡을 그냥 순서 정해 붙이면 되거든요. 그러면서 서로 아이디어도

공유하고요. 이런 방식을 싫어할 수도 있죠. 그건 취향의
문제예요.

그래서 이제 트렌드에 맞게 곡을 만들 때 질문이
많아져요. 내가 좋아서 만들면 질문이 별로 없어요.
근데 트렌드에 맞게 딱 쓰고는 스태프들한테 물어봐요.
"야, 괜찮냐?", "야, 솔직하게 얘기해봐" 하면서요.
머리로 만드는 거라 확신이 별로 없어요. 그래서 계속 계급장
떼고 얘기하라고 하죠. 계속 물어봐요. 그러면 좋아하기도
하고 아니기도 하고. 그냥 나가 있으라고, 없는 게 낫다고도
하고. (웃음) 물론 작곡가들은 항상 물음표가 있어야 한다고
생각해요. "너무 좋아"로 끝나는 게 아니라 "이게 왜 좋지?"
하고 묻는 거죠. 그래서 좋은 곡을 들으면 다 헤집어놔야
해요. 베이스는 이렇고, 멜로디 시퀀스는 어떻고, 가사, 편곡은
저렇고 등등요. 그리고 다시 조립해보는 거죠.

Q **가사와 멜로디는 맞는 조합이 있나요?**

가사와 멜로디의 밸런스라는 게 있어요. 가사가 너무
좋으면 멜로디 가사와 편곡의 작사, 작곡과 편곡의 밸런스가
있어요. 작사가 너무 좋으면 멜로디를 단순화시킬 수밖에
없어요. 그 예가 뭐냐면 보통 곡을 쓰고 가사를 받잖아요.
근데 (박)주연 누나가 어느 날, 칼 세이건의 《코스모스》라는
아주 두꺼운 책을 보더라고요. "천체 물리학 책을 왜 봐?"
하고 물었더니 머리말에 있는 "이 광대무변한 우주에서

지구라는 행성에 동시대에 태어나 살고 있는 사랑하는 아내
앤에게 이 책을 바친다"라는 문장 때문에 이 책을 보게 됐대요.
저는 '태양 지름이 어떻고, 무슨 안드로메다가 어떻고, 이게
가사에 뭔 도움이 되지?' 하고 속으로 생각했어요. 그런 후
누나가 어느 날 가사를 먼저 보낸 거예요. 그게 성시경의
〈외워두세요〉인데요.

> 사라져도 모를 저 먼 별처럼
> 모두 돌고 돌아 제 자릴 찾고 사라졌던 별
> 다시 또 태어날 때쯤 그때쯤 우리 꼭 만나요
> 그때는 꼭 혼자 있어줘요
> 외워두세요

이런 가사예요. 저는 가사를 보고 '영감은 어디에나
있구나. 영감이 안 떠오른다는 말은 다 거짓말이구나'라고
생각했어요. 암튼 가사가 너무 좋은 거예요. 그걸 보니
멜로디를 쓸 때 되게 조심스럽게 되더라고요. 멜로디가
화려하면 가사가 다칠까 봐요. 그때 알았죠. 포크가 왜 편곡이
단순한지. 가사의 힘이 크면 나머지 부분을 줄여줘야 해요.
그게 밸런스예요.

　멜로디도 똑같아요. 기타가 너무 나가면 다른 것들을
조절해야 돋보이죠. 그런 밸런스들을 고민하게 돼요.
그다음에 요즘 어떤 스타일이 유행하는지 보고 그것도

고려하고, 'A 파트 다음에 B 파트는 어떻게 할까. C는 그럼
어떻게 줘야 하지?' 이런 고민을 전체적으로 하고.
무엇보다 감성을 어떻게 담아낼지가 가장 중요한 포인트예요.
근데 많이 하다 보면 또 자기복제가 많아요. 어쩔 수 없어요.
인간이 가진 한계 때문에도 그렇고. 노력을 또 더 하면서 그걸
깨나가는 과정을 경험하고, 그러면서 새로운 게 나오고
그런 거죠. 근데 기본적으로 나는 클래시컬한 걸 좋아해요.
20대 때의 영향 때문인 것 같아요. 사실 영감을 주는 거는 널려
있어요. 매일 접하는 사람들, 드라마 그런 게 다 영감이 돼요.
거기서 나오는 척수를 계속 빼내야 해요. 그게 노력이라면
노력이겠죠. 전 천재가 아니어서 그런 노력이라도 해야 해요.

Q AI 시대의 음악을 어떻게 보시나요?

아직 제가 그걸 이용해서 콘텐츠를 내놓은 적은 없지만,
이제는 작곡가들이 다 AI로 곡을 만들 거예요. 누구나 수노
AI에 들어가서 프롬프트로 사연을 쓰면 1분에 두 곡씩 나와요.
아직은 수준이 그리 높지 않지만, 앞으로는 퀄리티가 더
좋아질 거고 더 디테일해질 거예요. 이것만 보면 그냥 AI가
만든 거죠. 근데 이게 사실은 내 첫사랑 얘기인데,
걔가 무슨 이유로 세상을 떴는데 그 아픈 느낌을 프롬프트에
넣었다고 해봐요. 그 순간 노래는 가치를 갖기 시작하겠죠.
다시 들어보게 돼요. 뭔가 무게감이 생기는 거죠. 이제는 이런
시대인 거예요. 누구나 만들 수 있는 시대가 온 거죠.

146

그러면 예술가가 중요한 거예요. 그 사람의 진짜 이야기가 훨씬 조명되겠죠. 음악의 힘은 결국 리얼리티가 가장 중요한 게 될 거라고 봐요.

그래서 본인들이 작사, 작곡, 연주하는 밴드가 흥할 거라는 데 동의해요. 좀만 지나면 AI가 노래하는 거에 사람들이 감동받지 않을 때가 올 거예요. 그건 꾸며진 거니까. 근데 연주하는 팀에 어떤 아이덴티티가 있다면 그걸 좋아할 거예요. 대중이 누구나 AI를 사용하는 순간 모두가 칼자루를 쥐게 되는 거니까요. AI 솔루션 쓰면 100명이 밤새워서 한 달 할 거를 2~3일 만에 혼자 끝내는 시대가 오고 콘텐츠는 넘쳐나겠죠. 하지만 '이렇게 만든 게 작곡가야?' 하는 의문이 들기도 하겠죠. '뽀샵 잘하면 다 사진작가인가?' 하는 의문이 드는 것처럼. 지난한 노력의 과정을 연마하고 결과물이 나왔는데, 이 과정이 빠지고 AI가 들어오니까 결국 아이디어가 돈인 세상이 되는 거죠. 그럼 남는 건 뭘까요? 리얼리티와 마케팅. 현재는 이렇게 구조를 짤 수밖에 없어요. 향후 어떻게 될지 모르겠지만.

Q 언젠간 사이버밴드 '사공이호' 같은 스타일이 유행할 거라 보시나요?

네, 그럴 거라고 봐요. 사람들은 뽐내고 싶어 해요. 자기가 콘텐츠를 만들 수 있는 순간 지금에 만족하지 않고 계속 더 나갈 거라고 봐요. 어쩔 수 없는 본성이라고 봐요. 나는 그렇게

잘생기진 못했지만 노래를 좀 해. 본모습을 숨기고 딥페이크로
실시간으로 보여줄 수 있대. 앞으로는 3D 환경까지 가겠죠.
딥페이크로 소통하고 생방 하면 캐릭터를 만들겠죠.
그게 확장되면 그 캐릭터로 세계관을 만들 수도 있고요.
요즘 시나리오도 AI가 다 써주고 음악도 만들어주니까.
그걸 엮어서 어떤 이야기를 이렇게 담을지 스토리를 고민할
수 있겠죠. 그런 세상이 되면 누구나 가상의 자기 캐릭터가
있을 거예요. 다 크리에이터가 되는 거예요. 다 연예인이죠.

Q   교육하는 걸 좋아하시는 것 같아요.

　　맞아요. 아버지가 선생님이어서 그런지 결국에는 교육에
종사할 것 같아요. 요즘 〈대학가요제〉 심사하는데요. 애들
밴드 연습하는 거를 봐주러 갔어요. 그냥 딱 20분씩 보거든요.
밴드가 많으니까. 근데 막 보이는 거예요. 여긴 이렇게 했으면
좋겠고, 저긴 저렇게 했으면 좋겠고 하는 게. 애들이 아직
어리고 미숙하니까요. 가르쳐주고 싶어서 너무 가슴이 뛰는
거예요. 좀 오버했는지 과호흡 같은 게 왔어요. 너무 행복한
거예요. 그게 나한테 맞는 일이라 그런 것 같아요. 천직처럼.
옥스퍼드랑 뭐 하는 것도 있고. 나이가 들어서는 내 경험과
재능을 나눠주는 게 맞는 것 같아요. 물론 내 일은 그대로 또
계속하겠지만.

대학이나 케이노트 같은 데서 재능 있는 아이들을 많이 보셨겠어요?

많이 봤죠. 교육자로서 재능의 문제냐 노력의 문제냐를 갖고 논할 수 있는데요. 둘 다 의미가 있어요. 가르쳐주지도 않았는데 막 잘하는 애들이 있고, 처음엔 진짜 못했는데 노력으로 이뤄내는 애들이 있어요. 하지만 저는 그보다 이 일을 진짜 좋아하는지가 중요한 것 같아요. 곡 쓰는 거 좋아하면 재능이 생길 수밖에 없어요. 10대, 20대 때 재능이 있으면 또 얼마나 있겠어요? 재능이 정말 있는 애들 있어요. 근데 본인이 좋아하지 않고 나태하면 그냥 묻히는 거예요. 하지만 처음엔 잘 못했지만 열심히 해서 뭘 해냈다면 사람들은 결과물을 보고 얘기해요. 재능 있다고. 그래서 전 좋아해야 한다고 생각해요. 노력도 좋아해야 하는 거예요. 물론 좋아하기만 해서는 안 되는 기간이 오죠. 지루한 과정이. 그걸 또 이겨낼 수 있느냐의 문제가 남는데, 그것도 결국엔 좋아해야 해요. 이 일을 진짜 좋아하는 애들이 있어요. 기술이 먼저냐, 태도가 먼저냐 하면 태도가 먼저죠. 간혹 특출한 재능이 있는 애들을 보기도 하는데요. 그런 애들은 쉽게 좌절하는 경향이 있는 것 같아요. 결국 그 벽을 못 넘기도 하고요. 그런 애들이 또 너무 많아요. 너무 많아서 안타까워요. 견디지 못해서 지속하지 못하는 게. 또 본인의 재능에 본인이 심취하는 경우도 있어요. 나는 멋진 거 만드는데 세상이 몰라준다고 생각하는 애들이요. 또 자기보다 못한 애들이 잘나가는 걸 못 참고 짜증 내고 세상을 욕하는 애들도요.
근데 그러면 결국 도태되는 거죠.

Q 지금까지 온 원동력 같은 게 있을까요?

전 운이 좋았어요. 잘 풀린 거죠. 좋은 가수가 옆에
있었고, 좋은 시기였고. 이 직업이 특별하다면 특별하죠.
뭔가 만들어내는 직업이고 그런 사람들이 많지 않으니까.
그런데 통계적으로 그런 것일 뿐이에요. 저에게 열정, 신념
이런 얘기하면 부끄러워 죽을 것 같아요. 저는 그런 것 없이
그냥 했을 뿐이에요. 영감은 내가 막 찾으러 다니는 게 아니라
내가 뭔가 함으로써 동기부여가 되고, 그 안에 빠져 있으면
영감이 올 수밖에 없는 거라고 생각해요. 베토벤이 자신의
콤플렉스를 딛고 일어섰다면 전 그냥 하기만 한 게 잘한 것
같아요. 세상에 나보다 재능 많은 애들이 수두룩하거든요.
이제 막 음악을 시작한 애가 저보다 더 좋은 8마디를
쓰기도 하니까요. 그런 걸 보면 부러울 때도 있죠. 근데 나는
부러워하기보다 가서 '이렇게 해보면 어떨까?' 같은 식으로
접근해요. 그냥 생활인 거예요. 그게 대단한 게 아니에요.
솔직히 그냥 "난 신뢰예요"가 아니라 "난 나뗑이에요".
겸손의 의미가 아니라 실제 따져보고 들어가면 그래요.
그래서 제작할 때도 아이돌 애들 조련해서 하는 거는 못해요.
하겠다는 아티스트랑 같이하는 걸 좋아하죠. 제가 아무것도
아닌데 그애들에게 어떻게 신념을 주고 강요하겠어요.

댄스 음악 유행의 리더

김창환

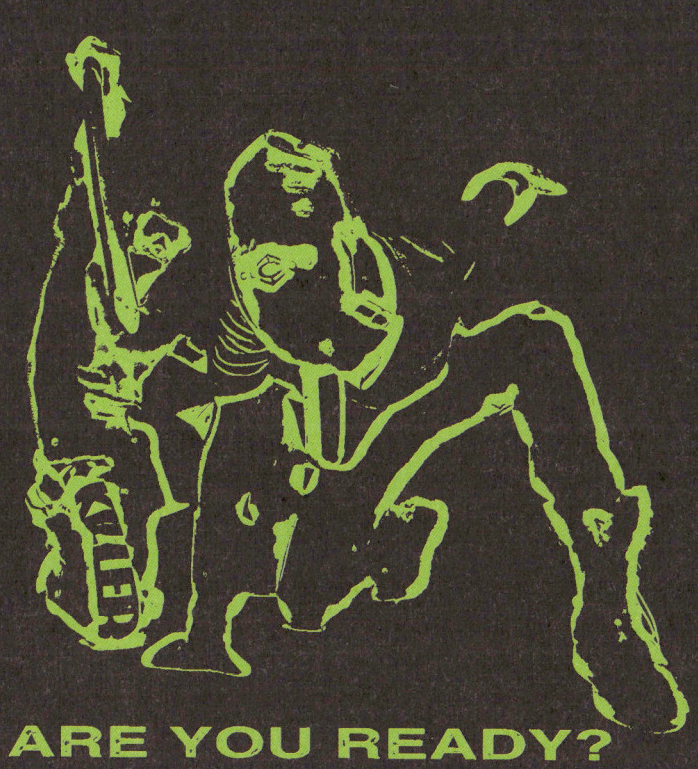

ARE YOU READY?

김창환, 윤일상, 주영훈. 이 세 명의 공통점이라면 1990년대 댄스 열풍을 견인한 주역들로 꼽을 수 있다. 이 중 특이점이라면 김창환이다. 윤일상과 주영훈이 작곡가였다면, 김창환은 철저히 프로듀서 영역에서 이 유행을 일으킨 주인공이다.

1990년대 초반은 한국에서 '프로듀서'라는 이름이 매우 어색했다. 앞서 하광훈이 변진섭 2집을 제작하며 제대로 된 프로듀서 역할을 수행했지만, 실제로 제작 명단에 프로듀서라는 호칭은 없으며, 제작자 김지환이 디렉터로만 등록됐다. 그만큼 한 장의 앨범을 만들 때 역할 분배가 명확히 나눠지지 않았던 시기다.

이런 분위기에서 김창환은 1991년 1월, 신승훈 1집에서 '연출'로 스태프 명단에 이름을 올리게 된다. 그의 입장에서 프로듀서 역할은 해냈으나, 명확한 호칭이 없었던 시기라 대안으로 표기한 것으로 보인다. 같은 해 11월에 발표한 신승훈 2집에서야 'Produce: 김창환'이 인쇄된다.

프로듀서 김창환의 활약은 대단했다. 신승훈, 김건모, 노이즈, 박미경, 클론을 히트시키며 한국 대중음악의 판매 기록과 연속 1위 기록들을 갈아치웠다. '김창환 사단'이라는 이름까지 등장하며 SM, YG 이전에 기획사이자 프로듀서로서 자연스럽게 브랜딩을 만들어낸 인물이기도 하다. 이 모든 게 프로듀서라는 명칭조차 어색했던 시기에 만들어낸 업적이다.

그러나 이런 성과들과 달리 김창환 사단의 음악을 바라봤던 당시 평단의 온도는 낮았다. 그들의 인기가 높아질수록 더 외면당했다고 표현해도 지나치지 않다. '100대 명반'만 살펴도 1990년대를 조명할 때 라인프로덕션보다 하나음악, 동아기획에 더 많은 관심을 기울였다. 3차 100대 명반이 나오고 나서야 한국에서 가장 많은 음반을 판 김건모 3집(1995)이 순위 안에 들었으니 이 기류가 얼마나 오랫동안 지속됐는지 가늠할 수 있는 부분이다.

왜 이런 현상이 발생했는지 살피게 된다면 책 한 권이 모자랄 정도로 많은 이야기가 나올 것이다. 그래서 이 인터뷰는 김창환이라는 프로듀서가 어떠한 방향으로 당시 앨범 제작을 했는지에 대해 초점을 맞췄다. 한국에서 가장 많은 앨범 판매를 기록한 프로듀서의 본심이 가장 궁금했다.

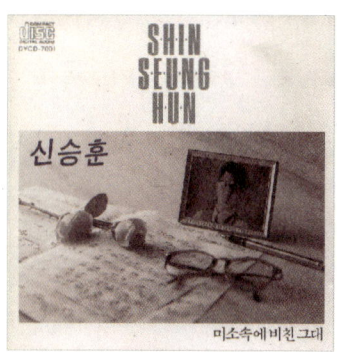

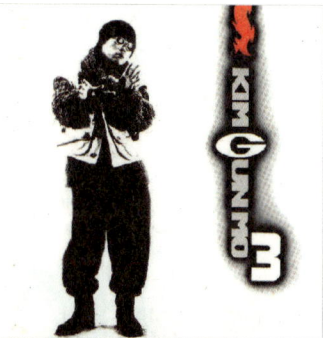

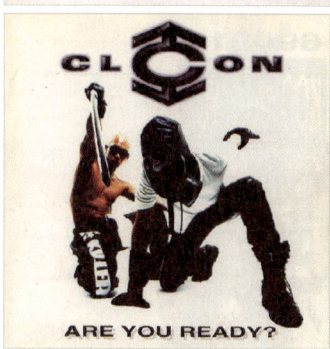

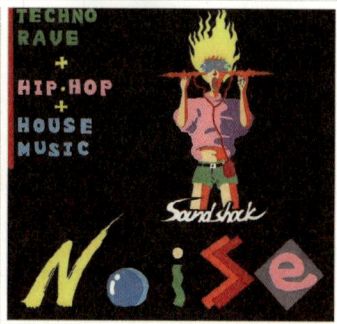

Q 1980년대 DJ 시절이 궁금합니다.

대학은 입학하고 바로 그만뒀어요. 15일 정도 다녔나?
DJ 하면서 학업을 하려니까 힘들더라고요. DJ라는 직업은
예전에도 있었지만, 1970년대 나이트클럽은 밴드가 나오는
상황이었어요. 1980년대로 넘어오면서 디스코텍 문화가
생겨요. LP로 음악을 틀고 춤을 추는 문화. 그 시작이
강남역이었어요. '뉴욕제과' 하나 달랑 있던 그곳에 '스튜디오
80'이라는 디스코텍이 대한민국 최초로 생기면서 이 문화가
시작됐죠. '스튜디오 80'의 등장으로 충격을 받아 고등학교
졸업하자마자 그곳에서 오디션을 봤어요. 그전까진 고등학교
때 밴드 하면서 대학가요제를 꿈꿨던 학생이었죠.

Q 오디션은 어땠나요?

무대에 올라가서 음악을 틀어보라고 하는 거죠. 합격해서
1980년 3월부터 출근했고, 입학과 맞물리면서 중퇴하게 됐어요.

**Q 1980년대는 수입 제품이라면 뭐든 구하기 어려웠던
시절입니다. LP 판은 어떻게 구했나요?**

나이트클럽에선 거의 원판만 틀었어요. 라이선스와
빽판이 있던 시절이지만, 사운드가 안 나와서요. 유학생들이

방학 때마다 갖다줬고, 화교들은 홍콩에서 가져왔죠.

**Q 음악을 고르기보단 그들이 갖고 온 음악들에서
선별했네요?**

그렇죠. 또한 클럽에서만 나오는 음악들이 있었는데,
그런 것들을 화교 친구들이 잘 알기에 장사를 한 거죠.

Q 가격은 어땠나요?

당시 한 장에 2만 5천 원이었어요. 그만큼 선곡이
중요하던 시절이니까.

Q 매번 사야 하는데, 감당할 수 있었나요?

페이가 높았어요. 한 군데서만 월 100~150만 원 받았고,
다섯 군데 돌았으니까요. 그래서 판을 사는 것에 대한
두려움은 없었죠.

**Q 시대가 돌고 돌아 요즘은 다시 LP 시대입니다.
그때 샀던 LP들은 어떻게 됐나요?**

시대가 바뀌면서 버렸죠. 지금 생각하면 아쉬워요.

**Q 1980년대 나이트클럽에서 한국 음악의 재생 비율은
어땠나요?**

가요가 거의 안 나왔어요. 정말 히트한 발라드 정도가

블루스 타임에 나왔죠. 강남 나이트클럽에서는 거의
안 나왔다고 보면 되고, 신촌 등 대학생들이 모인
나이트클럽에서는 아주 인기 있는 가요는 틀어줬어요.

Q DJ는 언제까지 하신 건가요?

1990년 3월까지요.

Q DJ를 그만둘 때 두려움은 없었나요?

DJ라는 직업은 연예인 같은 거라 인기가 떨어지면 못해요.
그래서 이쪽(프로듀서)으로 가야겠다는 생각을 계속했어요.
그 당시만 해도 '성공할 거야' 이런 것보다 막연했어요.
제가 걸어온 길에 선배가 없었으니까요.

Q 나이트클럽 DJ도 한국DJ연합회와 관련이 있었을까요?

그 협회는 음악다방 DJ들끼리의 모임이에요. 나이트클럽
DJ들은 소속이 아니었어요.

**Q 신승훈 1집을 유통한 '덕윤산업'은 어학 테이프를 만드는
곳입니다. 어떻게 연결된 걸까요?**

당시 '리버사이드호텔'에 있던 나이트클럽 사장님이
덕윤산업 사장님이세요. 이직하신 거죠. 클럽에서 일할 때
사장님이 예뻐해주셨는데, 어느 날 연락이 온 거예요.
레코드사를 인수했으니 한번 놀러오라고. 마침 그때가

신승훈을 대전에서 데리고 왔던 시점이었어요.

Q 신승훈 발굴과 덕윤산업의 호출. 이 모든 게 한순간에 일어난 건가요?

네, 1989년도에. 사장님이 "하고 싶은 거 해. 밀어줄게" 하셨죠.

Q 그 당시 음반 제작 분위기를 고려하면 덕윤산업에 소속해서 앨범을 만들었어야 했는데, 처음부터 별도로 제작사를 차리십니다.

DJ로 연예인들과 친하다 보니까 그 생리를 이미 알고 있었어요. '내가 만든 음악을 왜 남이 가져?' 이런 생각을 한 거죠.

Q 덕윤산업에서는 제작사의 존재를 인정해줬나요?

인정했죠. 친하니까요.

Q 첫 제작사의 정확한 이름이 궁금합니다. 모아기획인가요, 라인프로덕션인가요?

모아기획요. 그런데 같은 이름으로 이미 다른 회사가 있다고 해서 라인프로덕션으로 바꿨어요. 신승훈 1집 초판은 모아기획으로 찍혀 있어요.

Q 제작 지원은 어떻게 구성됐나요?

덕윤산업에서 모두 지원해줬어요. 이미 신뢰로 맺어진 사이기에 아낌없는 투자가 있었죠.

Q 프로듀서로서의 개념이 부족한 시절입니다.
어떤 역할을 했나요?

당시 저는 어렸고 경험도 없었어요. 다만 '내가 모든 걸 컨트롤한다'는 방향은 확고했습니다. 예를 들어 타이틀곡도 제가 정하고, 누구와 음악 작업하는 것도 제가 정하고요. 이 판은 내가 빨간색으로 간다면 그렇게 가는 거죠. 제작 관련된 모든 걸 결정했어요. 편곡 분야는 잘 몰랐기 때문에 김명곤 형한테 맡겼고, 명곤 형이 당시 일류 세션들을 모아 함께 편곡을 진행했죠.

Q 프로듀서로서 공부는 어떻게 했나요?

젤리 빈(Jelly Bean)처럼 프로듀서가 되고 싶었어요. 그래서 어릴 때 조지오 모로더(Giorgio Moroder)에 대한 공부를 진짜 많이 했어요. 그 사람이 하는 음악은 다 좋았으니까요. 대중이 저에 대해 오해하는 게 작곡가로 바라봐요. 전 작곡가가 아니라 프로듀서입니다.

Q 녹음 후 만족도는 어떠셨어요?

지금 와서 돌아보면 만족이라는 생각도 안 했어요.

완성했다는 그 자체가 좋았던 거죠.

Q 첫 제작이신데, 어떤 마음으로 진행하신 걸까요?

우리나라 가요 사운드에 대한 아쉬움이 있었어요. 나뿐만
아니라 젊은 세대들도요. 당시 한국은 뽕짝과 포크가 주를
이루었으니까요. 서양 음악에 대한 갈증이 있었고, 그래서
그 부분을 해결하고자 만든 게 신승훈의 데뷔 앨범이죠.
김건모를 제작한 것도 흑인 음악을 전달하고 싶은 마음
때문에 시작했어요. 우리나라 젊은이들에게 세련됨을 채우고
싶었어요. 모두가 말렸지만, 난 된다고 했죠.

Q 〈미소 속에 비친 그대〉의 홍보는 어떻게 진행했나요?

덕윤산업에서 기본적인 홍보를 진행했고, 저도 직접
나섰어요. (신)해철이에게 당시 진행했던 MBC 〈밤의
디스크쇼〉에 홍보를 부탁했죠. 그 라디오 프로그램에서
〈미소 속에 비친 그대〉가 처음으로 틀어졌어요.
당시 노래를 들은 진현숙 PD가 맘에 든다며 1시간 동안
다섯 곡을 틀어준 기획을 하기도 했어요.

Q 투자 수익에 대한 배분은 어땠나요?

투자를 모두 했기 때문에 신승훈 1집은 덕윤산업이 많이
가져갔어요. 그래서 신승훈 2집 때부터는 저희(라인프로덕션)
비율이 더 높았죠.

Q   당시 신인인 신승훈에 대한 보상도 충분했나요?

1집 끝나자마자 정산해줬어요. 프로덕션이 받은 비율에 15% 정도를 지급했어요. 당시만 해도 가수한테 돈 주면 안 된다는 인식이 있었지만, 팝을 좋아했던 저는 생각이 달랐어요. 모두 잘했잖아요. 투자자, 제작사, 가수. 물론 2집 때부터 비율은 더 높았고요. 이 시스템이 이후 많은 회사에 영향을 줬다고 생각해요.

Q   덕윤산업의 판매 수치와 정산은 정확했나요?

물론입니다. 그래서 100만 장 팔았다고 확신할 수 있죠. 1집 때부터 판매량에 따른 정확한 정산이 있었고, 로열티를 지불했으니까요.

Q   신승훈의 성공으로 이후 라인프로덕션에서 나온 가수들의 홍보는 다른 회사 대비 크게 어렵진 않았을 것 같아요.

아무래도 그렇겠죠? 이미 DJ로 유명한 가수들을 많이 알기도 했으니까요.

Q   〈날 울리지마〉의 표절 논란과 관련하여 정리해봤으면 합니다.

표절 논란은 우리가 정할 문제는 아닌 것 같아요. 제가 창작한 곡이라고 생각했고, 당시 주변 시선에 대해 고민은 안 했어요. 더불어 1993년도에 나온 결과 역시 법적인 판결이 아니기 때문에 '그런가 보다' 했어요. 살면서 문제가 된 유일한 곡이에요.

Q 이미 신승훈으로 라인프로덕션은 대성공했음에도 김건모란 가수가 나옵니다.

신승훈은 내가 원하던 음악을 하는 가수가 아니었어요. 가요계에 들어오기 위해 만난 친구죠. 그런데 정말 좋아하는 목소리를 가진 친구라서, 신승훈의 댄스 음악에서만큼은 내가 하고 싶은 걸 표현하려고 한 거죠. 신승훈을 터뜨리면서 찾았던 가수가 건모였어요. (박)미경이가 데려왔죠.

Q 노이즈의 탄생도 표현하고 싶었던 음악의 연장선일까요?

노이즈는 달라요. 천성일이라는 친구가 곡을 정말 잘 써서 프로듀싱할 때 같이 일을 많이 했어요. 그 시기 홍종구가 건모와 친해서 사무실에 자주 놀러 왔고, 기타 치며 노래를 부르는데 음색이 좋더라고요. 그래서 유로 댄스 음악 위주로 둘(천성일, 홍종구)이서 해보는 게 어떠냐고 제안하니 재밌을 것 같다고 받아들이더라고요.

Q 김건모는 1집부터 랩을 도입했습니다. 가수도 충분히 공감한 걸까요?

해야 했어요. 반강제였어요. 당시는 랩이 유행이니 도입이 필요했거든요. 그래서 건모가 랩을 제일 힘들어했어요.

제가 곡을 쓰게 된 건 건모 때문이에요. 가르쳐줬는데 당시 건모를 채워줄 작곡가가 없어서요.

Q   신승훈, 김건모의 데뷔 앨범이 모두 성공했습니다. 스타가 된 이후 녹음에 임하는 태도는 어땠나요?

전혀 흐트러짐이 없었어요. 둘 다 자세가 달라지지 않았죠. 모두 자기관리에 철저했어요.

Q   당대 춤꾼이던 클론의 앨범 제작을 결정한 것도 인상적입니다.

이미 (구)준엽이는 '탁이와 준이'라는 듀오로 활동하면서 다른 회사 소속이었고, (강)원래는 우리 회사 안무 팀장이었어요. 이 둘에 (박)진영이, (박)미경이까지 총 넷을 모아 '프리스타일'이라는 이름의 혼성 그룹을 만들려고 했지만, 진영이가 솔로로 데뷔하면서 팀을 나가게 됐죠. 그래서 기존에 가진 아이디어를 기반으로 준엽이와 원래를 듀오로 구성하고, 노래 부분은 객원 가수로 진행하게 된 거죠. 준엽이의 계약이 끝날 때까지 기다렸다가 시작하게 됐어요.

Q   클론이 크게 성공했지만, 덕분에 춤만 추는 사람들이 앨범을 내게 되는 풍토가 더 짙어졌다는 시선도 있습니다.

어불성설이라고 봐요. 그 책임을 물으려면 1990년도에 아이돌을 만든 회사에 있다고 생각해요. 더불어 클론의 부족한

보컬은 다른 가수들이 이미 1집부터 채워줬어요. 클론은
클론만의 세계를 만들었다고 봐요. 클론 같은 음악은 클론만
했으니까요.

Q 클론의 대만 진출은 지금 생각해도 참 놀랍습니다.

두 가지가 있었어요. 〈쿵따리 샤바라〉가 너무 터진 것에
비해 〈도시탈출〉이 반밖에 반응을 못 얻었으니, 〈도시탈출〉을
지우기 위한 기다림의 시간이 필요했어요. 그 시간 동안
대변할 아이템이 나오면 만들기로 했고, 그래서 쉬느니 해외에
가보자고 한 거죠.

일본 프로듀서가 초청하여 펼친 공연에 대해 반응이
굉장히 좋았어요. 그런데 일본의 유명 소속사 사장들은 클론이
방송에 데뷔하기는 어려울 거라고 했죠. '자국 엔터테인먼트
보호' 태도가 있었어요. 실제로 프로모션을 도쿄에서 했음에도
매체 연락은 없었어요. 그래서 '공백기를 이렇게 보내느니,
다른 나라라도 두드리자' 해서 대만을 보게 된 거죠.

**Q 해외를 가자고 하는 게 그 당시 상황으로는 참 어려웠을 것
같아요.**

맞아요. 당시 대만과 한국은 국교단절 시기라 직항도
없었죠. 그러나 음악에 자신이 있었어요. 더불어 한국에
'락 레코드 코리아'가 들어올 때 제가 도움을 준 덕분에 대만
'락 레코드' 사장님도 알고 있어 론칭이 수월했고요.

Q 라인프로덕션에 소속된 가수 또는 연관 있던 뮤지션 외에 곡을 주고 싶었던 가수가 있었을까요?

박효신이요. 강원래가 소개해서 만난 적도 있어요. 그런데 당시 고등학생이던 박효신에게 매니저가 있었어요. 그래서 틀어졌죠.

Q 1990년대에 국내에서 활약한 프로듀서 중 인상 깊었던 사람이 있었을까요?

1990년대엔 그런 생각이 드는 인물은 없었어요. 이후로는 테디(Teddy)요. 클론과 함께 원타임(1TYM)도 일본 무대에 올랐는데, 방송으로 볼 땐 몰랐지만 현장에서 정말 끼가 넘치더라고요. 그때 (양)현석이한테 테디는 꼭 데리고 있으라고 얘기했죠.

Q 당시 미디, 댄스 음악은 흥행 지수와 다르게 평가에서는 박한 느낌이 있습니다.

록을 해야 음악성이 있다고 생각한 시절 같아요. 그냥 DNA가 다른 것 같아요. 저는 록을 욕하지 않아요. 그저 우리 음악을 할 뿐이죠. 그러나 록에서는 우릴 욕하죠. 해외에 나가서도 이런 분위기일까요? 장르가 다르니 서로 존중해주잖아요. 1980년대만 해도 한국에서 댄스는 기본적으로 무시당했어요. 음반이 안 나가는, 돈이 안 되는 음악이었으니까요.

Q **곡마다 리믹스 표기를 많이 하셨죠?**

새로움을 위해서요. 리믹스가 나오면 재미있어요.
기대감과 새로움. DJ 하면서 그걸 알다 보니 대중도 즐거울
거라 생각해서 표기했어요.

Q **가장 영향받았던 뮤지션은 누구인가요?**

가장 좋아했던 뮤지션은 베이비페이스(BabyFace)요.
지미 잼 앤 테리 루이스(Jimmy Jam and Terry Lewis)가 프로듀싱한
앨범들도 좋아했어요. 그리고 저와 친분이 있던
데니스 팝(Dennis Pop)이 프로듀싱한 음악도 좋아하죠.

Q **1990년대에 나온 차트들에 대한 신뢰는 어땠나요?**

KBS〈가요톱10〉이 최고였던 것 같아요. 너무 편향적이지
않은 인기 투표였잖아요. 공정하다고 생각은 안 해요.
공정하려면 음반 판매로 해야죠. 그래도 너무 편파적이지
않게, 여러 장르가 차트에 있던 프로그램이 아닌가 싶어요.

Q **1990년대의 엄청난 성과에 비해 유독 라인프로덕션의
기록을 인터넷에서 찾긴 어렵습니다.**

기록과 보존에 대한 생각을 가질 수 없었어요. 매일 일에
치였으니까요.

돌이켜봤을 때 재평가받고 싶은 노래가 있을까요?

제일 아쉬운 노래는 김건모의 〈Kiss〉. 1990년대로 한정하면 클론의 〈Funky Tonight〉과 김건모의 〈핑계〉요. 특히 〈핑계〉는 대한민국 음악을 세계에 알린 음악이라고 생각해요. 홍콩 〈채널 V〉에서 13주 연속 1위도 했으니까요.

샘플링으로 성공한
최초의 사례

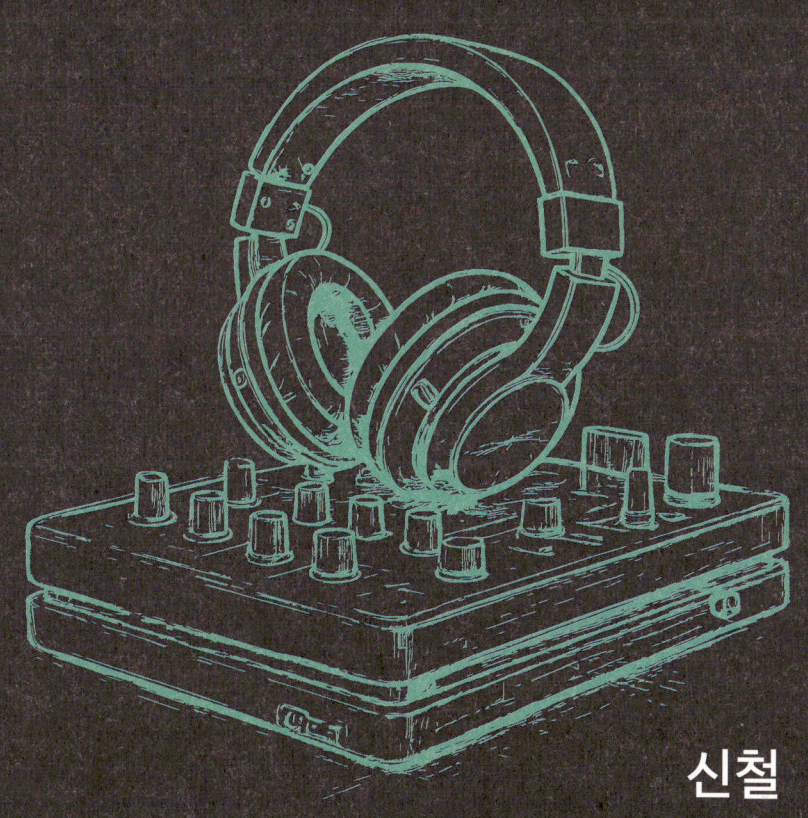

신철

DJ라 하면, 이종환, 김기덕, 김광한, 배철수처럼 음악의 전달을 주목적으로 삼는 사람들을 지칭했다. 그렇게 오로지 전달에만 목적을 두던 DJ들이 어느 순간부터 권력을 갖기 시작하면서 새로운 장르가 탄생한다. 가령 라디오 DJ 김기덕은 음악 드라마를 만들었고, 힙합 DJ들은 멀쩡한 음악에 스크래치 등을 섞었으며, 나이트클럽의 DJ들은 두 곡을 매시업하면서 기존의 음악을 새롭게 해석했다. 그런 식으로 각 분야의 DJ들은 기존 음악에 간섭하기 시작했고 이런 행위는 점점 커져 첨가, 콜라주, 조합, 뒤섞기 등을 통해 완전히 다른 방식의 창조를 가능케 했다. 이들은 기존의 음악들이 전혀 생각지 못한 방식으로, 혹은 충분히 섞일 수 있음에도 성향, 장르, 악기 등의 이유로 외면하고 있던 세상의 모든 음악을 하나의 용광로 속에 던져 넣어 익숙하면서도 색다른 주물로 건져냈고 급기야는 오리지널을 능가하는 인기를 거머쥔다. 특히 힙합 뮤지션들이 주로 사용하던 기존의 음악에서 한 가지 특징만 빼내 사용하는 '샘플링'이라는 기법은 음악의 새 시대를 열었고, 많은 뮤지션에게 영감을 주었다.

신철은 이런 DJ들이 본격적으로 창작자와 실연자로 모습을 드러낸 순간과 함께한 뮤지션이다. 신철이 1990년대 가요계에 끼친 영향력은 그렇게 녹록지 않다. 음악을 소개하는 것에 미치도록 열심이었기에 그 궁리를 통해 우리나라 최초로 랩을 시도한 인물 중 하나가 되었고, 최초의 리믹스 앨범을 발표했으며, 기존의 곡을 샘플링해서 만든 곡으로 최초의 히트곡을 만들어냈다. 또한 붐붐을 통해 나미와 함께 메인보컬과 랩파트 댄서의 포맷을 처음 선보였고, 철이와 미애를 통해 2010년대 대유행을 몰고 오는 남성 래퍼와 여성 멜로디 보컬의 형태를 일찌감치 규정지었다. DJ 출신들을 모아 DJ DOC를 제작하면서 DJ 출신들이 가요계로 대거 영입되는 계기를 만들었고, 드라마타이즈의 뮤직비디오를 선보이며 뮤직비디오 제작이

2000년대 초반까지 중요한 홍보수단이 되는 대유행을 선도했다. 해외처럼 EDM DJ들이 히트곡을 내는 경우와 달리 현재 우리나라 DJ 출신들의 가요계 진출은 명맥이 끊긴 듯하다. 다만 연예인 DJ들이 클럽으로 향하고 있을 뿐. 하지만 신철은 이후에도 DJ 출신으로서 믹싱을 통한 재창조를 끊임없이 연구해왔다. 그 끊임없는 동력의 원천을 들어보고 싶은 생각이 들었다.

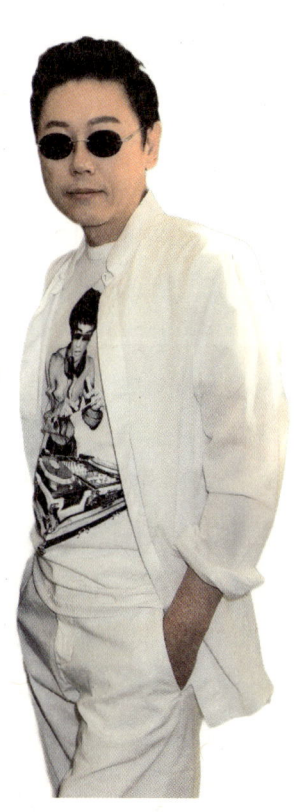

사진: 신철 프로필

Q DJ는 언제 처음 접하셨나요?

중학교 때부터 보이스카우트를 했어요. 고등학교 가서도 하고, 서울로 전학 와서도 하고요. 전주에서 같이 보이스카우트 하던 친구가 있었는데, 고2 여름방학 때, 전주 송광사에서 봉사활동을 하니까 오라는 거예요. 그래서 갔죠. 활동 끝나고 같이 있던 대학생들이 뒤풀이로 우리를 나이트클럽엘 데리고 갔어요. 우리도 대학생이라고 속이고 들어간 거죠. 그게 내 인생의 전환점이었어요. 거길 딱 들어갔는데, 스피커에서 큰 소리로 디스코 음악이 빵빵 울리고 DJ가 멘트를 하고, 밴드가 연주하고 있는데 너무나 충격적이었어요. 그걸 보고 '저거 해야겠다'고 생각했어요. 바로 마음을 먹었죠. 그리고 뒤도 안 돌아보고 그 길로 가서 지금까지 왔어요.

Q 당시 DJ는 어떤 존재였나요?

그때는 크게 다방 DJ, 디스코 DJ 둘로 나뉘어 있었어요. 전국의 DJ가 몇 명 없을 때였고. 아마 한 100명도 안 됐던 것 같아요. 업소들이 그렇게 크지 않았고, 당시까지만 해도 밴드가 연주하는 게 주류였어요. 나는 서울 올라오자마자 본격적으로 디스코 DJ를 준비했어요. 고2 말부터 무교동을 배회하기 시작했죠. 그리고 3학년 초에 집을 나왔어요.
더 이상 학교를 안 다니겠다고 선언하고요. 꿈이 생겼으니까
더 이상 공부가 필요 없다고 생각했죠.

Q   DJ 일은 언제 처음 하셨나요?

그 동네를 매일같이 돌아다니면서 오디션을 봤지만
퇴짜만 맞았어요. 뭐 아는 게 아무것도 없으니까. 그러다가
무교동에서 춤추는 친구들을 사귀었어요. 당시에 DJ라고 하면
클럽은 무사통과였기 때문에 그 친구들을 통해 그 클럽의
DJ 만나러 왔다고 했죠. 그러면 입구에서 잡지 않았어요.
그렇게 클럽의 DJ들을 보러 갔고 옆에서 하는 걸 지켜봤어요.

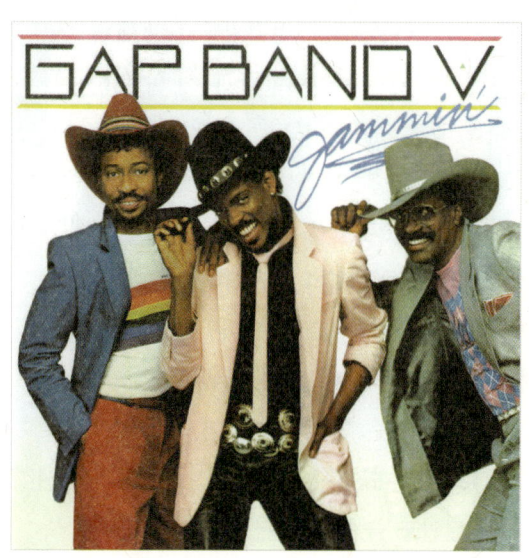

그러면서 DJ들하고 친해지고 DJ를 엄청 잘하는 깐돌이 형을
만났어요. 그 형과 친구들이 사는 곳을 따라갔는데, 거기가
영등포시장에 있는 국제여인숙이었어요. 아주 조그만 방에
5명이서 자고 옆방에서 깐돌이 형 혼자 잤죠. 나는 DJ들 5명이
자는 방에 껴서 잤어요. 막내로 들어간 거죠. 벽 구석에서 자고
형들 양말을 빨고 그랬어요. 심부름해주기도 하고요.

그러다가 깐돌이 형이 테헤란로의 스크린스테이지에
있을 때 쫓아다녔고, 옮겨서 종로 무교동 새터데이 갔을
때는 깐돌이 형하고 같이 DJ로 올라갔어요. 앞 시간에 내가
조금 하고, 형이 피크타임을 하고. 그리고 형이 부천에 새로
오픈한 가게로 가면서 제가 새터데이의 메인이 되었죠. 그때가
고3이었는데. 처음에 보조로 할 때는 일당이 5천 원이었어요.
1982년이니까 적은 건 아니었죠. 그러다가 7~9시 대의
메인이 되니까 일당 3만 원을 받았어요. 그래서 밑에 보조를
두기도 하고 그랬죠. 그때 가게를 보니까 원판이 없고 다
빽판이었어요. 그래서 느낀 건 여기서 잘리지 않으려면
판을 확보하는 길밖에 없겠다는 생각이 들었어요. 당시에는
한두 달 일하고 관둘 정도로 DJ들의 이직률이 심했거든요.
나도 안전망을 위해 내 판을 가지고 있어야겠다는 생각이
들었어요. 그래서 청계천 가서 빽판을 다 긁어모았죠. 그걸
가게에 가져다놓고 내 거라는 인상을 주었어요. 자르면 저
인기 있는 판들을 다 들고 나간다는 인식을 심어주기 위해서.
1년 반을 일하면서 원판도 슬슬 사기 시작했어요. 그때

원판은 3만 원에서 3만 5천 원 하던 시기였어요. 처음 산
원판은 갭밴드(The Gap Band)의 〈Party Train〉이 수록되어 있는
《Jammin'》이에요. 〈Early In The Morning〉이 있는 《IV》를
사고 싶었는데 구할 수가 없더라고요.

0 당시 DJ들은 어떻게 진행했나요?

DJ의 생명은 음악이 끊어지지 않고 이어지게
하는 거예요. 당시는 음악과 음악을 연결할 때 멘트를
사용했어요. 믹싱이라는 게 없었죠. 제가 있던 곳에선 인켈
가정용 턴테이블을 사용했고, 속도조절기(피치)를 통해
줄이고 멘트하고 다른 곡의 피치를 올리면서 조절했어요.
멘트는 뭐 영어 섞어가면서 분위기 띄우는 말들 하고요.
좀 하다 보면 어떻게 맞출 수 있겠다는 감이 생겨요. 물론
당시에도 믹서기가 있긴 했어요. MK2(마크투)라 불리는
게 있었는데, 대한민국에는 두 군데 정도밖에 없었어요.
저는 아스트리아호텔 DJ 페스티벌에서 처음 봤어요.
이지노라는 분이 있어요. 우리나라에서 처음으로 믹싱을 한
사람이에요. 거기서 그 형이 마이클 잭슨(Michael Jackson)의
〈Billie Jean〉하고 폴리스(Police)의 〈Every Breath You Take〉
두 곡을 믹싱하는 걸 봤어요. 그걸 보고 충격 먹었죠. '저런
세계가 있다니!'. 그 형이 새터데이 옆 스타더스트호텔에
있었거든요. 바로 옆 골목이었죠. 거기를 찾아가서 믹싱을
배우고 싶다고 했어요. 그랬더니 "그냥 옆에서 하는 거 봐라.

너한테 가르쳐주지는 않는다"라고 하시더라고요. 암튼 그때
그 형님이 쓰시는 MK2 턴테이블을 자세히 봤어요. 우리
가게는 인켈이니까 따라갈 수가 없었죠. 그쯤에 로열호텔에
나이트클럽이 오픈했는데, 그때 토미하고 나오키라는 일본
애들이 와서 믹싱하는 걸 또 봤어요. 그래서 걔네들에게
가르쳐달라고 했죠. 걔네들한테 처음으로 bpm이라는 걸
배웠어요. "음악은 1분 동안의 비트 수로 계산한다. 모든
음악은 4의 배수다." 뭐 그런 거. 그러면서 소절 믹싱은 어떻게
하는지, 원 커트 하는 법. 그런 걸 독학하면서 터득했죠.
그러고 있는데 1983년도 즈음에 이태원에서 서서히 클럽 붐이
일어나기 시작했어요. 이태원은 이전에 다 미군클럽이었는데,
최초로 한국인 전용 클럽 서비스맨이 생길 정도로요.
거기에 막내 DJ로 들어갔어요.

Q   **이태원에서는 믹싱을 하셨나요?**

　　나는 믹싱을 했어요. 근데 그때까지도 믹싱이 일반화되지
않았죠. 그래서 이태원에서는 믹싱하면 싫어했어요. 눈치를
봐가면서 해야 했죠. 기존대로 멘트로 하다가 가끔 믹싱하는
정도로 해야 했어요. 내가 곡에 맞춰 믹싱을 하면 업주들이나
선배들은 왜 그렇게 음악을 잘라먹냐고 그랬어요. 다른
DJ들은 2절 넘어 후렴까지 간 다음에 음악을 바꾸는데,
나는 2절까지 나간 뒤에 다른 노래의 전주가 들어오니까 그런
소리를 들었던 거죠. 그때는 믹싱을 통해 이것저것 해보고

싶은 게 많았고 머릿속에 온통 그 생각밖에 없었어요.
하지만 그런 와중에 군대엘 갔어요. 휴가를 나와보니 그 몇 개월
사이에 몇몇 DJ가 믹싱을 하고 있더군요. 그때 위기의식을
느꼈어요. 제대하면 이게 보편화되겠구나 하고.

Q   랩은 어떻게 시작하셨나요?

다들 믹싱을 하니까 남들과 다른 거 뭐 할 게 있을까를 또
고민했어요. 그리고 군대 3년간 랩을 준비해야겠다는 생각을
한 거죠. 당시엔 사람들이 랩을 거의 모를 때예요.
팝 중에 슈거힐 갱(Sugarhill Gang)의 〈Rapper's Delight〉라고
있는데요. 그 7분짜리를 다 외웠어요. 한국말로 써가지고.
그리고 한국말로는 어떻게 랩을 해야 하나 고민했죠.
군대에서는 공군사관학교 군단 지도교관으로 복무하면서
춤을 췄어요. 내가 안무하고 생도들한테 가르쳐주는 거였죠.
3년 내내 1등 했어요. 난 애들이 춤을 추면 가끔 DJ도 보곤
했어요. 사병이지만 교관이라서 머리도 좀 기르고 재밌게
지냈죠. 그렇게 하면서 생각해보니까 DJ를 하면서 믹싱도
하고 춤도 추고 랩도 하면 혼자서 너무 버겁겠더라고요.
그래서 사회에 나가면 두 명이서 DJ 하는 걸 착안했어요.
그래서 춤 잘 추는 친구 이정효에게 제의했죠. 더블 DJ를
해야겠으니 내가 군대에 있는 동안 DJ 일을 좀 배우라고요.
그리고 전 군대에서 bpm 연습도 하고 장조, 단조 맞추는
연습도 하고 그랬어요.

Q   당시 업소에서 랩을 받아들였나요?

　　제대 후에 '나는 천하무적이다. 춤, 믹싱, 랩도 하니까 아무도 따라올 사람이 없다'고 생각했어요. 근데 15군데 오디션을 다 떨어졌어요. 말이 너무 많다고. 랩이 너무 생소하니까요. 그렇게 빌빌거리다가 신촌에 새로 생긴 '콜로세움'이라는 클럽에서 일하게 됐어요. 〈골목길〉 부른 (이)재민이 형이 오라고 했죠. 그걸로 업소에서는 우리나라에서 처음으로 랩을 하는 DJ가 됐어요.

Q   춤은 어떻게 추게 된 건가요?

　　군대 가기 전에 '스파크'라는 댄스팀 활동을 했어요. 우리나라 댄스 역사의 시작이 UCDC, LYTC, 그다음이 스파크예요. 앞의 두 팀 멤버들이 모여서 만들었죠. 거기에 이성문 단장이 있었어요. 그 형이 공군사관학교 응원단의 허슬 춤을 가르쳐준 적이 있어서 나도 공군의 지도교관 쪽으로 소개해주었죠. 콜로세움에서 월급 45만 원을 받으면서 이주노, 박철우 등 애들하고 함께 살았어요. 근데 두 달밖에 일하지 못했죠. 밤에 일하는 화려한 옷을 차려입고 옆구리에 판을 넣은 가방을 들고 버스를 타는 게 쉽지 않더라고요. 그리고 45만 원 받으면서 애들 데리고 사는 것도 한계가 왔고요. 뭔가 더 큰 도약이 필요했죠.

최고의 DJ 이진 님의 서브로 들어갔다고 들었어요.

콜로세움을 그만두고 어느 날 이태원 포장마차에서 술을 마셨어요. 그때까지 난 술을 몰랐는데, 그날은 술이 땡기더라고요. 그 자리에서 애들에게 얘기했어요. 지금부터 3년 안에 대한민국 최고의 DJ가 되지 않으면 이거 안 할 거라고. 의미가 없다고요. 그리고 곰곰이 생각했어요. 최고의 DJ가 되려면 어떻게 해야 할까 하고요. 여기까지 왔는데 아무도 랩을 알아주지 않고. 고민이 정말 많았죠. 그러다가 최고 옆에 가야겠다는 생각이 들었어요. 그리고 우리나라 최고의 DJ가 누군지 생각해봤죠. 그랬더니 이진 선생님이 떠올랐어요. 예전에 밴드도 하시고 가히 최고라 할 만했죠. 카우보이 모자를 쓰고 콧수염을 기르고 아주 멋있는 분이세요. 당시 리버사이트호텔에서 일하셨는데, 이덕화가 400만 원 받을 때 이진 님이 700만 원 받았어요. 우리나라 DJ 역사에서 빼놓고는 얘기할 수 없는 분이세요. 그분에게 가야겠다고 생각했어요. 일단 목표를 그렇게 세웠죠.

그리고 무작정 찾아갔어요. 그리고 이진 형님이 무대 끝내고 땀 뻘뻘 흘리며 내려오실 때 다가가서 바닥에 무릎 꿇고 인사했죠. 그랬더니 "너 뭐야?" 그러시더군요. 그래서 "형님, 저를 제자로 키워주십시오"라고 외쳤어요. 그랬더니 "야, 나는 누구를 제자로 키워주고 그러는 사람이 아니야. 운전기사도 있고. 난 다른 사람 더 필요 없어"라며 거절하셨어요. 근데 나는 목표가 뚜렷했고, 당연히 그럴 줄

알고 온 거니까 계속 찾아갈 생각을 하고 있었어요. 당시
돈이 없어 컵라면 먹으면서 사우나를 전전했어요. 그리고
이태원에서 강 건너 신사동 리버사이드까지 계속 랩을
외우면서 걸어갔죠. 매일 갔어요. 하지만 형님이 일주일에
3~4일밖에 일을 안 하셔서 나머지는 허탕치고 돌아오곤
했고요. 두 달을 계속 그렇게 했어요. 그랬더니 형님이
"야, 내가 졌다. 졌어. 오늘부터 내 판가방 들고 다녀라"라며
허락하셨어요.

　　드디어 대한민국 최고 DJ의 보조가 됐어요. 꿈을
하나 달성한 거죠. 대한민국 최고 DJ의 보조는 대한민국 최고
보조 아니겠어요? 그렇게 생각하니까 너무 행복한 거예요.
이태원에 가서 애들한테 막 자랑했죠. 드디어 진이 형
가방 들고 다니게 됐다고요. 스물여섯 살이던 1987년
겨울이었어요. 나름 힘들게 얻은 자리라 최고의 보조가 되기
위해 노력했어요. 그리고 형님의 음악 패턴과 레퍼토리를
연구했죠. 어떤 곡 다음에 어떤 곡을 틀고 어떤 스타일을
좋아하는지요. 레퍼토리를 지정해주시면 내가 판을 딱
꽂아놔요. 어느 순간부터는 형님이 판을 고르시지 않았어요.
내가 꽂아놓은 레퍼토리들을 틀곤 하셨죠.
12시나 1시에 일어나자마자 형님 댁에 가요. 그 집에 가면
판이 어마어마하게 있어요. 그걸 다 모니터링하고 내가 원했던
판이 있으면 그 자리에서 그걸 다 들었죠. 다 듣고 메모하고.
가령 비 오면 비 올 때의 형님이 좋아하는 음악을 미리 다

챙겨 준비해놔요. 그러면 형님이 그대로 플레이를 하시는
거죠. 예전에는 못 찾는 경우도 있었는데, 내가 순서대로 딱
정리해놓은 이후에는 그런 일 없이 편하게 꺼내서 하셨어요.

Q 많이 배우셨겠어요.

내 인생의 모토는 '준비하라'예요. 준비한 자는 언젠가
기회가 오면 그 기회를 5배, 10배로 뻥튀기를 할 수 있거든요.
준비하지 않은 사람은 기회가 오면 딱 그 기회만 달랑 잡을
수 있어요. 그래서 항상 준비해야 한다는 생각이 몸에 배여
있던 것 같아요. 보조하면서도 언제나 '무대에 올라가면
어떻게 해야지' 하고 머릿속에 그리고 있었어요. 판을 계속
모니터링하고, 그러면서 어떤 음악을 어떻게 믹스해야지
생각하고. 그해 11월 타워호텔의 전설적인 멤버십 디스코텍
피바가 오픈했어요. 진이 형님이 메인으로 가고 다른 DJ
22명이 붙었죠. 당시 나이트클럽은 화요일에 오픈했어요.
화요일의 '화'가 불 '화' 자니까 불처럼 활활 타오르라고.
화요일에 오픈 한 번 하고 수요일에 예행 연습한 다음에
목금토일에 장사를 하는 거죠. 그렇게 해서 토요일이 됐는데,
DJ가 25명이나 되니까 너무 많아서 서로 자기 타임을
모른 거예요. 토요일이라 손님들이 6시부터 미어터지기
시작하는데, DJ가 하나도 없었던 거죠. 큰일 난 거예요.
그 호텔 회장님이 드라마 〈모래시계〉의 모델이기도 했던
오기준이라고, 건달로 굉장히 유명하신 분이었어요. 그분이

진이 형님에게 전화한 거예요. DJ가 한 명도 없으니 아무나
한 명 빨리 보내달라고. 진이 형님은 샤워하다가 전화 받고
급하게 여러 군데 전화를 돌렸는데, 아무도 연락이 안 되는
거예요. 그래서 나보고 "야, 랩. 네가 가서 음악 좀 틀고 있어."
이렇게 된 거죠. 그게 내 일생일대의 기회였어요. 세탁소에서
찾아놨던 옷 입고 판 챙겨서 콜택시 불러서 15분 만에
날아갔죠. 가서 선글라스 끼고 한 30~40분쯤 하니까 다른
DJ들이 오기 시작했어요. 그걸 보고 오기준 회장님이 "야,
랩. 너 이 새끼 음악 잘 튼다. 너 왜 진이 씨 가방 들고 있어?
너 내일부터 9시에 일해" 이렇게 된 거죠. 진이 형님이 새벽
4시에 끝나고 댁에 모셔다 드리러 가는데, 회장님이 "진이
씨, 쟤 랩 잘하는데 9시 타임에 시킵시다"라고 제안했어요.
진이 형님이 "그래요. 회장님이 좋다면 뭐 그렇게 하시죠"라고
허락하셨고요.

Q 붐붐은 어떻게 시작했나요?

그날 바로 친구 정효를 찾아갔어요. 설레는 마음에 둘이
잠 안 자고 밤새도록 레퍼토리를 연구했죠. 춤도 맞춰보고요.
다음 날 9시 둘이 선글라스 끼고 무대에 올랐어요. 사전에
짠 대로 아무 말도 하지 않고 열심히 했는데, 내가 눈이
나쁘고 선글라스까지 끼니까 사람들 움직이는 게 보이지
않았어요. 마치 가만히 있는 것 같았죠. 근데 마치고 나니까
사람들이 기립박수 치고 난리가 났어요. 다들 놀라고,

센세이션하다고 하고. 이런 게 있었냐고. 그게 붐붐의 탄생이에요. 1987년 11월이었죠. 근데 진이 형님은 처음에 둘이 하는 게 못마땅하셨나 봐요. 월급 한 200 정도 책정해서 저를 타워호텔에 넣으려고 했는데, 친구랑 둘이 하면 돈을 어떻게 할 거냐고요. 그 말이 맞긴 한데, 그때는 열망만 가득할 때니까 돈에 신경 쓸 틈이 없었어요. 그러다가 또 새벽에 한 타임이 펑크가 나서 우리가 대신 올라갔어요. 거기서도 멋지게 해내니까 진이 형님이 "그래. 그럼 앞으로 너희 둘이 같이 해라. 둘이 하는 게 낫겠다"고 하시고 한 보름 정도 있다가 화장실에서 "야, 랩. 너희가 랩의 붐, 댄스의 붐을 일으켜라. 붐붐으로 하자"라고 이름을 지어주셨어요. 아, 이름이 기가 막히다고 느꼈어요. 그다음부터는 붐붐으로 했어요. 소문이 나기 시작해서 3~4개월 만에 서울 시내에서만 둘이 합쳐 한 업소당 400씩 받으면서 12군데서 일하게 되었죠. 1988년은 그야말로 어마어마한 한 해를 보냈어요. 시간이 너무 없어서 한 업소에서 내가 마지막 곡을 틀고 정효가 미리 다른 업소에 가서 곡을 틀었어요. 제가 엔딩을 마친 후에 그쪽으로 합류하고요. 차에서 햄버거 먹으면서. 우리 이후로 시커먼스도 나왔고, MBC 송창의 PD가 TV 출연 좀 하라고 해서 〈일요일 일요일 밤에〉에 나가 랩으로 다음 코너를 소개하기도 했어요.

Q **〈인디언 인형처럼〉 리믹스를 했어요.**

유니콘이라고 강남역에 유학생들 많이 오는 좀 수준 있는
클럽이 있었어요. 구준엽, 강원래 같은 애들이 와서 춤을 추곤
했고요. 거기는 대학생들이 많이 오니까 4시부터 열었는데,
우리가 7시 반을 맡았어요. 거길 놀러 오던 김지현이라는
애가 있었는데, 얘기하다 보니까 친언니가 가수 나미라는
거예요. 그때는 그냥 그런가 보다 했죠. 진짜 가수 나미일
거라고는 상상도 못 하고 밤무대 가수일 거라고 생각했어요.
그러다가 나중에 언니가 진짜 가수 나미냐고 물었더니 자기가
막냇동생이라는 거예요. 그래서 왜 둘의 성이 다르냐고 했더니
원래 김 씨이고 나미는 예명이라더군요. 그러다가 언니 새

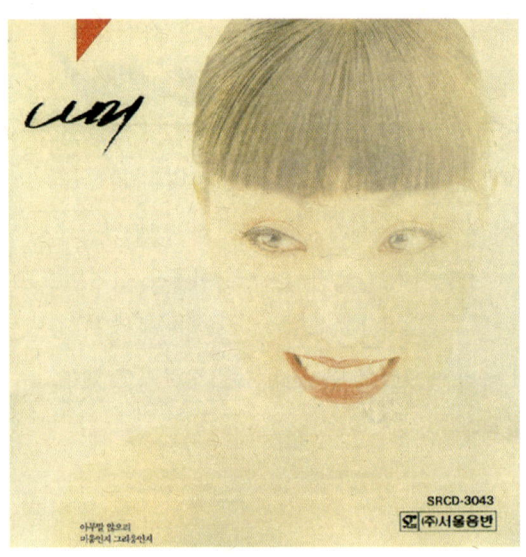

앨범 나왔다고 LP를 하나 가져왔어요. 매장에서 틀 수 있는지 알아봐달라고. 타이틀곡이 〈미움인지 그리움인지〉였고요. 당시 나미가 처음 트로트를 공략하는 거였어요. 일찍 매장에 나가서 앨범 모니터를 해봤어요. 타이틀곡은 트로트니까 넘기고, 뭐 없나 찾아보다가 B면에 있는 〈인디언 인형처럼〉을 들었어요. 기타 루프가 괜찮고 드럼이 약해서 bpm이 비슷한 바비 브라운(Bobby Brown) 비트에 입히면 괜찮겠다는 생각이 들더군요. 당시엔 외국 음반에 리믹스가 많았어요. 그걸 보고는 알았죠. 오리지널 곡이 있고, 리믹스 버전이 있고, 익스텐디드 버전, 라디오 에디트 버전 등이 있다는 거. 그때 토끼춤이 나오고 그럴 때라 랩도 입히고 토끼춤을 추면 되겠다는 그림이 그려지더라고요.

그래서 지현이가 왔기에 말했어요. 다른 노래는 업소에서 못 틀겠고 〈인디언 인형처럼〉은 랩을 넣고 리믹스를 해서 틀 수 있겠다고. 리믹스라는 게 음악을 다시 새롭게 하는 거라고 이것저것 설명해줬죠. 그랬더니 언니에게 얘기해봤나 봐요. 나미 매니저 이영달 씨에게서 연락이 왔더라고요. 〈자니윤 쇼〉에서 섭외가 왔는데, 두 달 후에 나간다고. 근데 〈빙글빙글〉, 〈영원한 친구〉 같은 옛날 노래 말고 제가 말한 댄스 리믹스인가 그거 한번 해보자고. 그래서 만났어요. 그런 후에 결국은 우리나라 최초의 리믹스 음반까지 나온 거죠. 사실 나도 음반으로는 해본 적이 없어서 정확히 어떻게 해야 하는지는 몰랐어요. 음악을 많이 들으니 막연하게

이런 식으로 한다는 생각만 있었거든요. 그때 서태지 1집을
제작했던 유대영 형이 잠원동에서 나하고 같이 살 때였어요.
이 형이 샘플링 연습을 막 하고 그럴 땐데. 내가 리믹스에
대한 아이디어를 얘기했어요. 바비 브라운 비트에 샘플러
넣어가지고 하자고. 아니면 그냥 LP 턴테이블 들고 가서
동시에 넣어보자고. 그렇게 맞춘 후에 서울스튜디오에 갔어요.

　　작곡가 이호준 씨도 왔더라고요. 그래서 호준이 형한테
얘기했는데, 무슨 말인지를 잘 모르더라고요. 다른 비트를
깔고 베이스 좀 올리고 트랙을 나눈 다음에 박자를 바꾸고
8마디 랩을 넣을 거라고 했더니. "그냥 너희들이 알아서 해"
하고는 갔어요. 바비 브라운 보면 앞에 공박자가 있어요.
그걸 노래에 계속 깔았어요. 당시에는 릴 테이프였는데요.
중간에 8마디를 끼워 넣으려면 다른 릴 테이프를 잘라 넣어
만들어야 했어요. 그래서 그렇게 한 후에 비트를 넣고 믹싱,
마스터링한 다음에 그 위에 랩을 넣었죠. 랩은 집에서 며칠간
고민하면서 썼어요. 토끼춤은 밤에 정효랑 유리창 보면서
연습하고.

　　우리는 방송 딱 한 번만 하려고 했어요. 그런데 그
한 번으로 난리가 났어요. 3개월치 스케줄이 한꺼번에
들어와버린 거죠. 〈가요톱10〉 1위까지 했으니까. 근데
그렇게 하다 보니 회의가 들었어요. 나는 내가 프로듀서라고
생각했어요. 랩도 만들고 안무도 하고. 사실 이 프로젝트의
기획을 내가 한 거니까. 근데 대중의 시선은 그냥 백댄서에

불과했어요. 거기서 괴리가 좀 생겼죠. 그리고 애초의 계획과 달리 어느 순간부터 나미 누나의 모든 스케줄, 밤무대까지 따라가야 하는 상황이 벌어졌어요. 해외에 나가도 따라가고. 근데 하는 건 순전히 백댄서였죠. 내 의도와 완전히 다르게 가고 있었어요. 그래서 정효한테 "너는 하려면 계속해라. 난 빠지겠다"고 했어요. 그렇게 해서 내가 빠지고, 내 가방 들고 다니던 친구하고 둘이 계속 이어갔죠.

Q 그때 가수가 되야겠다는 생각을 하셨나요?

대영이 형이 가수를 만들겠다고 서태지를 데려왔어요. 데모는 〈난 알아요〉하고 〈이 밤이 깊어가지만〉 두 곡이었는데요. 우리가 지금까지 듣던 음악과 완전히 달랐어요. 진짜 내가 추구하고 싶었던 음악을 가져왔더라고요. 근데 대영이 형은 서태지에 대한 자신감이 없었어요. 안경 쓰고 왜소한 외모 때문인지 몰라도. 그래서 내가 붐붐으로 곡을 내볼까 하고 물어봤죠. 그랬더니 그럼 나보고 연결할 음반사 한번 알아봐달라는 거예요. 그래서 음악을 들고 한 세 군데 찾아갔어요. 마지막으로 박남정을 제작했던 장의식 사장님을 찾아갔는데, 그분이 "철아, 댄스는 안 돼. 요즘은 이문세, 변진섭 같은 애들이 대세야. 남정이도 지금 겨우 하나 하고 있다"라고 하시는 거예요. 그래서 대영이 형에게 그대로 전했죠. 댄스는 장사가 안 된다니 어떻게 할까 고민하다가 서태지가 좀 약하니 옆에 댄서 두 명을 두면 어떨까 하는 생각을 했어요. 그렇게 해서 서태지와 아이들이 나왔어요. 후에 말이 많았지만, 서태지의 댄스 음악에 어느 정도 영향력을 준 사람은 대영이 형이라고 생각해요.

그렇게 해서 서태지 앨범이 나왔어요. 전 그 음악에 완전히 광분했죠. 그 당시에 우리나라는 그런 댐핑을 구사할 수 있는 음악을 만들 줄 몰랐으니까. 근데 얘는 샘플을 쓰면서도 심플하고 또 그루브를 정확히 타는 음악을 만든 거예요. 1집의 LP를 내 차에 싣고 서태지와 아이들 3명을 데리고 서울 시내 나이트클럽 15군데를 돌아다녔어요. 나이트에 가서 동생 친구들에게 이거 틀어달라고 주문하고 〈난 알아요〉가 나오고 애들이 곡에 따라 춤추는 걸 본 뒤에 또 다른 클럽으로 가서 그대로 하면서요. 그걸 2주간 했어요. 나중에 무섭게 터지는데 혁명이라고 생각했죠. 그리고 직감적으로 이 흐름에 빨리 편승해야 한다고 생각했어요. 동물적인 감각으로. 그렇지 않으면 시대에 뒤떨어질 거라고. 그리고 붐붐 말고 다른 가수를 만들어야겠다고 생각했어요. 당시 외국에서 히트하고 있던 혼성 댄스그룹 투언리미트(2Unlimited)나 닥터 알반(Dr. Alban) 같은 애들이 목표였죠. 남자가 랩하고 여자는 노래하고 춤추고 하는 그런 그룹. 댄스 음악의 봇물이 터졌으니까 뭐 하나 얹어도 흘러간다고 본 거예요. 암튼 이 시기를 절대 놓치면 안 되고 그것도 빨리 잡아야 한다고 느꼈어요. 내가 가수로 랩을 할 수 있는 건 지금밖에 없다고 생각했는지도 모르죠.

미애 씨, 김진 씨는 어떻게 만났나요?

   윤상, 손무현이랑 밴드를 하던 이승호라는 친구가
있어요. 그 친구가 이주노의 브레이크팀이랑 뭔가를 하려고
했거든요. 그래서 군에서 휴가 나왔을 때 승호를 알게
되었어요. 내가 혼성 댄스팀을 하고 싶다고 하니까 자기도
제작을 하고 싶다고 했죠. 그래서 둘이 의기투합했어요.
여성 멤버를 누구로 할까 고민했죠. 여러 후보가 있었어요.
그러다가 어느 날 〈토토즐〉에서 민혜경이 〈보고 싶은 얼굴〉을
부르는 걸 봤어요. 근데 그 뒤에서 춤을 추는 여자애가
예술이더라고요. 눈에 쏙 들어왔죠. 그래서 문나이트에 가서
수소문해 미애를 만났어요.

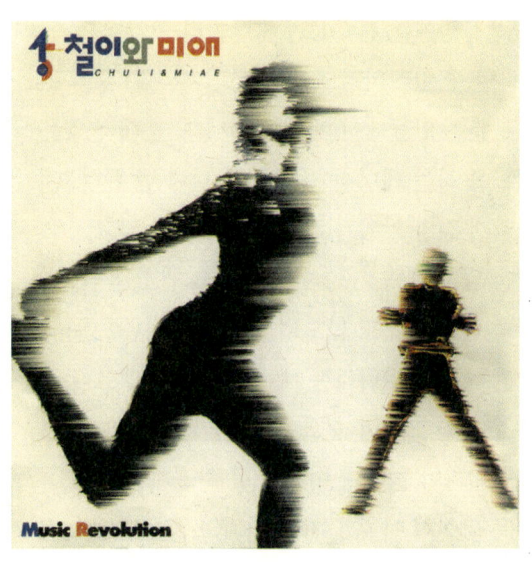

    그다음이 음악인데, 후배 DJ 중에 땅콩이라고 있었어요.
그 친구가 나랑 딱 맞는 친구가 있다며 김진에게 데려갔죠.
나보다 한 살 아래이고 미국에서 온 혈혈단신이었어요.
갔는데 음악은 들려주지 않고 4시간 동안 다른 얘기만 하는
거예요. 그래서 음악을 듣고 싶어서 왔다고 했더니 자기는
확실한 사람 아니면 음악을 들려줄 수 없다는 거예요. 지금
생각해보면 그 친구가 음악적으로 그렇게 풍부했던 것
같지는 않아요. 가진 게 몇 개밖에 없는 느낌이랄까. 암튼
다음에 오면 들려줄지 어떨지 생각해본다 그래서 다음에
또 갔어요. 그리고 그때 〈너는 왜〉를 들었죠. 커버걸스(Cover
Girls)의 곡을 샘플링하고 베이스는 헤비 디 앤 더 보이즈(Heavy
D & The Boyz)의 〈Now That We Found Love〉에서 가져온
거였어요. 나는 샘플링에 완전 OK인 사람이라 좋았어요.
들어보니 가요화할 수 있겠더라고요. 무조건 된다고 생각했죠.
나머지 빈약한 부분은 만들어서 채우면 되니까. 근데 승호는
건반을 갖고 밴드를 하는 애니까 이런 곡은 말이 안 된다고
생각했어요. 어떻게 건반 악기가 하나도 들어가지 않고,
왜 코드가 바뀌지 않고 계속 가느냐는 거였죠. 댄스 음악은
베이스 하나로 쭉 가는 경우도 많으니까. 난 그런 댄스 음악에
익숙한데, 당시만 해도 우리나라는 베이스라는 건 멜로디에
따라 바뀌는 거였어요. 그래서 승호는 건반 악기도 들어가고
베이스도 실연으로 가야 한다며 이해를 못 하겠다고 했죠.
나는 댄스 음악은 당연히 이렇게 가는 거라고 설득했어요.

무조건 기존의 음악 스타일과는 다른 획기적인 걸로 가야
한다고.

Q 당시 클럽에서 가요를 틀었나요?

아니요. 아주 가끔 틀었어요. 클럽에서 우리나라 음악을
받아들이기 시작한 때는 서태지부터인 것 같아요. 서태지와
아이들의 〈난 알아요〉부터 클럽에서 본격적으로 가요를
틀기 시작했거든요. 당시 DJ들이 클럽에서 튼 가요는 엔딩에
나오는 딕패밀리의 〈또 만나요〉하고 각자 자기가 좋아하는
곡 몇 개씩만 틀었어요. 나 같은 경우는 이문성과 야생마의
〈왜〉를 틀었죠. 근데 대부분 사운드가 안 맞아서 못 틀었어요.
댐핑이 약하니까. 나미의 〈영원한 친구〉나 〈빙글빙글〉 같은
것도 어쩌다 한 번씩 엔딩 부분에 틀고. 우리 DJ들이 어떻게
가요를 본격적으로 클럽에서 틀까를 생각해봤어요. '우리도
외국 음악처럼 댐핑이 세고 신나면 될 텐데'라면서요. 그래서
난 리믹스를 선택했어요. 내 음악은 항상 클럽이 목적이니까.
1집 믹싱할 때도 목소리는 작아도 되지만 베이스는 무조건
커야 한다고 했어요. 그걸로 엔지니어랑 무지 싸웠죠.
엔지니어는 목소리가 이렇게 작으면 안 된다고 하고, 난 더
작아도 된다고 하고. 나는 비트가 무엇보다 중요하다고 하니까
매일 부딪히는 거죠. 근데 지금 들어봐도 사운드에 비해
목소리가 너무 커요.

Q **클럽 홍보를 우리나라 최초로 시작하신 것 같아요.**

클럽 홍보는 서태지를 데리고 내가 처음 했고, 그다음은 김창환 씨가 노이즈로 쭉 돌리고 그렇게 하면서 시작되었어요. 나는 그때부터 싱글 시장을 생각했어요. 〈너는 왜〉도 사실상 싱글 앨범을 생각하고 만든 거고. 그래서 당시 댄스 음악은 클럽 홍보를 해야 한다고 생각했어요. 그래야 클럽 사운드에 더 맞는 소리를 찾고 더 잘 만든다고. 댄스는 그렇게 가야 한다고. 그래서 난 DJ들 일일이 찾아다니면서 음반을 돌렸죠. 처음이 중요한 게 아니고 그런 방식의 홍보가 필요했어요. 이후에는 클럽을 공략해야만 성공한다는 게 댄스 음악계에선 일종의 공식 같은 게 됐죠. 근데 서태지는 홍보 차원에서 내가 좀 도움을 줘야겠다 생각해서 한 거고, 서태지는 방송에서 떴어요. 이 정도 사운드는 클럽에서 쓸 수 있다고 인정을 받은 거죠. 그러니까 〈난 알아요〉는 방송에서 떠서 이게 폭발적으로 퍼져나간 거고, 내 음악은 '클럽에서 인정을 받아야 돼', '클럽에서 유행하면 언젠가는 방송에서도 뜰 거야'라는 생각을 가지고 있었기 때문에 클럽 홍보에 주력한 거였죠. 방송관계자들이 클럽에 쫑파티, 종방연 같은 거 와서 우리 음악을 듣고 "이거 무슨 음악이야?" 이렇게 된 거예요. 그래서 방송 섭외도 그런 식으로 해서 들어가게 됐어요. 그런 걸로 따지면 나 이전에는 이렇게 거꾸로 공략하는 전략은 없었던 것 같아요.

Q 〈너는 왜〉의 가사가 특이했던 것 같아요.

아시아레코드사 녹음실에서 연습하고 있었을 때였을 거예요. 멜로디는 김진이 이미 만들어두었던 거고 승호가 가사를 써가지고 왔죠. 당시 승호랑 우리 집에서 같이 살았어. 근데 들여다보니까 가사가 너무 진부한 거예요. 사랑 얘기인데, 너를 그리워한다느니 하는 가사였어요. 근데 나는 래퍼라서 그런 가사가 맞지 않다고 생각했죠. 좀 파격적이었으면 좋겠다고요. 그래서 그걸로 또 한참을 싸웠어요. 그야말로 누가 옳은지 설전을 벌인 거죠. 승호 성격이 워낙 좋아 이전까지 우린 단 한 번도 싸운 적이 없었어요. 근데 거의 말싸움까지 간 거예요. 심한 논쟁을 벌였죠. 결국 그럼 어떻게 했으면 좋겠냐고 묻더라고요. 그래서 그때 언뜻 떠오르는 생각이 어떤 상황을 만드는 거였어요. 내가 우연히 커피숍에 갔는데 내 여자친구가 딴 놈하고 있는 걸 본 거다. 내가 열받을 거잖아요. 그래서 "난 지금 화가 나 있어. 도대체 참을 수 없어. 널 사랑하는 나를 두고 또 다른 남자를 만날 수 있어?" 하면 여자 파트가 "오빠 오해하지 마"라고 말하고 남자가 다시 "그 남자가 누구인지 얘기해봐" 이런 식으로 그 자리에서 바로 특정한 상황을 만들었죠. 그랬더니 재밌다는 거예요. 그래서 그걸 발전시켜서 가사를 만들었죠.

지금 생각해보면 그런 상황을 만들어서 펼쳐 보였던 가사가 1990년대 가요계의 모든 가사에 대한 이슈를 바꿨다고 생각해요. 이후의 모든 가사는 상황 설정으로 갔어요.
김건모의 〈핑계〉도 그렇고 DJ DOC, 터보 등도 그렇고요.
승호도 그다음부터는 상황 설정을 해서 가사를 쓰는
방식으로 바꾸었어요. 이전까지는 가사들이 다 서정적인 게
주를 이루었죠. 개인의 내면 독백을 주로 말하고. 그래서
기성 세대는 〈너는 왜〉가 마음에 들지 않았을 거예요. 그렇게
구체적인 설정을 말로 표현하면 수준이 낮다고 생각했을
테니까. 근데 전 그런 틀을 깬 것이 시장의 파이를 늘리는 데
주효했다고 보는 쪽이에요.

Q 철이와 미애는 빠르게 해체한 것 같아요.

　철이와 미애를 한 건 일단 서태지가 이뤄낸 댄스 흐름에
빨리 편승해서 뭔가 내 위치를 찾고 싶었던 거였고요.
랩만으로도 가수가 될 수 있다는 걸 보여주고 싶기도 했어요.
그래서 그걸 다 이루었다고 볼 수 있죠. 팀을 처음 만들 때부터
미애에게 잘됐을 때 헤어지자고 말했어요. 어차피 시간이
지나면 하향 곡선을 그릴 테고 바닥을 칠 때도 올 테니까 그게
제일 아름답지 않냐고. 우리가 일단 성공하면 서로가 다른
일할 때도 경력이 될 수 있는 거니까. 그래서 짧게 하고 헤어진
거예요. 그런데 그렇게 뭔가를 새롭게 시도하면서 난 굉장히
희열을 느꼈어요. 기획하고 제작하고 그런 것에. 노하우도
생기고요. 그때는 그런 과정을 가르쳐주는 곳이 없었으니까.
근데 내가 가수 하면서 제작 과정까지 알게 된 거죠.

Q   **그때 DJ DOC 제작을 한 건가요?**

그래서 승호랑 가수 제작에 대한 이야기를 했어요.
이제는 내가 가수 제작을 직접 해보겠다고요. 그랬더니 승호도
그렇게 하겠다고 하면서 김경호를 데려왔어요. 김경호는
이후에도 승호랑 연습 생활을 했어요. 나는 DJ 일을 계속
하면서 전국을 돌아다녔고요. 그러다가 전주엘 갔는데, 나에게
잘 보이려고 웃통 벗고 춤추고 랩을 하던 애가 있었어요. 가만
보니까 잘하더라고요. 그래서 내가 서울 올라가면 가수 만들
건데 그때 한 번 올라와보라고 했죠. 그애가 하늘이에요. 몇 달
있다가 서울로 올라오더라고요. 그래서 먹여주고 재워주면서
리버사이트호텔 DJ 일을 알아봐줬죠. 그 후에 김창렬이랑
박정환을 뽑았어요. 그렇게 해서 DJ DOC가 나오게 되었죠.

Q   **〈슈퍼맨의 비애〉는 어떻게 만들었나요?**

가수 (박)선주가 창렬이 노래 연습을 시켰어요. 그래서
선주한테 내가 CCR의 〈Proud Mary〉 기타 샘플링을 넣은
노래를 만들었으니 8마디 멜로디를 만들어달라고 했죠.
작사가 강은경한테는 일반적인 사랑 가사 말고 남자가
일상생활에서 힘들어하는 가사를 써달라고 했고요. 남자들이
돈 벌어야만 하는 애환 같은 거. 그리고 작곡 저작권은
선주한테 줬어요. 난 히트곡을 많이 냈고 낼 거라고 하면서.
그때는 너무 기고만장했던 것도 있어요. 손대는 것마다
다 자신이 있어가지고. 그래서 1990년대에 공동으로

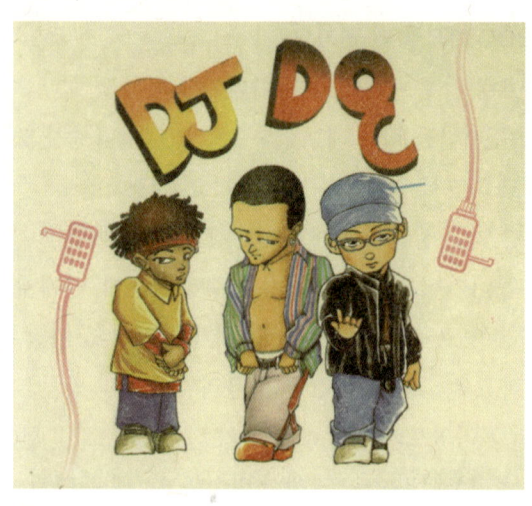

작사·작곡한 곡 중에서 내가 저작권을 챙긴 건 하나도 없어요.

Q 〈머피의 법칙〉도 궁금해요.

　　그때도 줄리아나에서 DJ를 하고 있었어요. 노래 중에서
손님들에게 잘 먹히는 노래들이 있는데요. 어느 날 보니까
폴 앤카(Paul Anka)의 〈Diana〉를 하우스로 만든 게 있는데,
그걸 틀 때마다 애들이 잘 노는 거예요. 그래서 승호에게 그
곡을 주면서 그런 성향의 노래를 만들자고 했죠. 그런 후에
bpm 130, 다장조, 소절 앞에 공박자 8마디, 전주 8마디, 랩
16마디, 멜로디 8마디, 간주 8마디 등을 미리 다 만들어놓고
거기에 멜로디를 붙여달라고 했어요. 어느 날 DJ DOC랑
녹음실에 갔는데 노래도 아직 없고 가사도 없고 해서 그냥

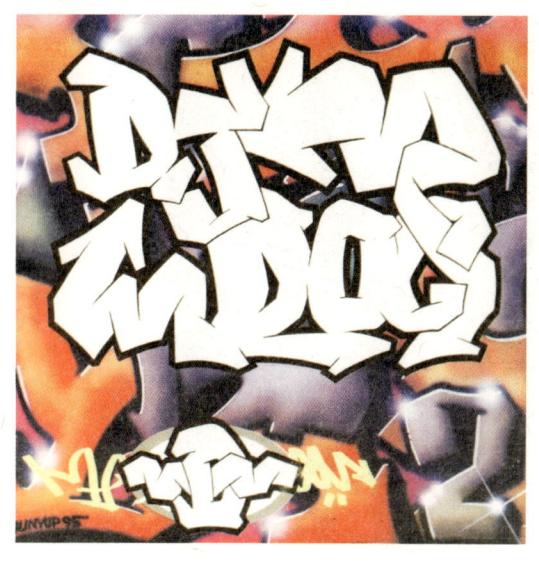

놀면서 짜장면 시켜 먹고 그러고 있었어요. 그런데 승호가
갑자기 "잠깐만" 하더니 피아노 앞에 가서 막 피아노를 치는
거예요. 거기서 〈머피의 법칙〉이 나왔어요. 근데 계획에 맞게
만들기보다는 즉흥적으로 만들다 보니까 중간에 8마디가 더
들어갔어요. 실수였죠. 그래서 그 부분은 잘라낼 수도 없고
해서 "나나나~"로 처리했어요.

0 **〈미녀와 야수(OK? OK!)〉 가사는 당시에 놀라웠어요.**

　　미녀와 야수는 이건우 형이랑 가사를 같이 썼어요. 랩은
내가 다 썼죠. 서울스튜디오에서 녹음해야 하는데, 그 전날
애들하고 술을 너무 많이 먹은 거예요. 덕분에 제작자인

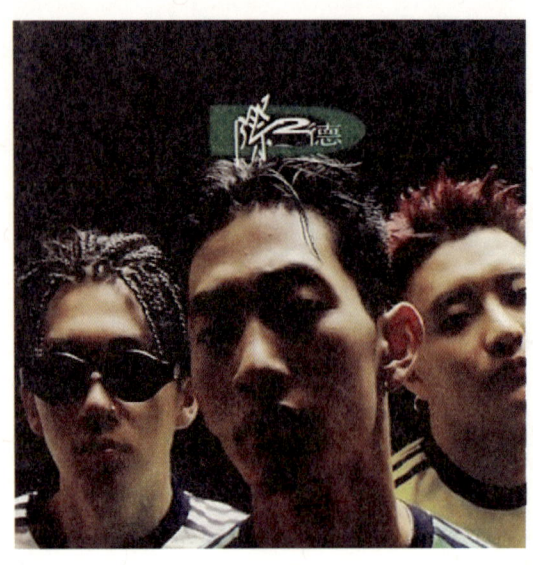

장고웅 회장이랑 스태프들은 오후 4시부터 이미 와 있는데,
나는 6시에 일어나서 갔죠. 녹음해야 하는데 랩 가사가
전혀 없었어요. 그래서 스튜디오 바닥에 앉아서 뭘 쓸까
고민하다가 간밤에 줄리아나에서 놀았던 얘기를 써야겠다고
생각했어요. 그리고 "오늘 밤 너와 난 단둘이서 탈의 탈의"
하고 적고 불러봤죠. 그랬더니 애들이 놀라는 거예요. 정말
그렇게 쓸 거냐고. 그리고 또 한참 있다가 앞에 있는 신문을
보니 "행복예감 현대백화점"이라는 문구가 보였어요.
그래서 "행복을 예감하는 행복한 파티" 이렇게 써 내려갔죠.
그렇게 써서 애들에게 던져주면 하늘이랑 애들은 각자 구석
자리에 가서 연습하고 물어보고 추가해서 넣고 싶은 말 넣고

그랬어요. 이 곡도 작사 저작권은 건우 형에게 줬네요.

Q. 〈여름 이야기〉도 히트했죠.

장고웅 회장하고 헤어지고 이제 내가 직접 제작해야
하니까 당시 음악을 막 만들어야 한다는 강박관념이 있었어요.
혼자서 제작도 하고 프로듀서도 해야 하니까요. 너무 몰두해
있느라고 잠도 차에서 자고 그 생각만 하고 있었어요. 어느 날
고민을 하다가 잠실 고수부지에서 잠이 들었어요. 아침에
눈을 딱 떴는데, 멜로디가 툭 떠오르는 거예요. 그게 장미화
선배님의 〈봄이 오면(Hello-A)〉이라는 곡이었어요.
그 "헬로와, 헬로와" 하는 부분이 생각난 거죠. 그래서

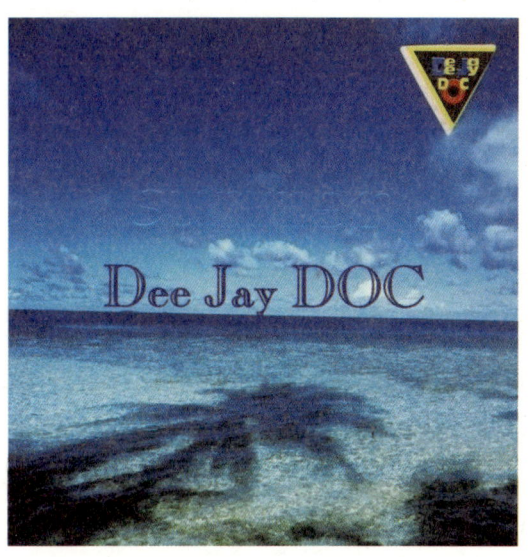

〈응급실〉 만든 공군 군악대 후배인 신동우에게 전화했어요.
"헬로와 헬로와 우리들에게" 이런 노래가 있는데, 그걸로
댄스곡 하나 만들어야겠으니 일단 기본 편곡을 해놓으라고요.
나머지는 내가 리믹스한다고. 그런 후에 내가 세계 DJ
경연대회(DMC 월드 챔피언십)를 위해 이탈리아로 출장을
갔어요. 거기에 있는데 새벽에 전화가 왔어요. 승호가 지금
녹음실에 다 모였는데 어떻게 하냐고. 노래는 왔는데 가사가
없다고. 그래서 우리가 〈겨울 이야기〉를 했으니까 그 반대로
〈여름 이야기〉를 하자고 했죠. 여름에 부산 놀러 가서
여자애들 꼬시는 그런 얘기를 쓰라고.

Q **유승준(스티브 유)도 제작을 하셨잖아요.**

　　DJ DOC와 계약이 끝나고 미국에서 비디오가 든
소포가 왔어요. 유승준이라는 애가 나한테 데모를 보낸
거죠. 나뿐만이 아니라 김창환, 이수만 이렇게 세 사람에게
보냈어요. 두 제작자는 관심이 없는 것 같았고, 나는 괜찮은 것
같은데 눈이 약간 사시인 것 같아서 걱정되어 은경표 PD한테
어떠냐고 물었죠. 그랬더니 춤출 때는 그런 거 아무도 신경
쓰지 않는다고 하더라고요. 그래서 한국으로 들어오라고
했죠. 유승준이랑 작업한 이윤상이라는 작곡가가 이미 11곡을
만들었고 데모까지 대충 만들어서 보냈어요. 그래서 그거를
가지고 1집을 작업했죠. 가사를 조금 바꾸기도 하면서요.
거기에 윤일상이 만든 〈사랑해 누나〉를 넣었어요. 그리고

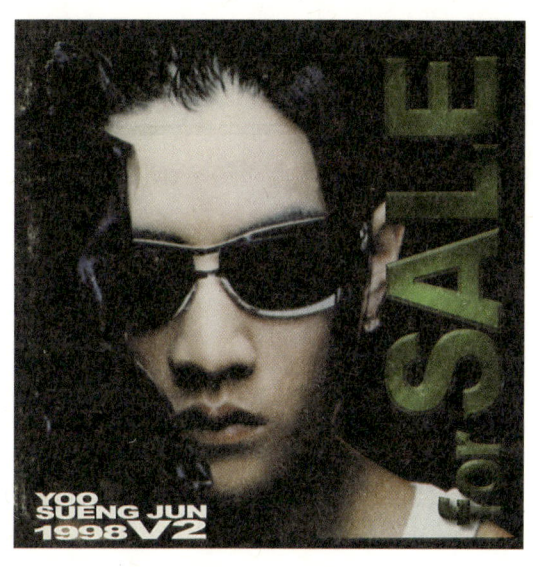

〈가위〉가 들어갔어요. 그 가사는 "가위눌린다" 할 때 그
가위예요. 어느 날 영화관에서 〈리썰 웨폰 2〉를 보고 나오는데
여자들이 죽은 와이프를 그리워하는 멜 깁슨이 멋있다고 하는
거예요. 요즘 그런 사람이 어딨냐며. 그 말을 듣고 승호한테
죽은 여자를 그리워하는 가사를 한번 써보자고 했어요. 어떤
경위로 죽었든 간에 화자가 끊임없이 죽은 이를 그리워하는
가사로. 그렇게 하고 가위춤까지 만들었죠.

Q 〈나나나〉로 본격적인 드라마타이즈 뮤직비디오를 처음
시도하신 걸로 아는데요.

미국에 갔을 때 뮤직 비즈니스에 대한 책을 샀어요.
비행기 안에서 살펴보니까 뮤직비디오에 대한 내용이
있더라고요. 내가 영어로 그렇게 원서 읽을 정도의 실력은 안
되는데, 대충 보니까 EMI, BMG 애네들이 얼마를 쓰는지는
정확하게 가늠할 수 없지만 음반 제작비 중 뮤직비디오에
30% 정도를 투자한다는 것 같다는 내용이었어요. 얼추
훑어보니까. 그 당시 우리나라는 1,500~2,500만 원 정도를
갖고 뮤직비디오를 찍었어요. 그래서 그럼 '우리도 30%까지
끌어올려서 한 1억 정도를 써보면 어떨까?'라는 생각을 한
거죠. 그렇게 홍보에 도움이 된다면 뮤직비디오에 돈을 한번
들여보자는 마음으로. 그래서 김세훈 감독하고 시나리오
작가 김영찬을 불렀어요. 그리고 매주 수요일에 회의를 했죠.
애들은 그냥 찍지 뭘 스토리를 넣냐고 했지만, 전 줄거리 있는
영화처럼 뮤직비디오를 만들 거라고 선언했어요. 작곡가
김형석한테는 댄스를 부탁했는데, 댄스에 대한 자신이 없다고
그래서 승준이가 그렇게 높은 음이 나오는 건 아니니까 막
지르는 것보다는 밑에서 노는 음을 위주로 만들어달라고
부탁했어요. 그리고 가사는 승호한테 맡기고요.

결국 뮤직비디오는 교생에 대한 이야기로 귀결되었어요.
승준이가 문제 학생인데 실습 온 교생을 사랑하는 내용으로.
영화 〈할렐루야〉를 제작한 정태원 사장한테 최지우 섭외를

부탁했죠. 그렇게 해서 만들었는데, 무려 8분짜리가
되었어요. 당시 공중파에서 뮤직비디오를 틀어주기는
했는데, 전부는 고사하고 1분을 넘기기도 힘들었거든요.
그래서 또 경표 형에게 부탁했죠. 〈일요일 일요일 밤에〉에서
한 번 틀어달라고. 경표 형이 최대한 틀어준다고 했는데,
본인도 무서웠는지 엔딩에 3분 20초 걸어놓고 도망갔다고
하더라고요. 그리고 그다음 주에 〈한밤의 TV연예〉에서도
이런 뮤직비디오가 화제를 몰고 있다며 한 3분 나왔어요.
그 두 개로 게임이 끝났죠. 난리가 났어요. 며칠 있다가 새벽에
경표 형한테 전화가 왔어요. 김광수 사장이 날 좀 보고 싶어
한다고. 광수 형을 만났더니 자기에게 가수 한 명 있는데,
얼굴 없는 가수 전략으로 간다고 하더라고요. 그러면서 〈To
Heaven〉이라는 노래인데 〈나나나〉처럼 똑같이 뮤직비디오를
만들고 싶다고요. 그래서 거기에도 김세훈하고 김영찬을
그대로 투입했어요. 내 차도 빌려주고요. 거기에 나오는
이병헌이 탄 오픈카가 제 차예요. 벤츠 컨버터블. 암튼 그
이후로 대한민국의 음악시장은 흐름이 완전히 바뀌었어요.
물론 나중에는 배보다 배꼽이 커졌지만.

Q   **트로트하고 크로스오버해서 음반을 내셨잖아요.**

　　SBS에서 처음 DJ를 했어요. 나를 캐스팅한 분이 박동주
본부장인데요. 그분이 날 섭외하면서 "다 좋은데 가끔 트로트
한 곡씩만 틀어주세요" 그러는 거예요. 근데 난 그쪽이

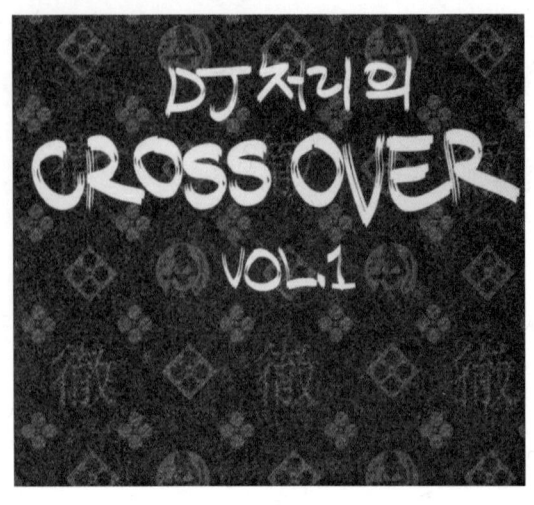

아니니까. 그러면 DJ 안 한다고 했죠. 그랬더니 그렇게 생각지
말고 어쩌다 한 번씩만 내보내달라는 거예요. 그 말을 듣고도
내키지 않아 그렇게 하지는 않았어요. 그래도 댄스 음악만
했던 사람인지라 트로트는 죽기보다 싫었던 거죠. 하지만 그
말이 계속 걸렸어요. 그러다가 순창에 계신 고모네 가다가
고속도로 휴게소에서 트로트 앨범을 한번 사봤어요. 요즘은
트로트라는 게 어떻게 나오나 해서. 한 5개를 사서 차 안에서
들어봤죠. 근데 도저히 못 들어주겠는 거예요. 사운드가 너무
후지더라고. 서울로 올라오면서 또 들었는데, 역시 별로예요.
라디오에서 그냥 트는 건 못하겠고. 차라리 이걸 리믹스
한번 해볼까 하는 생각이 들었어요. 그런 식으로 코너를
하나 만들까 하고. 그렇게 해서 'DJ 처리의 크로스 오버'라는

소제목을 해가지고 매주 수요일에 내보냈어요. 그러다가 MR에다 리믹스도 하면서 비트를 입히고 송대관, 태진아, 설운도, 김혜연 네 분을 불러 녹음했죠. 거기다가 내 랩을 입히고. 가사는 승호랑 쓰고. 그렇게 수요일마다 새롭게 해서 갔는데, 이 코너가 대박이 난 거예요. 그 시간만 되면 문자가 폭주했어요. 아주 재밌다고. 그걸 보고 가수들에게 실연비랑 다 드리고 내가 저작인접권을 가져왔어요. 그리고 그걸로 앨범을 냈는데, 200만 장이 나갔죠. 고속도로 테이프 시장을 완전히 바꿨어요. 대박이 나서 5집까지 냈어요.

Q   김연자의 〈아모르 파티〉는 어떻게 내신 건가요?

그때 방송국에서 어떤 기류가 있었냐 하면요. 트로트 가수들이 너무 많이 올라오니까 전 방송국이 트로트 가수들 출입 금지령을 내렸어요. 그리고 트로트를 라디오에서 내보내지 않는 경향이 생겼죠. 나도 트로트를 좋아하진 않지만, 이건 아니다 싶었어요. 그래도 많은 국민이 술 한잔 마시고 노래방 가서 많이 부르는 장르인데 말이죠. 그래서 분명히 트로트 시대가 오니 그러지 말라고 방송국 관계자들에게 얘기했죠. 아무도 듣지 않았어요. 그래서 내가 직접 만들어봐야겠다고 생각했어요. 내가 낸 리믹스 앨범 중에서 김연자 노래의 반응이 아주 좋았어요. 〈88 올림픽 김연자 메들리〉로 리믹스를 했거든요. 그래서 연자 누나가 일본에서 들어왔기에 우리 방송에 섭외했어요. 그리고 같이

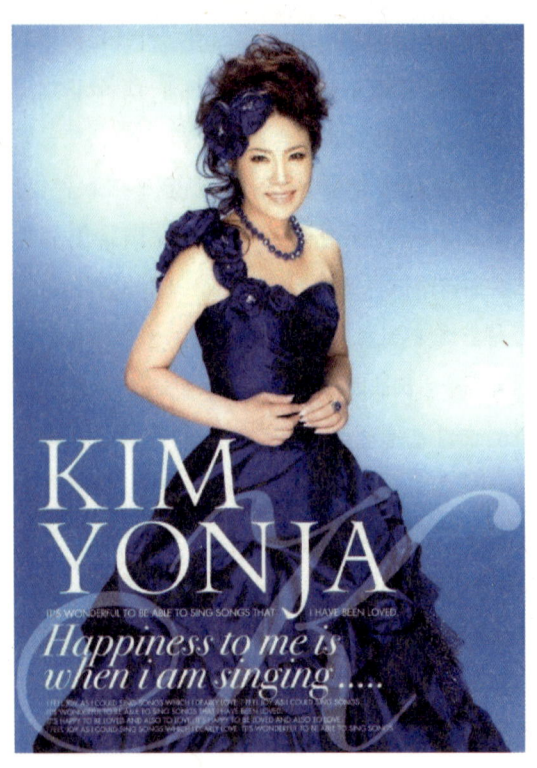

해봤더니 노래 하나를 만들어야겠다 싶은 거예요. 뭔가 될 것
같더라고요. 그래서 일상이에게 EDM인데 트로트 느낌으로
하나 만들자고 제안했죠. 가사는 건우 형하고 같이 쓰고. 근데
바로 뜨지 않고 2년 뒤에 뜨더라고요. 지금은 저작권을 모두
상대에게 주지 않고 내 이름도 넣어서 공동 작사가로 이름을
올려요.

Q 요즘은 어떻게 지내시나요?

찰스 다윈이 《종의 기원》에서 "여태껏 살아남은 종은 머리가 뛰어난 종도 아니고 힘이 센 종도 아니고 변화에 잘 적응한 종만 살아남았다"라는 식의 말이 있어요. 생태계가 바뀔 때 살아남으려면 내가 변화해야 하는 거죠. 전 DJ 일을 계속 새로운 시장 안으로 집어넣어야 한다고 생각해요. 그래서 항상 어떻게 집어넣을지 고민하죠. 라디오 DJ가 끝나고 다른 플랫폼을 알아보고 있었어요. 아프리카TV가 막 떴을 때였죠. 근데 너무 난잡한 느낌이 들었어요. 당시 유튜브는 아직 결제 수단이 원활하지 않아서 저작권이 걸렸고요. 그때 카카오TV가 나왔어요. 이미지가 좋았을 때였죠. 그래서 카카오TV 사외이사인 아는 동생에게 도움을 청했어요. 그리고 며칠 후 담당자를 만났죠. 내가 라디오를 하고 싶다고 했더니 자기들은 동영상 플랫폼이라 힘들 거라더군요. 그래서 내가 화면을 가리고 라디오를 한번 해본다고 했어요. 두 달간 설득했죠. 그렇게 해서 라디오 방송을 시작했어요. 근데 광고가 없고 순수하게 후원으로만 재정이 이뤄져야 하니까 쉽지 않았어요. SBS에서 DJ 할 때 내가 가지고 있던 문자함의 고객 수가 24만 명이에요. 그걸 토대로 홍보해봤죠. 1만 6천 명 정도가 따라오더군요. 근데 내 입으로 유료 방송이라는 말을, 여러분이 보내주신 후원으로 이루어지는 방송이라는 말을 죽었다 깨도 못하겠는 거예요. 그 말 하는 데도 두 달 걸렸어요. 그렇게 하니까 1,200명 정도 남더라고요.

그중에서 또 추렸어요. 체리피커 제외하고. 확실하게 내게
후원할 의지가 있는 600명만 남겼죠. 거기서 또 200명. 시간이
지나니 한 100명이 남았어요. 결국 그 사람들하고만 진짜
방송을 한 거죠. 근데 신기하게도 인원이 적었음에도 방송을
제작할 수 있는 비용을 감당할 수 있었어요. 우리끼리 너무
재밌으니까 그랬다고 생각해요. 그렇게 해서 카카오TV 끝날
때까지 줄곧 랭킹 1위를 했어요. 그리고 재작년 3월 1일
유튜브를 개국했죠. 지금은 유튜브로만 해요. 아직도 믹싱이
재밌어요. 댄스만 해서 몰랐는데 요즘에는 우리나라 발라드의
진가를 다시 알게 되었어요. 훌륭한 음악이 정말 많습니다.
가끔씩 제작도 하고요. 계속 현역이고 싶습니다.

컴퓨터 음악 제작 방식의
성공

yoo
nsa
ng

윤상

오랜만에 강수지의 데뷔 타이틀곡 〈보라빛 향기〉를 들어본다. 결코 단순하지 않은 베이스 라인이 노래의 중심을 잡아주고, 깔끔하게 떨어지는 드럼 소리가 곡의 속도를 챙기며, 주인공의 아름다운 목소리를 빛내주기 위해 신시사이저가 빈 공간을 꾸준히 채운다. 30년이 지난 후 들어도 낡지 않은 노래다.

음악을 만들기 위해선 반드시 밴드 멤버들을 동원해 스튜디오에서 녹음했던 당시 환경을 고려한다면, 〈보라빛 향기〉가 가진 세련된 사운드는 더 신기할 따름이다. 그럴 수밖에 없는 건 이 노래의 편곡은 모두 미디 기계로 완성됐기 때문이다. 아날로그로 해결해야 했던 시기에 윤상은 컴퓨터로 편곡을 모두 완성했다. 1990년 4월에.

〈보라빛 향기〉가 미디로만 만든 최초의 노래인지는 확실하지 않다. 그러나 정확하게 말할 수 있는 건 미디로만 만들어 성공한 최초의 곡이라는 사실이다. PC로 음악을 제작하는 게 당연한 현 시대에 윤상은 한국에서 컴퓨터로 음악을 만들어도 충분하다는 걸 1990년에 증명해낸 뮤지션이다.

어떤 기계들을 사용하여 어떤 의도로 노래를 완성했는지는 이미 2020년 한국콘텐츠진흥원과의 인터뷰에서 밝힌 바 있다. 따라서 윤상에게 추가로 궁금한 건 당시 섭외 과정과 제작 전반의 얘기들이다. 이를 통해 당시 작곡가로서 윤상이 가진 환경을 살피고자 했다.

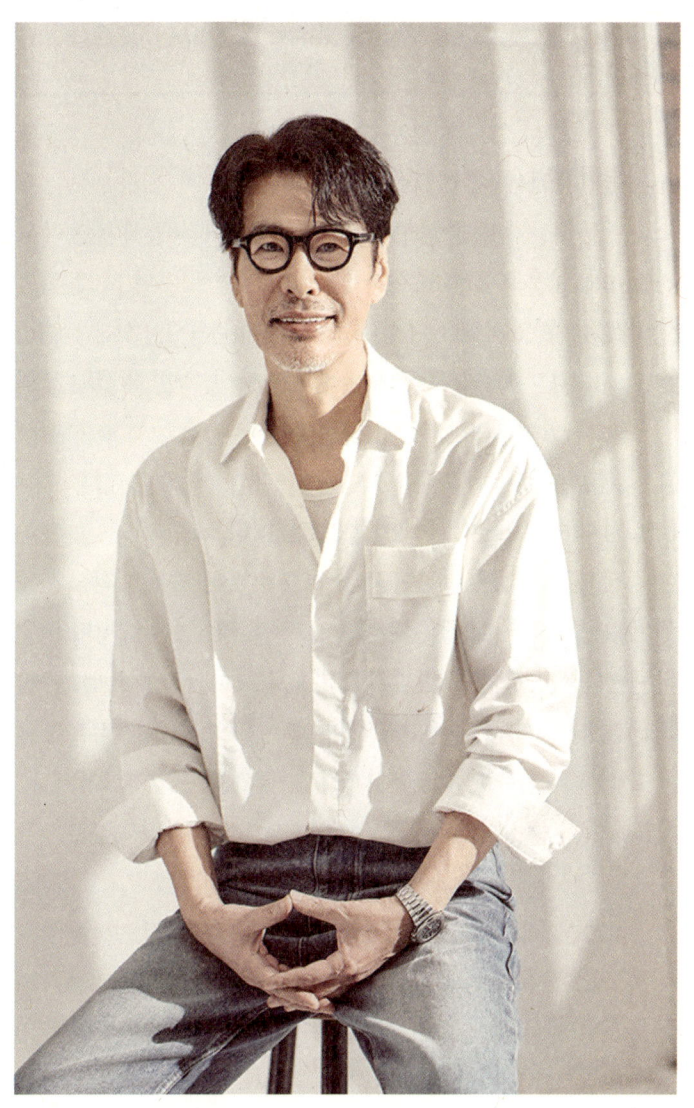

사진: 에이투지엔터테인먼트

2021년 4월 말 서면으로 진행했으며, 뮤지션의 요청에 따라 인터뷰 내용은 수정하지 않았습니다.

Q 음악계에서 시작이 궁금합니다.

어떻게든 음악을 하고 싶어서 대학 입학과 동시에 휴학을 하고 알음알음으로 밴드 신촌블루스의 공연 도우미(?) 같은 역할을 할 수 있게 되었습니다. (포스터를 붙이러 다니거나, 무대 준비를 돕거나.) 그렇게 조금씩 한영애, 이정선, 김현식 선배 등께 인사할 수 있는 캐릭터가 되었습니다.

Q 당시 세션도 참 많이 한 것으로 압니다.

명확하진 않은 기억이지만, 변진섭 씨의 세션은 회사와 관계없이 작곡가 하광훈 씨의 소개로 시작된 것 같습니다. '실루엣'은 그 후 손무현 씨의 제안으로 만들어진 밴드입니다. (손무현 씨는 진섭 선배의 세션 때도 함께했던 친구이고, 같이 밴드를 준비 중에 상황이 쉽지 않아 우선 김완선 씨의 백 밴드로 방향을 잠시 바꾸게 되었죠.)

Q 1990년에 히트 작곡가로 우뚝 섭니다. 조정현, 박성신, 변진섭, 김민우, 강수지 등 많은 가수 앨범에 수록곡을 썼는데, 당시 이렇게 작곡가로서 자리를 잡게 해준 결정적 상황과 은인은 누구였을까요?

김현식 4집에 제 곡이 실린 후 다른 인연들로 이어졌다고

210

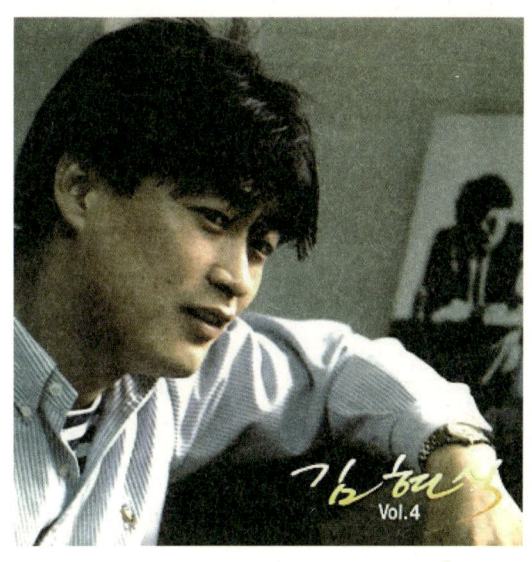

생각합니다. 현식 선배님을 워낙 좋아하기도 했고,
제 곡을 불러주셔서 꿈같은 상황이 만들어졌습니다. 그 곡을
편곡해주신 송홍섭 선배를 통해 다른 가수를 소개받기도 하고,
저를 불러주는 분들이 생겨나기 시작했습니다.

Q 1989년까지 작곡에만 집중하다가 1990년부터는 편곡도
시도하게 됩니다. 1989년도만 해도 편곡 분야에는
도전하지 않으신 걸로 아는데요. 이 1년 사이에 어떠한
변화가 있던 걸까요?

지금과 비교하면 편곡할 기회를 얻는 일이 아주 어려운
시대였죠. MIDI를 통한 프로덕션에 어느 정도 자신감이

생기면서 거의 완성된 느낌의 데모를 통해 기획사의 믿음을
얻게 되었던 것 같습니다.

Q 작곡가로서 인기는 언제부터 체감하셨나요?

황치훈 씨의 〈추억속의 그대〉가 기대 이상 많은 사랑을
받았습니다. 곡 의뢰도 갑자기 많아지면서 자신감을 얻게
되었습니다.

Q 히트곡이 나온 뒤 다른 기획사의 곡 의뢰가 많이 들어왔을
것 같습니다. 자연스럽게 거절도 많이 하셨을 것 같고요.
당시 곡 작업의 선정 기준 등이 있었을까요?

너무 어리기도 했고, 작곡가 데뷔 초에는 거의 모든
제안을 받아들였던 것 같습니다. 선을 긋는 방법도 필요하다는
걸 깨닫게 되었던 시기로 기억합니다.

Q 당시 한국엔 참 차트가 많았죠. 작곡가로서, 가수로서
차트의 신뢰도는 어땠나요?

개인적으로 공중파 음악방송 차트 외에는 그다지
신뢰도에 신경을 쓰지 않았던 것 같습니다.

Q 강수지 1, 2집의 제작 과정이 궁금합니다. 리드한 곡들은 윤상이 썼으나, 정작 1집 프로듀서는 '환 퍼포먼스'로 되어 있고, 2집은 '박동순'으로 되어 있습니다.

프로듀서의 개념이 아직 갖춰지지 않았던 시간이라 생각합니다. 의뢰를 받고 작·편곡과 디렉팅까지 마치면 크레딧에 관한 부분은 대략 기획사에서 참여자들과 특별한 상의 없이 진행되던 시절입니다.

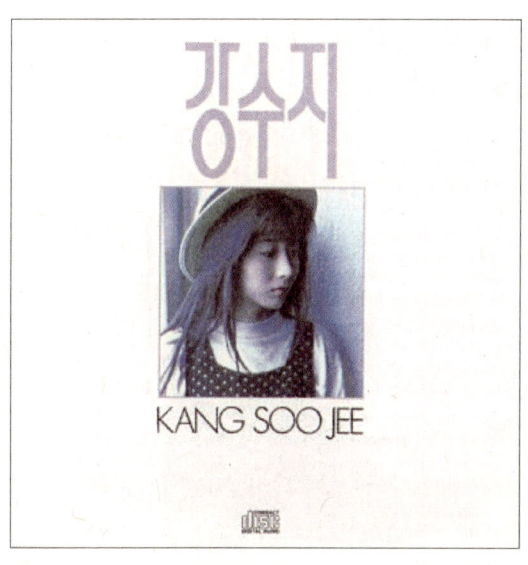

Q 김민우 1집, 2집 제작 과정이 궁금합니다. 특히
   히트는 했는데 상대적으로 덜 알려진 2집 제작 과정은
   어땠을까요?

김광수 대표가 엄청난 신인을 찾았다고 직접 집으로
데려와서 인사를 시켜주었던 기억이 있습니다. 2집의 경우
제가 민우 씨의 기획사와 계약한 이후여서 좀 더 가족 같은
분위기가 만들어졌고, 어쩌면 1집보다 더 제 의지대로
곡을 만들었고 실제로 대중성보다 김민우의 색을 만들고
싶었습니다.

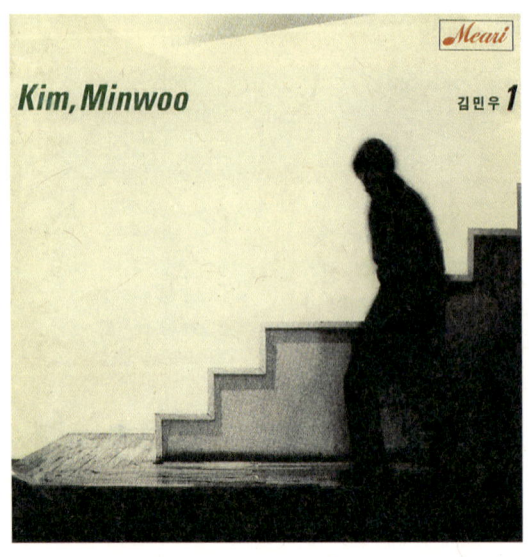

Q 당시 작곡가로서 철저히 '가수'로만 봤을 때 가장 인상적인 인물은 누구였나요?

조용필 선배입니다.

Q 김광수 대표에게 3천만 원의 계약금을 받으며 가수 데뷔를 결심한 걸로 압니다.

처음 솔로 제안을 한 건 제가 실루엣의 멤버였을 때입니다. 당시 김완선 씨의 PR 매니저였기에 가끔 만날 일이 있었고, 처음엔 가수 데뷔할 마음도 자신도 없었기 때문에 몇 번 고사했습니다. 그러다가 김민우 1집을 부탁받아 가이드 보컬을 녹음한 데모 테이프를 보냈는데(그전까지 제 노래를 들어볼 일이 없었죠), 그때 말씀하신 액수 애기가 나오면서 악기 생각에 마음이 기울게 되었습니다. 그런 제안을 통해 제 노래에 대한 자신감도 어느 정도 갖게 되었던 것 같습니다.

Q 1집 제작 과정은 어땠나요?

계약금의 절반 이상을 앨범 제작에 필요한 악기와 장비로 받았습니다. (해외 출국이 어려운 시절이라 대표가 직접 나가서 구매해주었습니다.) 방음 문제로 회사의 방 하나를 빌려 작업실을 만들었고, 곡에 관한 거의 모든 부분은 제가 진행했습니다. 특별히 음악적으로(수록곡들은 회사 관계자 모두 좋은 반응을 보여주었다고 생각합니다) 타이틀곡을 정하는 부분에서 회사와 제 생각이 달랐던 기억입니다.

Q 1집, 2집의 파트1 모두 성공했습니다. 그러나 당시 저작권료라는 개념이 전무후무한 상태였습니다.

소속사와는 아예 계약서가 없었던 걸로 기억하고 지구레코드 관계된 계약서를 썼는데, 인세 부분은 기억이 너무 희미하네요. 당시엔 인센티브나 금전적 부분에 문제가 없던 관계는 거의 기억나지 않을 만큼 가요계의 분위기는 불안정했다고 생각합니다.

Q 그렇다면 작곡가로서 저작권, 인세 등 뭔가 제대로 보답이 된 시절은 언제부터인가요?

1990년대 중·후반쯤 '어느 정도 시스템이 작동하고 있구나'라는 생각을 한 것 같은데, 역시 그 부분도 신경 쓰면 오히려 작업에 방해가 된다고 생각하는 경향이 커서 상황에 따라 흘러갔던 것 같습니다.

Q 유독 1990년대엔 1992년 이후부터 작곡량이 눈에 띄게 줄어듭니다. 별도의 의도가 있을까요?

1993년 2집 Part 2, 드라마 〈파일럿〉 OST까지 너무 많은 에너지를 소비했고 바로 입대했습니다. 전역 후엔 노댄스(NoDance) 같은 개인적인 취향의 프로젝트나 앨범을 만들었습니다.

Q 당시 작곡가로서 댄스 뮤직 씬은 어떻게 바라보셨나요?

저와는 크게 관계없는 씬이라고 생각했지만, 1996년 강수지 씨의 〈필요한 건 시간일 뿐〉을 작업하면서 대중음악 프로듀서로 생명력을 유지하려면 빠른 BPM에도 도전할 필요를 느끼게 된 것 같습니다.

Q 데뷔 전에 가장 영향받은 뮤지션은 누가 있을까요?

아주 어려서부터 아바(ABBA), 비틀스(Beatles), 알란 파슨스(Alan Parsons), 반젤리스(Vangelis), 버글스(Buggles) 등의 음악을 들으면서 음악적 정서가 만들어진 것 같습니다.

Q 예민한 질문도 해봅니다. 〈로라〉와 관련한 입장이 궁금합니다.

예민한 질문이라 표현하셨듯, 제 입장을 얘기하면 오히려 오해를 만들 만큼 벌스 진행의 유사성에 많이 놀랐던 곡입니다. 하지만 전혀 다른 후렴도 문제가 되어 답답한 마음이 컸죠. 공론화되었지만 판정 후 문제없는 걸로 알고 있습니다.

Q 가정에 PC가 있는 것 자체가 귀했던 시절입니다. 모니터를 보며 작업한 앨범은 무엇일까요?

처음 사용한 시퀀서는 'Roland MC500'이라는 모델로 독립된 음악 컴퓨터였습니다. 모니터가 작은 LCD 창

수준이었죠. 강수지 1집은 그 모델로 작업했고. 제 2집
앨범부터 'Atari 1040ST Notator'의 흑백 모니터를 마주하고
작업했습니다.

Q 함께 작업한 뮤지션들을 제외하고, 1990년대에
   미디 작업으로 가장 눈에 띈 뮤지션이 있을까요?

   이현도, 정석원 씨의 활약도 대단했습니다.

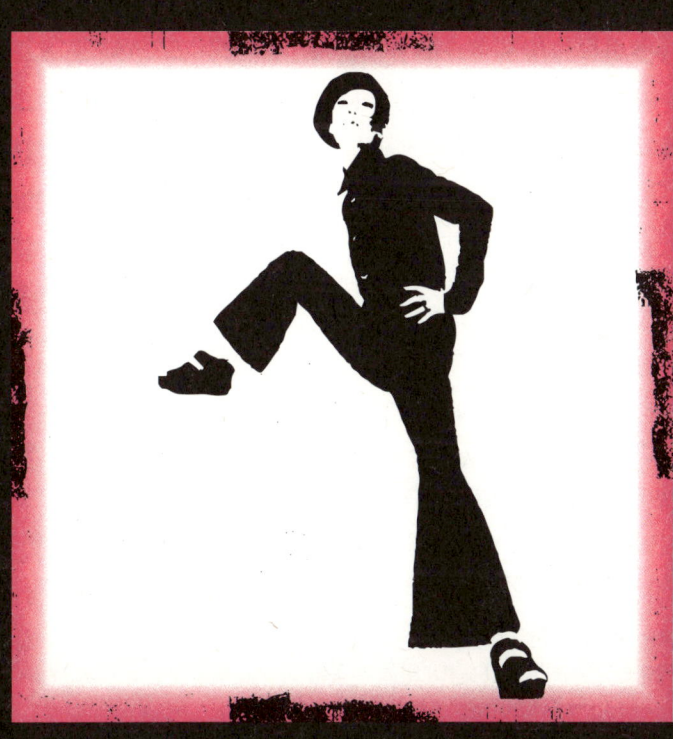

이상은

여기, 지독히도 남이 만든 노래를 부르기 싫어하는 가수가 있다. 남의 노래로 만든 음반을 죽어도 내기 싫어하는 가수가. 그게 얼마나 몸서리치게 싫었는지 이 가수는 그동안 쌓아놓은 인기도 명예도 버리고 씬을 아예 벗어나려고 발버둥쳤다. 그리고 가수라는 타이틀을 버리고 훌쩍 미술을 하기 위해 다른 나라로 날아가버렸다. 하지만 아이러니하게도 이상은의 진짜 음악 이력은 여기서부터 시작한다. 〈대학가요제〉 대상이라는 사다리를 걷어차고 맨땅에 자신의 두 발로 서는 것. 이 행위는 어쩌면 당시까지도 자신도 모르게 타인의 울타리에서 안전하고 편안하게 그리고 돈이 되는 것만 쫓던 캥거루족들에게, 혹은 용기 내지 못하고 기존의 시스템 안에서 안주하던 여성 뮤지션들에게 결코 끝나지 않을 경종을 울린 것은 아닐까. 타인이 나를 지목할 때까지 기다리는 것이 아니라 내가 나를 택하는 것. 나의 길을 스스로 정하고 실행에 옮기는 것을 통해 이상은은 남성 뮤지션들이 주도하던 1990년대를 그야말로 자기만의 스타일로, 스타시스템과는 완전히 무관하게 묵묵히 걸어나갔다. 그리고 〈담다디〉의 신선하고 유쾌한 파격과는 또 다른 그 누구도 보여줄 수 없는 경이로운 세계를 들고 나타난다.

이상은은 1990년대를 프로듀서라는 이름으로 이끈 가수들, 가령 서태지, 신해철, 정석원, 유희열, 김현철 등이 걸었던 싱어송라이터의 길을 동행한다. 아마도 꾸준함 면에서는 우리나라 최초의 여성 작가라고 칭해도 모자람이 없을 위용을 가지고 독자적인 음악 세계와 독창적이고 장르를 가늠할 수 없는 음악들을 펼쳐 보이며 때로는 구도자처럼, 때로는 예언자처럼, 때로는 세상을 초월한 현인처럼 미식가들을 매료시켰다. 거기에는 메인스트림과 언더그라운드의 줄타기를 하고, TV 스타와 인디뮤지션 사이를 오가며, 국내 활동과 해외 활동의 교차점에서 방황하고 흔들리고 약진하는 예술가의 초상이 있다. 우리는 알고 싶었다. 어떻게 그렇게 할 수 있었는지. 그 비결은 무엇인지. 그렇게 해서 조금이라도 그 세계에 닿을 수 있는지. 그리고 이 인터뷰를 통해 필자는 아티스트가 말하는 진정성이 무엇인지, 실천이 얼마나 중요한지를 깨달은 것 같다.

그게 이 독보적 아티스트가 꾸민 비밀의 화원에 용해된 제3의 장소를, 사막을, 외롭고 웃긴 가게를 오늘도 여전히 기웃거리는 이유인 것 같다.

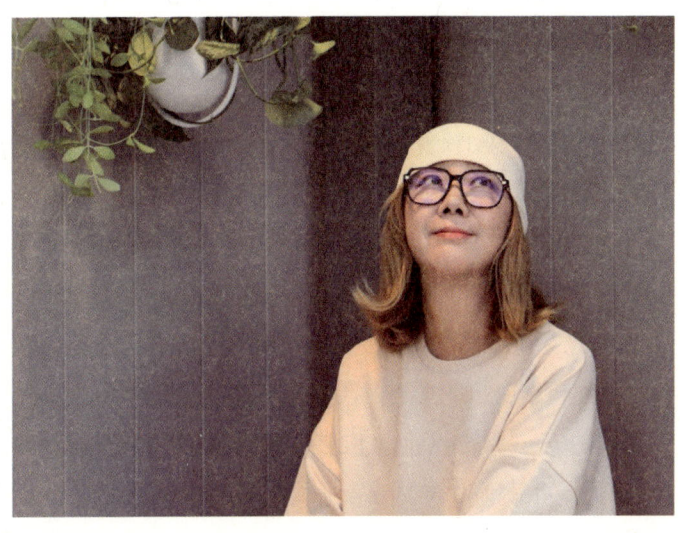

사진: 이상은 프로필

Q 은퇴와 유학에 대해 간단히 말한다면 어떤 걸까요?

일단 데뷔하고 너무 바쁘니까 그게 좀 힘들더라고요.
전화는 계속 울리고 조금씩 지쳐가니까 쉬고 싶다는 생각이
들었죠. 그래서 아버지하고 의논했어요. 아무래도 외국으로
나가서 새로운 것도 보고 공부 좀 하면 좋겠다는 식으로요.
외국 다녀보니까 재밌는 게 많은 것 같더라면서요. 그런데
"미국은 안 된다. 너무 머니 가까운 데로 가면 안 되겠냐.
언제든지 부르면 들어올 수 있는 거리였으면 좋겠다."
그러서서 그럼 일본에 가보겠다고 했죠. 그리고 일본에 가서
이제 약간 애니메이션 쪽을 공부할 거라고 생각했어요.
그랬는데, 일본 어학원에도 좀 있어 보고 미국도 돌아다니고
해보니까 결국 애니메이션은 아니라는 생각이 들었어요.
그래서 뉴욕에서 미대를 다니는 지인이 있어 미국으로 갔죠.

Q 굳이 외국을 택한 이유가 있을까요?

일종의 역마살이기도 한데, 제가 처음으로 해외여행을
간 게 〈굿모닝 대통령〉이라는 영화 때문이었어요. 태국엘
갔는데, 너무 재밌는 거예요. 비행기도 타고 큰 코끼리도
보고. 무슨 바다에 막 빠지라고 해서 빠지기도 하고. 그런
모험하는 거, 새로운 장소에 가는 게 너무 좋았어요. 그래서

내가 '여행을 좋아하나 보다. 새로운 환경에 처해 있는 걸
되게 재밌어하는가 보다'라고 생각했어요. 물론 오지에 가는
걸 좋아하진 않아요. 그래서 〈담다디〉로 데뷔한 건 잘했다고
생각해요. 그 상황에서 가장 좋은 길들, 나한테 맞는 길들을
선택할 수 있었던 것 같아요. 감사하죠. 운이 좋았다고 볼 수도
있어요. 하지만 그런 것 자체가 다 저에겐 약간 모험이었기
때문에 바들바들 떨면서 했던 것도 같아요. 무서우면서도
재밌기도 하니까. 그래서 외국을 택할 수 있었지 않았나
싶어요.

Q 음악을 전혀 안 하겠다고 생각하신 건가요?

사실은 그랬어요. 미술을 하겠다. 원래도 미대 가려고
준비했고요. 〈대학가요제〉도 한 번 나가본다는 느낌으로
약간 껄렁껄렁거리면서 나갔어요. 진지한 태도는 아니었던
거죠. 근데 열심히는 했어요. 그렇지만 그 이후에 어떻게 될지
전혀 몰랐고, 그러다가 막상 하니 너무 힘들다. 그러니까
제가 내성적인 성격도 좀 있어가지고. 제가 외향적이면서도
내성적이에요. 그렇다 보니 집에만 오면 고민한 거죠. '이게
맞나' 하면서. '이걸 안 하면 뭘 하지? 원래 했던 미술을 해야
하나' 하고 그 시기에 저도 사실은 진로 고민을 많이 했던
거예요. 그래서 미대엘 갔어요.

Q 다시 음악 생각이 들게 한 계기는 뭘까요?

아, 근데 거기서 그림을 어마어마하게 시키더라고요.
숙제도 일주일 내내 있고. 500장씩 그리라 그러고. 이건 더
힘든 거예요. 그러면서 숙제할 때 라디오를 틀어놓는데,
음악들이 너무 좋은 거예요. 너무 좋은 음악이 계속 나오니까
마음이 흔들렸죠. 거기다가 음악 듣는 친구들도 좀 사귀면서
밥 말리, 큐어 등을 그때 알고 너무나도 놀랐어요. 이런
세계가 있을 줄이야. U2도 그때 알고, 리사 스탠필드도 좋게
들었어요. 수잔 베가의 〈Luka〉도 그때 들었고요. 이상하게
라디오만 틀면 좋은 음악들이 마구 쏟아지는 거예요. 세상에
어떻게 이렇게 좋은 음악들이 있나 하고요. 학교에 다니면서
점점 음악이 더 좋아지게 된 것 같아요. 또 한 번은 얼터너티브
공연장엘 갔는데요. 또 깜짝 놀랐어요. 세상에 이런 게 다
있나 하면서요. 그러면서 생각했어요. 도대체 뭐가 다른 걸까
하고요. 근데 보니까 하나같이 다 자기가 자기 음악을 만드는
사람들이더라고요. 그래서 나도 내 음악을 한번 해볼까 하는
생각을 했어요. 그래서 엄마한테 음악이 다시 좋아졌는데,
음악을 해야 하냐고 물었죠.

Q 그전에도 작곡을 하셨어요?

작곡을 했다 안 했다고 말하기는 좀 그렇고 〈아오아오아〉
같은 것도 있었고, 중·고등학교 때 만든 곡도 있어요. 일단
가사 쓰고 그다음에 뭐 피아노 칠 줄 아는 친구랑 같이 그냥

대충 가요를 모방해서 유치하게 만들었죠. 취미 중의 하나였던 거 같아요. 깊이 있게 한 건 아니지만, 노래를 부르고 그러면 해방감 같은 게 있잖아요. 노래방을 가는 이유 중 하나도 발산시키면 스트레스 푸는 거니까. 그때 소방차 같은 여자 팀을 만들고 싶었던 것도 있었어요. 후배들이랑 모여서 우리도 여자 댄스팀 이런 거 만들자고. 그리고 우리가 곡을 만들자 그러면서요. 방과 후에 연습도 하고 그랬죠. 당시엔 어떤 탈출구처럼 느껴졌고 재미있었어요. 처음에는 그냥 노래를 만들고, 후배 두 명이랑 셋이 그 노래 부르면서 활동도 하고, 활동 전에 연습도 하고 그랬어요. 고등학교 2학년 때요.

Q. 노래하는 걸 좋아하게 된 계기가 있나요?

그냥 사람들 앞에 서서 노래를 부르면 기분이 무지 좋았어요. 행복하고 재밌다는 느낌. 그러나 학교 공부도 열심히 해야 하고, 아버지는 미대 가길 원하셨으니까 데생도 열심히 하면서 약간 짬만 나면 노래를 부른다든가 했죠. 학교에서 장기자랑을 한다거나 수업 시간에 한 번 불러보라 그러면 손들고 나가서 부르고. 그때는 성격이 외향적이었던 것 같거든요. 남들이 봐도 ENFP가 아니었나 싶어요.

Q. 〈Slow Days〉 제작비는 어떻게 조달했나요?

곡을 만들면서 서울도 왔다 갔다 하면서 앨범을 만들어야겠다는 생각을 했어요. 그래서 음반사를 찾아갔어요.

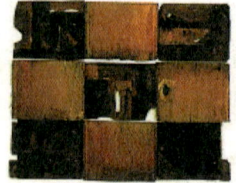

데모도 없이 그냥 서울음반을 찾아가서 부장님한테 "저 음반 만들고 싶으니까 돈 주세요" 하고요. (웃음) 아주 큰 돈은 아니었지만 앨범 만들 수 있는 정도는 됐어요. 그래서 그거 받아가지고 왔죠. 두 장을 계약하고 저작권은 서울음반이 가졌어요. 나중에 그걸 모르고 오렌지하고 계약하면서 이중계약이 되어버렸는데, 그 문제를 해결하면서 저작권도 가지고 왔죠. 좀 주먹구구식인 그런 시대였기 때문에 깔끔하지 않았던 것 같아요. 요즘은 그럴 일 없겠지만, 그때는 저도 잘 몰랐고. 그래도 어른들이 그렇게 뭐 제 앞길을 막고 그러진 않아서 잘 해결됐어요.

Q 편곡은 어떻게 했나요?

음악을 듣다 보니 너무 좋아서 만들어보고 싶다는
느낌이었고요. 대학 1학년 때니까 감수성이 얼마나
있었겠어요. 또 듣는 음악도 완전히 180도 바뀌어서 처음
듣는 음악들도 쫙쫙 흡수한 거죠. 친구한테 부탁했어요.
아직 영어가 완벽하지 않으니까 이민 간 친구한테 이런
거 만들어보고 싶은데 도와달라고. 릴리지 보이스라는
신문이 있었거든요. 거기에 편곡자가 나와 있었어요. 그래서
전화해달라고 했죠. 발레음악 하는 사람이라는데 맘에
든다고요. 음악이 순수하게 나올 것 같았어요. 저도 처음
혼자 만드는 건데, 주변에도 만들어본 사람이 없고 주변에
아무도 없고. 그래서 아무래도 무슨 편곡자가 필요한 것
같은데 하면서 친구랑 신문을 뒤졌죠. 그리고 우리나라로
치면 불광동 같은 데 있는 사람을 찾아갔어요. 그리고
설명했더니 한 번 음악을 가지고 와보라고 하더라고요.
그래서 내가 노래는 만들었지만 악보는 잘 못 그린다고
했더니 그러면 한번 불러보라고 했어요. 그래서 불렀더니
듣자마자 딱딱딱딱 정리를 해주면서 맞냐고 물어보고, 내가
정리해놓을 테니까 나인 언더 스튜디오라고, 재즈 스튜디오로
유명한 스튜디오인데 거기로 오라고 해서 갔더니 나머지는
다 스튜디오에서 알아서 해줬어요. 그 편곡자가 톰이라는
아저씨였는데, 프로듀서도 맡아주고. 나머지도 다 알아서.
잘 만났고 잘 맞은 것 같아요.

제가 당시 기보를 잘 못하니까 멜로디랑 가사를 다 외워서 톰 아저씨 앞에서 노래를 불렀고, 톰 아저씨가 받아서 정리하고 같이 편곡했어요. 별다른 레퍼런스도 없이 제가 "이렇게 해주세요" 하면 그렇게 해주고 영어 잘하는 친구가 옆에서 제 의사를 전달해줬죠. 기본적인 건 다 제가 원하는 대로 됐고요. 그러면서 그 사람의 아이디어도 들어가긴 했죠. 같이 하는 거니까. 그런 거를 완전히 다 막고 그럴 수는 없으니까요. 하지만 템포나 분위기, 악기 편성 등은 거의 다 제 위주로 했어요. 그분이 가장 맘에 들었던 것은 세션들을 줄리어드음대 학생들로 채웠다는 거예요. 아주 순수한 느낌을 줬거든요. 당시 제게는 그게 중요했어요. 프로페셔널한 느낌이 나지 않고 동화나 동요 같은 요소가 들어가는 거요. 그래서 유년 시절 같은 순수함을 캐치하는 거요. 그런 게 잘 들어간 것 같아요.

Q 디자인도 알아서 하신 건가요?

앨범을 내야 하는데, 디자인도 해야 하고 뭐도 해야 하고 그러더라고요. 그래서 그것도 한번 직접 알아서 해보자는 생각이 들었죠. 막 이리 뛰고 저리 뛰고 했어요. 표지의 그림은, 지금은 엄청나게 유명해지신 학교 선배님이 그냥 쓰라고 주셨고 서울에 가면 누가 또 있다고 해서 그 아저씨 찾아가서 맡기고 했죠.

Q 뉴욕에서 사랑을 하신 건가요? 가사가 다 사랑 노래인 것 같아요.

그 나이에 가장 관심 있는 게 사랑이잖아요. 그렇다고 대놓고 하는 그런 건 또 아니라서. 그 어떤 사랑에 관한 이미지나, 사랑이 이런 게 아닐까 상상하며 만들었던 것 같아요. 실제로 진지하게 많이 해보거나 그러진 않았어요. 하지만 그런 감정들을 느껴보긴 했죠. 그래서 그런 게 아닐까 그런 정도의 선으로 지은 것 같아요.

Q 한 번 앨범을 내시고는 거의 6개월마다 앨범을 내셨어요.

몰랐어요. 그냥 막 달렸다는 건데요. 저를 아실지 모르겠지만, 저는 그렇게 막 열심히 사는 스타일이 아니에요. 그냥 주어지면 그렇게 우연히 흘러가는 대로 느끼면서 사는데, 그때는 기회들이 그렇게 온 거예요. 미리 오랫동안 계획해서 만든 게 아니라 기회가 생기는 대로 바로바로 착수해서.

Q 김홍순 씨랑은 어떻게 만나신 건가요?

3집을 낸 후에 양희은 선배님한테 전화가 왔어요. "상은이 너 뉴욕에 있구나!" 하고요. "네! 선배님" 그랬더니 "어, 그래 너 학교 다니냐?" "네!" "하우스뮤직 하는 후배 하나가 있는데, 내가 되게 예뻐하거든? 한번 만나봐라" 이러면서 그분을 불러주셨어요. 그래서 만났죠. 한인식당에서 다 같이 만났을 거예요. 선배님이 만나서 "이런 음악 해봐.

애가 그런 거 너무 잘해. 내 마음에 아주 썩 들어"
막 이러시더라고요. 그래서 한번 해봐도 좋을 것 같다는
생각이 들었고요. "네, 알겠습니다" 하고 그냥 바로 작업에
들어갔어요.

Q **김홍순 씨와는 어떤 식으로 작업하셨나요?**

이전과는 좀 다른 스타일로 하게 됐어요. 하우스뮤직이
어떤 건지도 잘 몰랐기 때문에 일단 하라는 대로 했죠. 양희은
선생님의 당부도 있고 해서. 그분 스튜디오에 갔더니 먼저
코드 진행이 있는 사운드를 만들어놓았더라고요. 그 위에
제가 곡을 만드는 식으로 가자고 했어요. 그래서 그 사운드를
들으면서 제가 가사 쓰고 거기다 멜로디를 얹었죠. 그러니까
그분이 제 노래를 뺀 나머지 상태를 만드셨고, 저는 이제 그
위에 멜로디 얹고 가사를 쓴 거죠. 그때는 뭐든지 닥치는 대로
해보자는 느낌이었어요. 경험을 쌓자는 마음으로요. 아무것도
모르고 이제 겨우 앨범 하나 어렵게 만들었는데 뭘 못하겠냐
그러면서요.

Q **3, 4집 반응은 어땠나요?**

팬들의 반응은 없었어요. 그냥 저 혼자 즐거웠죠.
남들이 좋아해서가 아니라 제가 그런 걸 만들어냈다는 게
너무 좋았어요. 그래서 미수금도 남고 해서 되게 힘들었는데,
괴로웠지만 그런 문제보다 '내 마음에 들었으면 됐지 뭐'라는

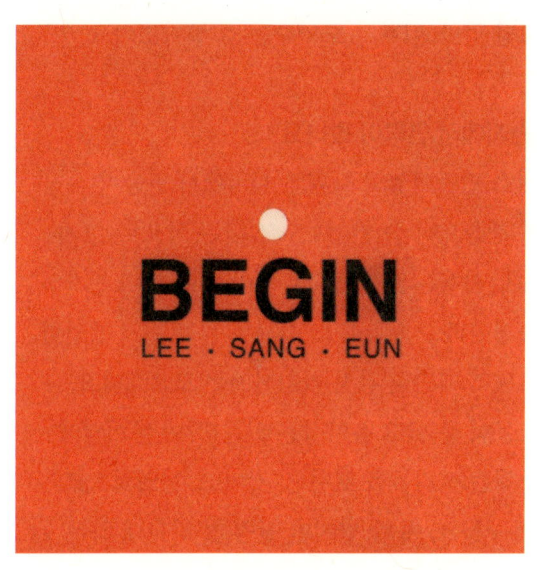

생각으로 살았어요. 중요한 건 내 마음에 드는 거니까요.
두 음반을 내면서 자신감이 생겼다고 해야 하나 음악 쪽으로
점점 가는 걸 느꼈고, '나 이제 음악을 계속 해도 되겠다'
뭐 그런 생각이 들었어요. 수입은 훨씬 줄었지만 만족도가 확
올라갔기 때문에 그렇게 문제가 되진 않았어요.

Q   4집 때는 매니지먼트를 어떻게 하신 건가요?

코디 같은 건 제가 했어요. 같이 온 학교 친구 한
명이 주로 전화를 받아줬고. 전 전화를 잘 못 받거든요.
원래도 아빠, 엄마하고 함께 뭉쳐서 했어요. 〈담다디〉 때도
그랬으니까요. 제가 프라이빗한 걸 좋아하고 회사 느낌을

싫어했고요. 그냥 엄마, 아빠가 도와주는 걸 좋아했어요.

Q   5집은 오렌지에서 연락이 왔나요?

앨범 두 장을 만들어놓고 보니까 한국에서 반응이
왔어요. 음반이 괜찮으니 좀 만져보고 싶다는 식으로. 그게
삼성 쪽이었는데, 사실은 오렌지라고 봐야죠. 또한 오렌지하고
서세원 씨의 합작이라고 봐야겠죠. 서세원 씨가 먼저 제안한
건지 오렌지가 먼저 제안한 건지 거기까지는 모르겠어요.
암튼 업계에 소문이 좀 났고 음악성은 있는데, 이걸 어떻게
개발해야 할까 하는 생각들을 했던 것 같아요. 상업적으로
좀 풀고 싶은 욕구들요. 애 좀 만지면 잘될 것 같은데 하는.
그런데 제가 막 고집을 부렸어요. "내가 했던 뉴욕의
스튜디오에서 작업을 해야 한다. 나는 뉴욕의 분위기가 너무
좋다"라고요. 그래서 다른 프로듀서들하고 모든 스태프가
뉴욕으로 왔어요. 투자를 받거나 스폰서가 생기고 하는 게
그렇게 간단한 문제는 아니라는 거를 아주 어렸을 때
깨달았기 때문에 지금은 그래도 조심하긴 하는데, 그때는 하고
싶은 대로 말했어요. 그래도 제게 많은 투자를 해주셨다고
생각해요. 제게 직접적으로 돈이 들어왔다기보다는 라디오
방송에 많이 나오는 걸 봐서요. 당시에는 촌지도 분명히
있었을 테니까요. 방송에 나오는 게 다 돈이거든요. 그렇게
파워 플레이를 시키는 힘이 오렌지라서 가능했던 건지는
모르겠는데, 그래도 투자를 꽤 했으니까 가능했던 것 같아요.

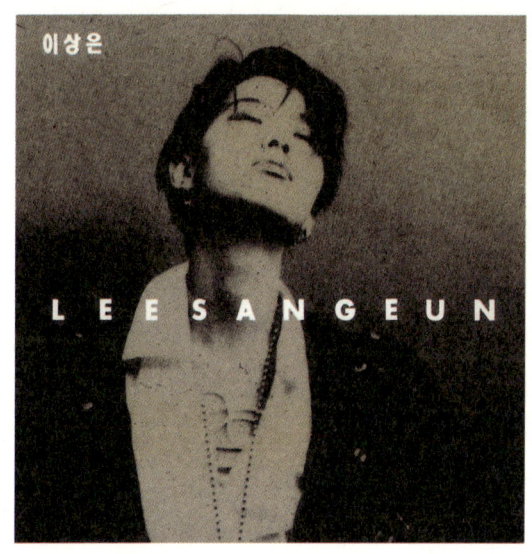

이상은

LEE SANGEUN

또 오렌지의 스타 시스템이랑 서세원 씨의 방송계 파워 같은 것. 그런 것들의 3박자가 딱 맞았던 것 같고, 〈언젠가는〉이라는 곡 자체 반응도 아주 좋았고요.

Q **다시 대중 앞에 서야 했는데, 1, 2집 때와는 마음이 달라졌나요?**

오렌지에서 세팅해주신 분이 안진우 씨예요. 상당히 잘 맞았죠. 그분이 그냥 대놓고 말씀하시더라고요. "너 음악성 있어. 그런데 이렇게 하면 안 팔려" 이렇게요. 저는 그때 무슨 생각을 했냐면요. 두 장을 냈잖아요. 근데 세일즈가 별로였잖아요. 그럼에도 다음번에 또 내고 싶었어요. 근데 투자를 받았으니까 "무슨 일이 닥치든 한번 겪어보자"
이렇게 마인드 세팅을 잡았죠. 그래도 조금은 타협을 해야
한다는 느낌이었어요. 이번에는 상업적인 것들과 손을
잡아야 한다, 이걸 대중적으로 성공시켜야 한다는. 하지만
그럼에도 이전과는 다른 새로운 과업이라고 생각했어요.
왜냐하면 그때와 달리 제가 만든 곡으로 하는 거니까요.
여전히 바들바들 떨긴 했지만요. '이게 될까? 이게 과연
맞는 걸까?' 하고요. 그럴 때마다 '그래도 가사나 멜로디도
내가 만들었잖아. 내 곡이야. 그러니까 이거를 상업적으로
이용한다고 해서 싫어할 필요는 없어'라고 스스로
위로하면서요. 하지만 여전히 무서웠어요. 대중 앞에 서는 게
아무렇지 않은 성격도 있겠지만, 저는 결국 그런 성격은
아닌 것 같았어요. 그런 사람들보다 훨씬 예민하고 내향성이
강한 것 같아요. 겉으로 보면 쉽게쉽게 하는 것처럼 보여도
그렇게 쉽지 않거든요.

Q 그래서 일본이 더 맞았을 수도 있었겠네요.

　　일본에 가서 다시 무명 생활을 시작한 게 크게 위안이
됐어요. 너무 힐링이 되고 '여기선 아무도 날 모른다. 여기서
신인으로 다시 시작한다' 그런 느낌이 너무 좋았죠. 그렇게
왔다 갔다 하면서 일본 쪽에 점점 더 무게가 실렸어요.
오렌지랑도 한 장만 하자고 처음부터 제가 땡깡을 부렸고요.
'이 사람들하고 오래 있으면 분명히 망가질 거야'라는 생각을

하면서요.

Q **강신자 씨는 어떻게 만났나요?**

앨범이란 게 신기하더라고요. 3집이 전혀 생각지도
못한 곳에서 인기를 얻다가 4집 만들 때쯤인가 일본에서
편지가 왔어요. "저는 일본에 있는 저널리스트 강신자라고
합니다"라고요. 한국 대중음악을 통해 근대에 대해 연구
중인데, 만나서 인터뷰하고 싶다고. 처음에는 전혀 모르는
사람하고 얘기하는 게 부담스러워 답장을 보내지 않았거든요.
그런데 학교를 접은 후 우연히 그 편지를 다시 보게 됐는데,
가보고 싶은 마음이 들더라고요. 그래서 연락해 인터뷰를
했죠.

그분이 규슈 구마모토에 살고 계셔서 거기로 놀러
갔어요. 3집은 사실 반응이 거의 없었거든요. 한국에서
좋아하는 사람들이 있긴 있었죠. 아예 없었다고 말할 수는
없지만, 그전에는 일반 대중이 많이 좋아했다고 하면 3집은
팬 중에서도 약간 더 특이한 팬들이 좋아했어요. 그런 소수가
좋아했는데, 강신자 씨가 구마모토에서 제 음악을 틀어줬더니
"일본 사람들이 너무 좋아한다고, 팬들이 생겼고 목소리가
샤데이 같다"고 했어요. 그래서 제가 어떤 사람인지 거기
사람들에게 보여주고, 만나게 하고 싶었다고. 그런 이유로
겸사겸사 일본으로 갔어요.

구마모토는 규슈에 있는 깡시골인데요. 문화에 대한

사람들의 자부심이 어마어마했어요. 그곳은 중국, 한국이랑
교류가 아주 활발했던 곳이기 때문에 도쿄보다 훨씬 세련된
문화를 갖고 있다고 생각해요. 옛날부터 모든 유행은
구마모토에서 시작되었다고요. 그래서 그분들은 도쿄
중심으로 돌아가는 걸 싫어했어요. 아시아 문화도 좋은
것들이 많은데 그곳의 문화는 서양 중심으로 돌아간다고요.
구마모토엔 스터디 문화가 활성화돼서 우리나라 음악,
홍콩 영화, 일본 문화들을 토론하고 공부하는 곳들이
있었어요. 제가 가고 나중에 강산에 씨도 합류하고 그러면서
'크로스비트 아시아'라는 문화운동 단체가 되었어요. 아시아의
아이덴티티를 찾자는 취지로요.

　　서양 애들이 문호를 개방하라고 쳐들어왔던 그 검은
배(페리 흑선) 사건이 있잖아요. 일본 사람들도 사실은 티를 안
내서 그렇지 상당히 거부감이 있었던 거예요. 서양 문화가
그렇게 강압적으로 밀고 들어오는 것에 대해서요. 그런 다음에
서양 문화가 본격적으로 들어오면서 근대가 시작됐는데요.
근대를 만든 국가 제도가 많은 것들을 황폐하게 했다고
생각해요. 원래 서양 애들이 와서 국가 제도를 심어주기
전에는 아시아가 서로 친하고 교류도 활발했는데, 서양식
시스템이 들어오면서 아시아 국가들은 서로 적이 되었다고.
그런 것에 대해 고민하고 공부했어요. 지금 생각해도 스터디
수준이 되게 높았던 것 같아요.

　　당시에는 그런 말들이 의미하는 바를 정확히는 몰랐어요.

236

그냥 제 음악이 좋다니까 신기했던 거죠. 거기서 〈Moon River〉를 한 번 불렀는데, 공연을 하자는 말이 나왔어요. 그래서 1년 뒤쯤인가 커뮤니티 센터홀 같은 데서 공연을 했고, 그러면서 제 활동에 불이 붙었어요. 그래서 한국에서는 〈언젠가는〉 활동을 하고, 일본에서는 3집으로 활동하는 이중생활을 시작했죠.

근데 일본이 참 좋았어요. 한국에 오면 〈담다디〉 때처럼 TV 스타처럼 활동하다가 일본에 가면 싱어송라이터가 되었어요. 그러니까 엔터테이너가 아니라 뮤지션으로 더 인정해주는 느낌이 든 거죠. 제가 싱어송라이터로 인정을 받은 건 일본에서 시작되었다고 생각해요. 우리나라에서의 입장과는 완전히 다른 거죠. 그런 저를 보고 어느 날 신자 언니가 "상은아, 넌 음악을 왜 하고 싶어? 아이돌이 싫어?" 하고 물어보는 거예요. 그래서 "아이돌은 재미없어요. 제가 직접 제 생각으로 쓰는 게 너무 재밌어요" 그랬더니 "그러면 함께 뭔가를 한번 해보자"라고 하셔서 공부도 시작했어요. 그보다는 대화를 더 많이 하긴 했지만요. 지금도 연락해요. 2023년 6월에 민간 문화교류 단체를 통해 교토랑 나라에서 공연했고, 2024년 7월에 오사카랑 후쿠오카에서 하고요. 그분을 다시 만나니까 원점으로 돌아온 느낌도 들고, 그때로 돌아간 것 같기도 하고 그래요.

Q **일본에서는 어떻게 계약하셨나요?**

신자 언니랑 크로스비트 아시아 활동을 하고 처음에는 구마모토에서만 공연했어요. 음반 세 장이 있으니까 그걸로 방송도 하고 그랬죠. 그러다가 호응을 좀 얻으니까 다음에 후쿠오카로 가더라고요. 일본에서는 그게 순서였어요. 지방에서부터 동쪽으로 올라가요. 오사카에서 최종적으로 도쿄로. 그렇게 우리 공연은 점점 세가 불어났어요. 그래서 한국 아티스트들도 부르고 공연도 많아지면서 크로스비트 아시아가 되게 커졌죠. 그렇게 되니까 오사카 공연을 마치고 난 다음이었나 한 회사에서 연락이 왔어요. 오사카 공연까지 무사히 마쳤으면 이제 도쿄에 소문이 나는 거였어요. 그쪽 음악 시장의 시스템은 아주 정교하게 그렇게 딱딱 짜여 있는 것 같았어요. 저도 그런 단계를 거쳐서 오사카에서 공연한 거죠. 그걸 마치니까 어떤 종류의 관문이라고 해야 하나. 그걸 통과한 건지 도쿄에 있는 회사에서 연락이 왔다는 거예요. 도예가, 사진작가 등의 예술가들이 모여 있는 괜찮은 회사에서. 이제 음반도 제작해보자는 기획을 가지고 저에게 온 거였죠. 근데 또 무서운 거예요. '야, 이거 큰일 났다' 그런 생각이 들었어요. 저는 모르는 사람들하고 일하는 걸 너무 힘들어하는 사람이라 '이건 또 무슨 일인가' 하면서. 그래서 가서 얘기 들어보고 무엇보다 신자 언니가 옆에 같이 있어주는 조건을 걸었어요. 그리고 와다 이즈미 씨라는 프로듀서가 있었는데, 그분이 제 파트 담당이 되셨고요.

Q **앞의 앨범에 비해 〈공무도하가〉는 좀 늦게 나온 것 같아요.**

그건 좀 오래 걸렸어요. 당시 서머스쿨도 다니면서 일본
뮤지션들을 뉴욕으로 불러서 작업하기도 했고, 그러다가
일본 회사랑 전속을 맺으면서 한국 생활을 접고 도쿄에서
생활을 시작했거든요. 그 회사의 사원들이 묵는 그런 장소에
들어가 있으면서 다케다 하지무 씨라는 프로듀서분이 제게
여러 가지를 가르쳐주시고 곡도 정리정돈 해주시고 하셨어요.
한동안 회사생활 같은 걸 해야 했으니까 그랬던 것 같아요.

Q **앨범을 〈공무도하가〉로 한 이유가 있을까요?**

신자 언니가 그랬어요. 제 음악이 아시아의 어떤
아이덴티티를 가졌으면 좋겠다고. 그래서 주제 자체가 조금
어른스러워야 할 것도 같았어요. 저는 그냥 평소 겪었던
일들을 음악으로 만들고 싶은데, 그중에 가장 인상 깊은 건
크로스비트 아시아라서 그걸 음반으로 만들어보면 어떨까
생각한 거죠. 그래서 언니가 가르쳐주신 내용들을 토대로
음반을 만들고 싶다고 했어요. 가사들도 그때의 생각들인
것이고요. 그 아이디어들 다음에 전체적으로 아시아적인
분위기를 그렸고요. 크로스비트 아시아에서 이야기했던
모더니즘 이전의 아시아라는 게 아름답게 들려서 그걸 한번
음반으로 표현해보면 어떨까 생각해봤어요. 그렇게 15~20곡
정도 만들고 그중에서 골랐어요.

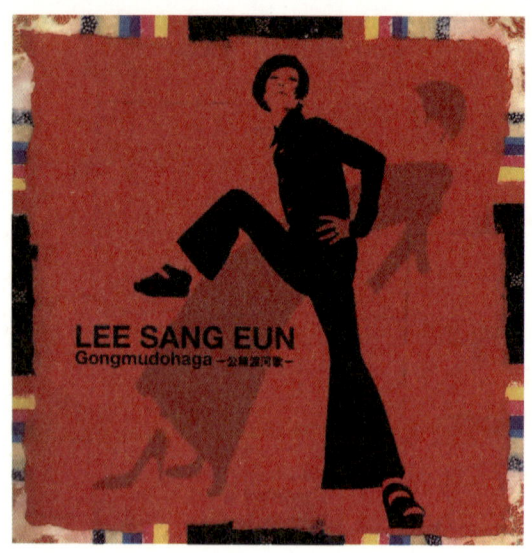

Q 평단에서는 그 앨범에 환호했는데.

그랬죠. 동료들이나 평론가들은 아주 호평했는데요.
시장에서는 전혀 반응이 없었어요. 그래서 그냥 죽은
음반으로 생각하고 있었죠. 혹은 뭐 '저주받은 걸작' 뭐
그런 평을 받기는 했어요. 근데 10년 정도 지나서야 조금씩
반응이 나왔어요. 그렇게 늦게 반응이 오면 그 음반이 그렇게
예쁘지만은 않아요. 슬프죠. 와다 씨도 우리가 시대를 너무
앞서갔다고 얘기하고.

Q 일본 생활이 힘들진 않았나요?

'외국에서 일한다는 게 이렇게 힘들구나. 외국에서 음악

한다는 게 이렇게 힘들구나. 아니면 뉴욕에서 레코딩한다는
건 진짜 어려운 일이었구나' 이런 생각이 들었죠. 해봤는데
'진짜 진짜 너무 힘들다' 이런 느낌. 일본 회사는 진짜
상상도 못 한 부분을 계속 지적하면서 고치라고 해서 그게
나쁜 뜻이 아니라는 걸 알지만 너무 힘들었어요. 일본은
분재를 만들잖아요. 그 자체의 자연스러움을 그냥 두지 않고
깎아낸다고 해야 하나. 어떤 생활 태도, 습관 등을 만들려고
해요. 특히 생활 태도에 대해 많은 이야기를 들었어요. 그때가
일본 버블 끝물이었는데요. 당시 일본의 문화가 가진 위상에
마지막으로 탑승해본 느낌이었어요. 한국에 오면 맨날
"미수금이 어떻고, 고소하네 마네" 이런 세상인데, 그곳은
우아한 톤으로 신자 언니 레벨의 수준 있는 대화들을 서로
나누면서 매너가 어떻고, 밸런스 감각이 어떻고, 어른이
된다는 건 이런 거고, 한국인으로서 이렇게 해야 하고 하는
것들을 많이 교육받았어요.

　　음악 같은 경우에는 마인드 강화훈련부터 시작해 무조건
하루에 한 곡씩 작곡을 시켰어요. 어렸을 때부터 작곡하는
법을 완벽하게 터득해야 한다는 느낌을 주었고, 10년 후나
20년 후를 바라보라고 했어요. 작곡을 쉽게 생각하면 안 되고,
그게 몸에 배어 있어야 한다고 했던 거죠. 그 덕택에 지금도
어떤 노래할 거리 같은 것들이 있기만 하면 맘먹은 대로 쓸
수 있어요. 내용만 확실하다면요. 그게 어릴 때 그런 교육을
아주 철저하게 분재로 교육을 받아서 그런 것 같아요. 처음엔

싫어했어요. 하지만 지금은 감사해요. 잘 가르침을 받았다고 생각해요. 미국에 갔을 때도 마찬가지였어요. 데생 시간에 500장을 그리라고 해요. 그런 것들로 미국, 일본의 교육이 무시무시하다는 걸 알겠더라고요. 쉽게 말하면 그냥 어릴 때 그걸 몸에 새겨 넣는 거예요. 그래서 그렇게 많이 하면 신경화가 되는 거죠. 내재됐다 그래야 하나. 나중에 필요하면 바로바로 쉽게 나올 수 있게. 무서워서 열심히 했어요. 근데, 아휴, 너무 힘들어요. 스파르타식.

Q 일본 프로듀서들이 이전 프로듀서들과 다른 점이 있었나요?

완전 달랐죠. 다케다 씨는 사운드 프로듀서로서 저와 잘 맞았어요. 말했듯이 저는 동화적인 거나 아니면 어떤 순수함 같은 코드를 중요시하는데 그런 부분들에다 일본 특유의 자연 친화적인 것, 그다음에 비틀스의 전통 같은 게 있었고요. 그다음에 중국어를 공부하셨는데, 일본에서 중국어 공부하시는 분들은 한국에 대한 오픈 마인드 같은 게 있어요. 편견이 없고 역사적인 문제에 대해서도 상당히 열려 있고요. 그런 것도 되게 좋았죠. 지금 생각하면 어떻게 그런 분을 만나서 그런 사운드를 만들어냈는지 놀라워요. 내 음악이 추구해온 어떤 형태를 잘 만들어준 것 같아요. 뭔가 모색하던 시기에 있었던 그 어떤 중요한 정수들을 잘 뽑아낸 것 같거든요. 그걸 위해 매일매일 작업을 할 수 있게 안정적으로

딱 잡아주신 부분도 그렇고. 〈공무도하가〉랑 〈외롭고 웃긴
가게〉는 편곡에 대해 제가 주도적으로 말을 많이 했지만, 그
이후에는 믿어서 그런지 그렇게 제가 많이 참견하지 않았어요.

그다음 와다 씨는 콘셉터라고 말할 수 있을 것 같아요.
그분도 좀 특이한 분인데, 원래는 조명 아티스트거든요.
미국에서 시간을 많이 보내신 분인 것 같아요. 거기서 더
후(The Who)의 공연 조명팀에도 있었고, 팀으로 레이저 기기
같은 것도 만들었다고 하시고요. 음반 엔지니어 쪽 일도
하시고 그랬던 것 같아요. 제게는 절대로 "이걸로 해라, 저걸로
해라" 그렇게 참견하신 건 아닌데요. 전 아직 어리다면서
훈련을 많이 시켰어요. 노래 만든 거 봐주시기도 하고.

Q 〈외롭고 웃긴 가게〉는 사운드가 거칠어졌어요.

일본 경제의 버블이 꺼지기 시작했을 때예요. 저는
그 마지막 불꽃놀이를 본 거죠. 일본 전체가 다 그랬어요.
그러니 회사도 좋지 않았고요. 회사에서는 지금 좀 복잡한
상황이고 규모를 축소시켜야 하니 잠시 한국에 나가 있었으면
좋겠다고 했어요. 그렇게 상의해서 한국으로 왔어요. 근데
한국이 참 재밌더라고요. 우리나라에서는 학교랑 방송국만
왔다 갔다 해서 잘 몰랐는데, 어떤 자체적인 창작 음악 씬이
전혀 존재하지 않는 거예요. 무슨 서부 개척 시대에 온 것
같은 느낌이라고나 할까. 음악 하는 친구들은 있었어요. 그때
많은 친구를 만났죠. 근데 진짜 한심한 거예요. 방송국은

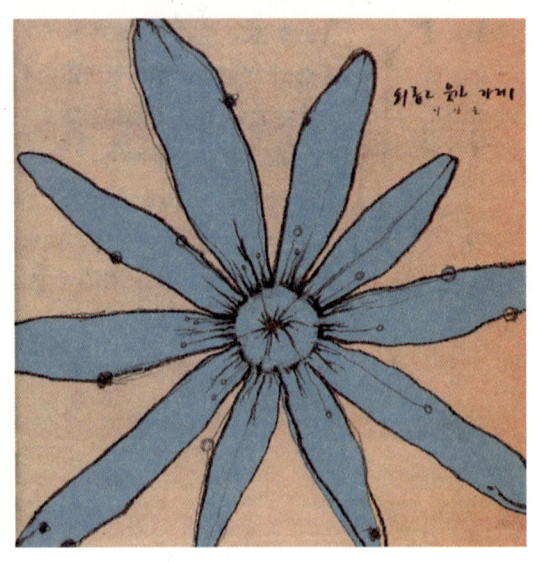

이제 안 들어가려고 맘먹었고. 그러니까 방송국 이외에
음악을 하는 그런 씬이 없는 거죠. 없는 정도가 아니었어요.
그러니까 일본에 그런 창작 음악 씬이 있다면 이쪽은 인디
음악의 태동기. 태동기라고밖에 말할 수가 없는 게 드럭도
있었고, 스팽글도 있었는데 너무너무 영세했어요. 황신혜밴드,
어어부도 있고 그렇긴 했지만. 어쨌든 저는 그런 우리나라의
풍경을 있는 그대로 음악으로 만들고 싶었어요. 그래서
일본에 가서 다케다 씨한테 "지금 한국의 음악 분위기가
이런데, 내가 표현하고 싶은 음악 스타일도 그래요. 이렇게
만들어주세요"라고 말했죠. 그랬더니 "요즘 네가 듣는 게 이런
거니? 확 바뀌었네?"라고 말했던 거 같아요.

Q 국내 활동이 힘들었겠네요?

근데 다른 건 몰라도 친구들하고 있는 건 재미있었어요. 친구들하고 밴드들이랑 같이 자면서 술도 먹고 얘기도 하고 그런 거. 그때 '섬'이라는 한옥집 가게가 있었거든요. 그 가게에 예술가들이 막 모여들었어요. 음악가들뿐 아니라 문인들, 학자들, 외국에서 온 사람들, 또 어중이떠중이들. 이런 사람들이 모여서 매일 맥주 마시고, 음악 듣고, 얘기하는 그런 낭만이 있었죠. 낭만적이기도 하면서도 슬프기도 하고 뭔가 처절한 느낌도 있고. 그런 게 재밌었죠. 그래서 그런 걸 음악으로 표현하고 싶었어요. 음악을 한다는 건 모인다는 거니까. 저는 모이는 게 너무 좋았거든요. 지금은 모인다는 개념은 공연 때만 좀 있고 녹음할 때는 그런 느낌이 연결되지 않는 것 같아요. 그냥 파일만 다 주고받으니까요. 얼굴 한 번 안 보고도 말이죠. 처음에는 도대체 이렇게 교류 없이 어떻게 음악을 하나 하는 생각도 들었어요. 그때는 진짜 매일 모여서 사람들하고 같이 밥 먹고 술 마시는 게 제작비에서 많은 부분을 차지했거든요. 공연 한 번 하면 잔칫날 돼지 한 마리 잡은 것처럼 와자지껄했고요. 그때 그런 식으로 모여서 음악을 만들고 같이 지내고 했던 건 참 좋은 기억이에요. 뭐 지금은 여러 가지로 시스템, 자본 등 나아진 부분도 있지만 분위기는 확실히 그때가 좋았어요.

Q 국내에서 제작비는 어떻게 마련하셨나요?

7집은 킹레코드에서 댔어요. 일본에서는 폴리도르랑 한
장만 계약했고요. 근데 소속은 아직 일본 회사라 그곳에서
프로덕션 작업을 했어요. 제작사에서 그렇게 많은 돈을 들이지
않겠다고 하니까 상업성 같은 거 쫙 빼고. 또 일본에서 했던
것처럼 그렇게 고급스러운 느낌의 분위기도 다 빼고 그냥
내가 현재 하고 싶은 음악을 해보자는 생각이었어요.

Q 직접 곡을 만들고 이전과 달라진 게 있나요?

신기하게도 마음에 들지 않는 음반이 없어요.
다 마음에 들고. 가장 반응이 없었던 김홍순 씨와의 음반도
재밌었으니까요. 다 긍정적으로 보고 있어요. 뭔가 잘 맞지
않는 사람들이랑 한 작품도 없고, 후회되거나 작업 과정이
답답하거나 그런 적도 없고. 1, 2집 때는 마음에 안 드는 게
되게 많았어요. 근데 제가 음악을 만드니까 모든 사람이 제게
맞췄어요. 본인들에게 맞추지 않고요. 그래서 그런 부분에
대한 걱정이 없어졌어요. 결국은 제 음악을 만든다는 것
자체가 내가 원하는 걸 할 수 있는 가장 기초적이고 중요한
거라는 걸 깨달은 거죠. 많은 어른이 알려주시고 했고요.
처음에 제가 무작정 뛰어든 것도 있지만, 하면서 격려도 듣고
그렇게 자기 세계를 만들어갔던 거예요. 무엇보다 음악은
배워서 한다기보다는 그냥 하는 거니까요. 그냥 무한의 실습을
통해 계속 그냥 하는 거예요. 그러면서 장인이 되는 거죠.

거기에 정답 같은 이론은 없는 거 같아요.

Q **1990년대 유일한 여성 프로듀서가 해외에서 작업한 결과물이었다는 게 시사하는 바가 있는 것 같아요.**

솔직히 당시에 국내엔 거의 없었으니까 우리나라에 대해선 잘 몰라요. 하지만 우리나라의 시스템 안에서 제 음악을 했다면 힘들었을 것 같아요. 기획사에서 준 댄스 음악이나 발라드로 시장에 나서야 했던 시절이니까요. 재미가 없었겠죠. 그래도 돌이켜보면 내 음악만으로 하는 것도 참 힘들었던 것 같아요. 프로듀서가 된다는 게. 자기 음악을 만든다는 게요. 그러니까 해외에서도 외국인으로서, 그러니까 한국인으로서 경쟁해야 하는 게 쉽지는 않았어요. 그렇지만 아까도 말씀드렸듯이 여행을 좋아하다 보니까 새로운 문화를 보면서, 새로운 나라 사람들하고 소통하면서 만들었으니까 그런 게 원동력이 되었던 것 같아요. 또 재미를 떠나서 생활 자체에서 느끼는 만족감이 외국에서 일하는 게 훨씬 좋았던 것 같아요. 스물아홉 살 이후로 엄마, 아빠가 그리워지기 시작하긴 했지만.

Q **예전에 음악으로 소통하고 싶다고 하셨던 것 같은데 그런 면이 있나요?**

저는 음악에 있어 제일 중요한 건 진정성이라고 생각하거든요. 내가 진심으로 느끼는 게 무엇인지,

진짜 내가 어떻게 생각하는지요. 남들에게 맞춰서 진정성이 있다고 말하지는 않는 것 같아요. 근데 나에게는 진실인데 상대방에게는 진실이 아닐 수도 있잖아요. 거기서부터 이제 소통의 문제가 되는 거라고 봐요. 진정성이 강조될지, 남들과의 소통이 강조될지요. 그사이에 스펙트럼이 있다고 생각해요. 남들과의 소통을 중요하다고 생각하는 아티스트들도 있을 거예요. 그런데 제 경우는 제가 어떻게 생각하느냐가 중요해요. 처음에 그게 너무 어려웠어요. 찾는 것도 어려웠고요. 그리고 그걸로 소통하는 데 10년 걸렸죠. 하지만 그렇다 하더라도 내가 어떻게 느끼는가에 대한 걸 놓쳐서는 안 된다고 생각해요. 저는 그런 소통에만 초점을 맞추는 아티스트는 아닌 것 같아요. 그러면 저답지 않을 것 같아요. 소통은 제 진정성이 잘 가서 닿을 수 있도록 돕는 역할만 하는 거예요. 그래서 힘들었어요. 주위에서는 "네가 무슨 생각하는 게 무슨 상관이냐. 소통에만 신경 쓰면 돈도 잘 벌리고 갈 길도 편안해질 텐데"라고 말하고, 저는 그러면 "나는 뭘 생각하지? 무엇이 진실이지?"라고 묻고. 그럼에도 지금껏 어떤 음반이든 다 진실하게 임했기 때문에 하나도 후회가 없는 것 같아요. 그거에 대해선 만족해요. 전 솔직했고 그 하나하나에 진정성을 담았어요. 당시 당장 반응이 없었어도 최선을 다했으니까 됐다고요. 하지만 그 길이 그렇게 쉽지는 않았어요. 그래서 고생한 것 같아요.

웃긴 게 세월이 흐르잖아요. 그러면 진정성 있던 것만

남는 것 같아요. 참 이것도 아이러니한 거예요. 그래서 '참 이상하다. 소통의 예술을 한다든지 아니면 소통에 포커스를 맞춘 음악들은 왜 생명력이 짧고 유행과 함께 없어질까' 하고 생각했죠. '당시에는 아무에게도 이해받지 못했음에도 오롯이 진정성 있었던 것들은 왜 오래 남을까. 그런데 그 길을 가는 건 또 왜 이렇게 어려울까' 하고요. 암튼 저는 진정성을 아주 중요하게 여깁니다. 진정성의 반대말이 유행이고, 유행의 반대말이 진정성이라고 생각해요. 그러니까 저는 유행보다는 진정성을 택해 걸어온 거죠. 그래서 어려웠고 반응도 늦었지만, 돌이켜보면 결국 사람들이 알고 싶거나 듣고 싶었던 거는 아티스트의 진정한 마음이라고 할 수 있을 것 같아요.

윤일상

1990년대 대중음악을 얘기할 때 윤일상이라는 이름은 반드시 들어갈 수밖에 없다. DJ DOC의 〈미녀와 야수(OK? OK!)〉(1995), 〈겨울 이야기〉(1995), 영턱스클럽의 〈정〉(1996), 터보의 〈Love is...(3+3=0)〉(1996), 〈회상(December)〉(1997), 쿨의 〈운명〉(1996), 〈해변의 여인〉(1998) 등 그 시절 한국에서 가장 많은 히트곡을 탄생시킨 작곡가 중 한 명이기 때문이다. 세월이 흘러 지금까지 이 노래들이 대중의 리퀘스트를 받는다는 점도 매우 주효한 사실이다.

그러나 윤일상 음악에 대한 평단과 대중의 의견은 업적 대비 조용한 게 사실이다. 당시만 해도 연속적으로 히트한 그의 노래에 대해 미디 사운드가 가볍다고 한다거나, 트로트 느낌이 짙다는 의견들이 있었다. 시간이 지나 이런 오해 아닌 오해들이 조금씩 풀린 부분이 있기도 하지만, 그러한 색안경이 완전히 사라졌다고 보긴 어려울 것이다.

개인별로 생각하는 부분은 다르겠지만, 결론적으로 윤일상의 음악 성과는 인정해야 하는 게 사실이다. 시간이 충분히 지난 만큼 현시점에서 당시 그가 만들던 음악 환경, 각종 시선에 대한 의견을 정리할 필요가 있다. 더불어 메이저 작곡가임에도 대중음악 역사에 대한 기록 보존, 뮤지션 권리에 앞장섰기에 이 활동에 대한 의미도 궁금했다. 마침 인터뷰를 진행했던 날은 SBS의 〈아카이브 K〉가 종영이 됐던 때다.

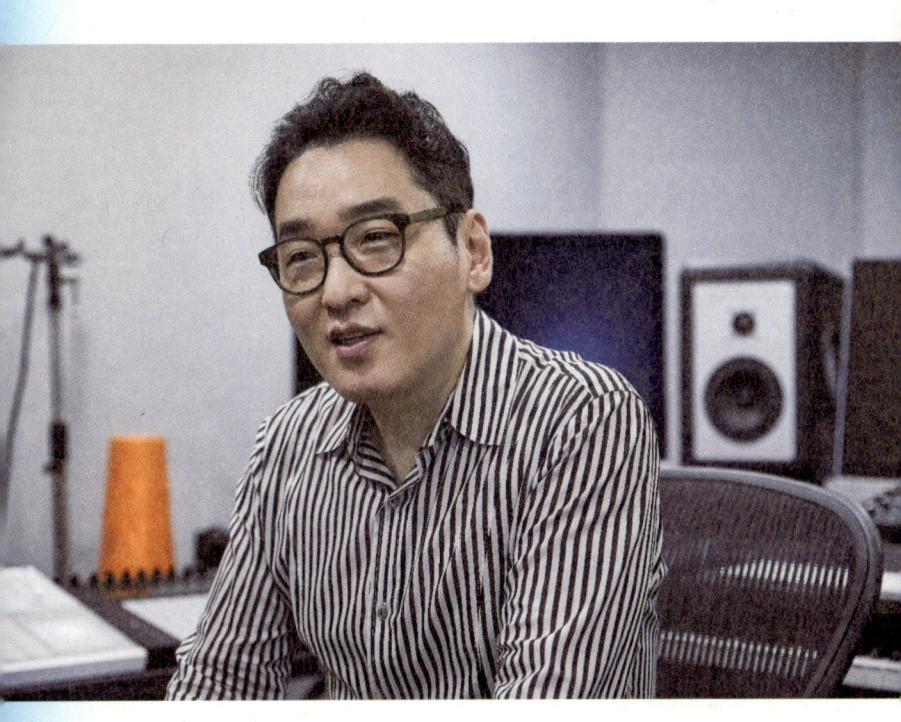

사진: 윤일상 프로필

**Q 연락했을 때 놀랐습니다. 한국 대중음악사 기록에 대해
관심이 많다고요.**

예전부터 관심이 많았어요. 미국이나 일본은 장르나
역사별로 기록된 게 있는데, 우리나라는 그런 부분들이
부족하니까요. 그래서 케이팝이란 단어가 가요임에도
아이돌의 전유물처럼 변질되어버리기도 했죠. 그런 것들이
언론이나 평론가들, 대중의 책임이 아닌가 하는 생각이
들었어요. 〈아카이브 K〉(2021)도 제가 기획했는데, 방송
취지가 너무 벗어나서 어느 순간부터 빠졌어요. 거기도
제작진의 취향이 들어가니까요. 취향을 배제하고 팩트 위주로
역사에 접근해야 해요. 예를 들어 (김)창환 형이 어떤 얘길
했으면 나는 정반대 얘길 할 수 있고, 그걸 그대로 실어서
판단은 대중의 몫으로 맡겨야 하죠. 책을 내신다고 하니까
작가의 의견이 들어갈 수밖에 없잖아요. 그래도 최대한
객관적으로 보려고 노력하시면 의미 있는 기록이지 않을까
싶어요.

Q 언제부터 이런 인식을 가지고 있었나요?

다큐멘터리나 역사에 대한 불만은 고등학교 때부터
가지고 있었어요. EBS 같은 곳에서 한국 록의 역사 같은

기획물이 나온 적이 있지만, 수박 겉 핥기 식으로 당시의 록
자체를 저항 음악으로 치부해버리는 접근이 안타까웠죠.
〈아카이브 K〉에서도 DJ들의 세상 같이 다뤄버리니까, 실제
음악 씬에서 활동하는 사람의 입장으로서는 아쉬웠죠.

**Q 그래서 직접 홈페이지도 만든 걸까요? 작곡가임에도 본인
홈페이지에 이렇게 상세한 기록을 남긴 뮤지션은 정말
찾기 드뭅니다.**

개인 홈페이지는 제 기록이니까요. 사실에 근거한
기록밖에 없어요. 유튜브는 휘발성이 심하고 음악 콘텐츠를
다루기에는 제한이 많기도 하고요.

관리도 제가 해요. 국내 작곡가 홈페이지는 제가
처음 했을 거예요. 만들었을 때만 해도 1990년대
중·후반이었으니까, 음악 하는 사람들이 갈 커뮤니티가
없으니 제 홈페이지에 많이 모였죠. 채팅 기능이 있어 각자
얘기도 하고 싸우기도 했죠. 너무 싸워서 댓글이나 채팅
기능을 다 없앴어요. 그래서 지금은 소통하는 곳이 아니에요.

Q 〈아카이브 K〉에 대한 소회는 어떠세요?

의미는 있어요. 첫 삽을 떴다는 의미. 다만 제 기획 의도를
공중파에서 다루기에는 역부족이었어요.

Q 왜 이렇게 한국 대중음악의 역사 기록이 소홀했다고
생각하시나요?

일단 역사를 역사답게 바라보는 시선을 가진 사람이
부족했고, 평론계나 언론, 자료를 수집하는 콜렉터들 등 이런
분들이 모이질 않고 구심점이 없던 것 같아요. 용기 있게
나서서 선창을 외치고 나아가는 사람이 없었으니까. 그런데
누군가 개척했다면 지금처럼 오진 않았겠죠. 그래서 저는
그 개척을 작게라도, 지금이라도 시작하려고 해요. 서두르는
이유가 다들 돌아가셔서 얘길 들으려면 들을 수 없는 시대가
오겠다는 생각이 들더라고요. 일제강점기 이후로 팝 형식의
대중음악이 시작됐다고 봐야 하는데, 그걸 얘기해줄 수 있는
분은 많지 않죠. 지금이 마지막인 것 같아요. 1990년대를
다루는 건 좋지만, 1990년대는 언제든 다룰 수 있다고 봐요.
왜냐면 1990년대는 관심이 많고, 활동하는 사람 중 그 당시
사람이 많으니까. 그래서 방송도 그런 쪽으로 많이 가는데,
개인적으로 앞으로 한참 더 다룰 수 있는 1990년대보다 그
이전 세대에 더 집중해야 한다고 봐요.

Q 현재의 방식들 말고 기관이나 단체, 조직 등 다른 곳에서
어떻게 더 나아갔으면 하나요?

기본적으로 문체부 등 정부 차원에서 자각하여 뭔가
구심점을 만들되, 거기에 편향된 시각을 가진 사람은 참여하면
안 된다고 생각해요. 골고루 공평하게 다룰 수 있는 오픈

마인드를 가진 사람들이 모여야 한다고 봐요.

Q **윤일상 님 말고 이 부분에 대해 다루고자 했던 사람이 있을까요?**

없어요. 제가 얘기해서 선배들이 동조해주신 거지, 난 한 번도 본 적이 없어요.

Q **서운하지 않으세요?**

생각이 다른 문제니까요. 나라도 언젠가는 해야겠다는 생각을 막연히 가지고 있는데, 결정적으로 대형 가수들의 목소리가 많이 필요해요. 그분들 목소리가 없으면 속 빈 강정이 될 가능성이 크거든요.

Q **전업 작곡가가 되면서 의뢰와 상관없이 가장 주력하고 싶었던 장르는 무엇이었나요?**

원래 록 키드였어요. 데뷔했을 때 팝 프로듀서를 찾아봤는데, 저메인 듀프리(Jermaine Dupri)가 있더라고요. 나이와 데뷔한 해가 같아서 더 동질감을 느꼈어요. 물론 듀프리의 배경은 아버지 덕분에 대단했죠. 그 금수저를 이기겠다고 알앤비, 힙합 많이 들었죠. 블랙 뮤직을 많이 만들려고 했어요.

Q **미디를 다루셨던 이유는 무엇일까요?**

　　머릿속에 있는 걸 잘 풀 수 있는 자유로운 방법이었고,
당시 미국 팝을 쫓아갈 수밖에 없던 시절이었기 때문에
미디가 앞으로의 갈 길인 것에 대해 누구도 의심하지
않았어요. 못해서 안 했을 뿐이죠. 그래서 선배들 집에 가서
미디 세팅도 많이 해드렸죠.

Q **데뷔 당시 미디 음악의 '선구자'라고 느낀 사람이
있을까요?**

　　윤상 형이요. 사운드도 굉장히 디테일하게 잘 만들었고,
공간계 이펙터 사용을 잘했어요. 〈나의 꿈속에서〉(1992)는

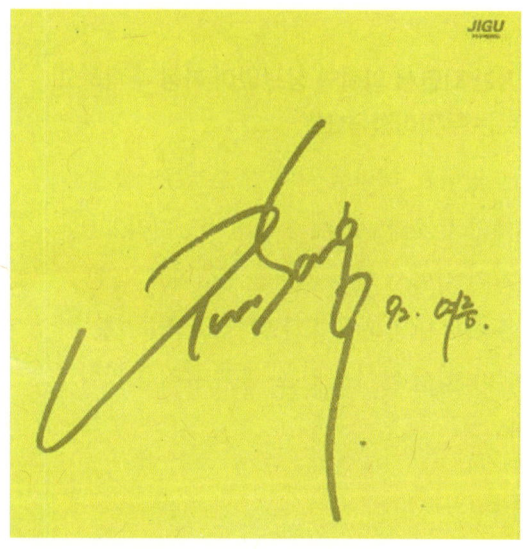

편곡이 정말 기가 막히게 됐거든요. 미디 작업임에도 그런
편곡은 뮤지션이 엔지니어적인 마인드가 없으면 못 해요.
(서)태지 형 같은 경우에도 당시 유행했던 샘플 시디를 정말 잘
활용했어요.

Q **1990년대 전체를 봤을 때는요?**

　　1990년대 전체를 봤을 때는 어쿠스틱 사운드와 미디
사운드가 혼재된 시대였기 때문에 미디 음악에 특화된 사람은
없다고 봐야죠. 이후 원래 엔지니어를 하던 가재발 형이
작곡도 한다기에 들어봤는데, 음악을 공학적으로 접근하는
느낌을 받았어요. 그런 분들이 한두 명씩 등장했죠.

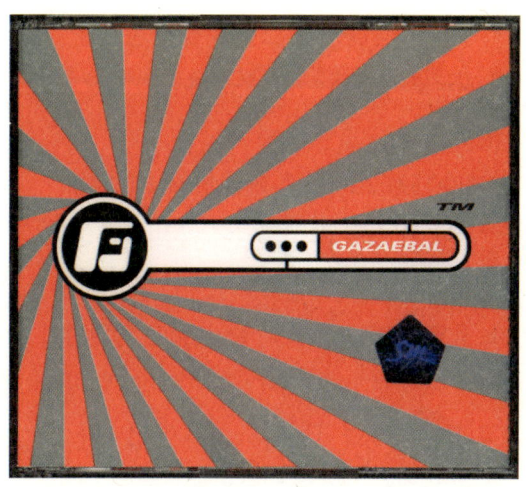

Q   **상황이야 다르지만, 몇몇의 히트 넘버를 가졌음에도 롱런하지 못한 가수들이 많았어요. 이유가 뭐라고 생각하시나요?**

솔직히 얘기해서 음악에 대한 본질이 없어서라고 봐요. 음악이 하고 싶어서 하는 사람도 있었지만, 연예인이나 돈을 벌고 싶어서 한 사람도 있으니까요. 롱런하는 사람은 본질이 음악이었고, 못한 사람은 의도가 다른 곳에 있었죠. 그걸 엔터테인먼트 업계에서 냉정하게 옳다 그르다고 볼 순 없다고 봐요. 선택이죠. 그러나 음악 하는 후배들에게 항상 한 말은 "돈 벌고 싶으면 음악 하지 마라. 가장 돈 벌기 힘든 곳이다"라고 하죠. 지금 같이 데뷔한 작곡가들도 얼마 안 남았거든요. 믹스까지 계속 하는 작곡가는 더 없고요. 가수도 하고 싶어 하는 사람은 아직 많은데, 그런 분들은 평가를 어떻게 받건 간에 지금도 무대에 서고, 목소리를 유지함으로써 계속 갈 수 있는 거죠.

마돈나가 60대가 돼서 20대처럼 해선 안 돼요. "댄스 음악을 해서는 안 된다"가 아니고, 그만큼 깊어진 음악을 해야 한다는 거죠. 그런데 그렇게 하려면 음악에 대한 고찰을 계속 해야 한다는 거죠. 음악은 너무 힘들고, 알 수 없는 영역이기 때문이에요.

시스템적으로 롱런하지 못하는 이유는 2000년대가 더 크다고 봐요. 흔히 말하는 도제식으로 아티스트를 만들어냈으니까요.

Q 곡 의뢰 참 많이 받으셨죠? 나름의 선정 기준 등이
있었을까요?

지금도 그렇지만, 가수와 내가 교집합이 형성되느냐 안
되느냐가 가장 중요하다고 봐요. 당시는 외모 위주로 많이
뽑아서 가창력이 부족한 가수가 너무 많았으니까요. 개인적인
추측인데, 노래방이 생기고 전 국민의 노래 실력이 늘어난 것
같아요. 1990년대 후반부터 활성화되어 사람들이 노래방을
많이 가니까, 그때부터 폭발한 것 같아요.

Q 1990년대엔 DJ들이 프로듀서로서 많이 활약했습니다.

프로듀서라는 개념을 당시 제작하는 대부분의 DJ가
뺏어갔어요. 2000년대나 돼서야 한국에도 A&R이라는 직업이
생겼는데, 1990년대에는 그 역할을 DJ들이 하면서 프로듀서
이름을 가져간 거죠. 물론 김창환 대표는 좀 달랐어요. 진정한
뮤직 프로듀서라고 봐요. 앨범 콘셉트부터 뮤직비디오까지 다
관여하고, 음악의 청사진도 제공했으니까요. 그러나 작곡가들
모아서 곡 들어본 뒤에 고르는 게 무슨 프로듀서겠어요.
A&R이지. 섭외자들이 섭외했다는 이유로 프로듀서라고 하는
사람들이 지금도 많죠.

Q 1990년대 미디에 대한 이야기가 필요할 것 같아요. 1990년대에 미디 음악은 충분한 성공을 거둔 노래들이 많았음에도 왜 이렇게 부정적인 시선이 가득했을까요?

그 주역엔 제가 있는 것 같아요. 흔히 말하는 '뽕 댄스'를 만들었기 때문에 기성 세대가 보기에 가볍게 느끼는 거죠. 그러면서 1990년대 전체 음악이, 내가 만든 장르가 저변이 되어버리면서 하나의 음악처럼 보이는 거죠. 뽕적인 멜로디가 섞여 있다는 평가. 그래서 평가절하됐고, 그 원인을 찾고 찾으면 제가 될 수 있는 거죠. 네거티브한 의미는 아니에요. 그 평가에 동조하지도 않고요. 그러나 그런 시각으로 본다면 그럴 수 있다고 봐요.

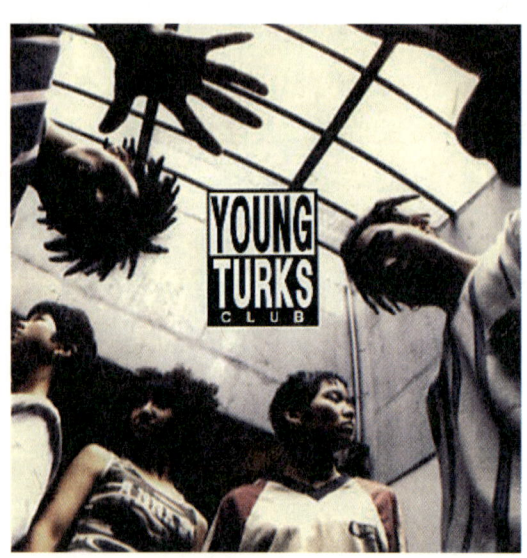

기술적으로 봤을 땐 저도 나중에 쓰긴 했지만, 샘플 시디가 보급되면서 루프를 쓰는 것에 대해 많이 부정적으로 봤거든요. 왜냐면 이 음악에 있는 루프가 저 음악에도 나오니까. 그러면서 음악이 비슷비슷하게 될 수밖에 없는 여지가 생겼죠. 그리고 내가 만든 음악을 내가 따라가게 되더라고요. 그래서 제가 발라드 작곡가로 선회한 거예요.

Q 트로트와 팝에 대한 우열의 인식이 여전히 남아 있습니다.

사대주의죠. 기본적으로 영어를 쓰면 더 있어 보이니까요. 예를 들어 특정 조건을 가진 작곡가나 가수가 집중적인 사랑을 받는 이유와 비슷하죠. 서울대 출신 같은 배경이 더해지면 비즈니스적으로 더 잘 풀려 과대평가될 수 있으니까요. 그런 것과 비슷한 게 아닐까 싶어요. 특정 장르가 나쁜 건 아니라고 봐요. 취향 문제니까.

그리고 트로트나 전통 민요, 인도 음악 같은 노래들은 선율이 단조롭게 구성되어 있죠. 화성도 단순하고요. 더 쉽게 들리니까 그렇게 느껴지는 부분이 있죠. 그런데 가장 힘든 곡이 단순한 화성으로 쓰는 노래들이에요. 조금 더 넓은 시각으로 볼 필요가 있다고 봐요.

**1997년, 방송국에서 이승철의 〈비애〉를 표절
판정했습니다. 법이 아닌 단체에서 이런 결과를 내렸을 때
심정은 어땠나요?**

그때는 그런 기관에서 금지곡들이 많았어요. KBS에서는
〈운명〉이 2000년대 초반까지 금지곡이었어요. 사행성을
조장한다고요. 코드 프레이션이 같다는 이유로 금지한다면,
표절 대상은 정말 많죠. 사실 그것도 도장 찍는 사람들이
소양 없는 상태에서 한 거죠. 건전가요를 맨 마지막 트랙에
반드시 넣었다 뺀 것도 얼마 안 됐던 시기여서 그런 것에
항상 저항의식은 가지고 있어서 방송국도 안 가곤 했어요.
'저것들은 그냥 그런 거지 뭐'라는 생각만 있었죠. 이승철 씨도

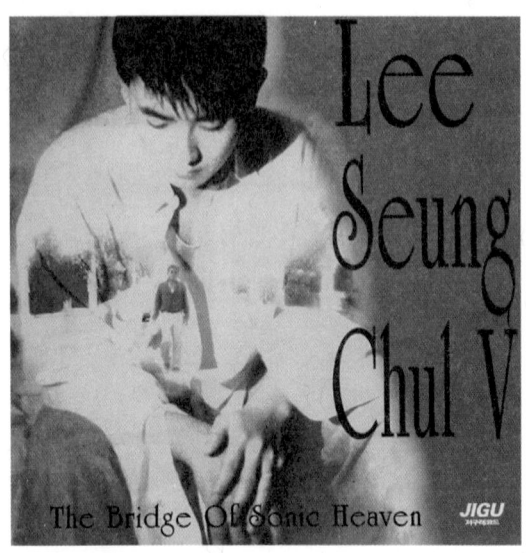

별로 신경 안 썼어요. 타이틀곡도 아니었고요.

Q **그걸 또 조PD가 완벽하게 샘플링했어요. 이 곡에 대한 느낌은 어떠셨나요?**

샘플링에 대한 연락은 사전에 따로 받은 적 없어요. 당시 솔직히 (영향을 안 받으려고) 가요를 많이 안 들었기 때문에 그 곡을 처음부터 끝까지 다 들은 적도 없고요. 지금은 조PD와 워낙 친해졌어요. 친해진 계기는 그때 샘플링 쓴 걸로 미안하다고 하면서 찾아오게 되면서부터요. 당시는 저작권 침해에 대한 개념 자체가 없었기 때문에 '그냥 샘플링했네' 했죠. 제가 만든 음악을 인트로로 쓴 사람도 많았어요. 그런 건 기분이 나빴죠.

Q **1998년엔 NTN엔터테인먼트를 세우게 됩니다.**

뮤지션들이 잘 못 뭉쳐요. 그래서 궁극적으로 모여서 뭔가 조합 같은 걸 해보고 싶었어요. 비즈니스는 비즈니스 담당한테 맡기고, 음악 하는 사람끼리 모여서 음악만 하자. 돈 얘기하는 건 지금도 힘들거든요. 음악에만 집중하고 싶은 회사가 필요해서 만들었어요. 이후 만든 '내가엔터테인먼트'도 그 연장선이었고요. 지금도 그 꿈이 있어요.

Q **한국음악저작권협회 윤리위원장이십니다. 지금이야 분위기가 다르겠지만, 1990년대 저작권료 정산은 제대로 이루어졌을까요?**

일단 저작권에 대한 개념이 지금 같지 않았어요. 얼마 되지도 않았고요. 그런데 '내가 제일 잘나가는 작곡가인데 이 정도면, 다른 사람들은 얼마나 들어오겠냐'라는 막연한 생각이 있었죠.

공부해보니까 투명하진 않더라고요. 그게 다 회원들의 돈이잖아요. 내 돈일 수도 있고요. 침해사례가 많다고 생각해서 나중에는 저작권협회를 탈퇴해서 분리신탁회사를 만들려고 했는데, 잘 안 됐어요. 당시에는 법적 문제나 시스템 구축에 한계가 있었으니까요.

Q **음악저작권협회가 지속은 되어야 할 겁니다.**

그래서 지난 22대 윤명선 회장 집행부일 때 엄청난 개혁이 있었어요. 덕분에 현재 시스템이 갖춰져서 확실히 새는 돈이 적다고 봐요. 윤리위원회는 제가 제안했는데, 협회의 사익을 가지고 회원의 이익을 저해하는 것들을 다 들여다보고, 계속 이의 제기를 하기 위해 만들었어요.

Q **음반 판매량, 차트의 정확도에 대해서는 어떻게 생각하셨어요?**

판매량 정산은 한 군데에서 집계했기 때문에 정확했다고

봐요. 마케팅적으로 불려서 홍보한 부분은 있을 수 있죠.

〈가요톱10〉의 신뢰도는 확실했죠. 제 곡이 가장 많이 올라와 있으니까요. (웃음) 집계 방식이야 당시 비리를 저지르려면 언제든 저지를 수 있던 시스템이지만, 음반 판매량과 라디오, 이런 여러 가지 통계에 입각해서 하는 거잖아요. 그래서 만약 지나치게 부정이었다면 매니저들이 가만히 있지 않았을 거예요. 돈이 움직이는 부분이기 때문에요.

Q **1990년대에 발표한 곡 중에 재평가받고 싶은 노래가 있을까요?**

다시 조명받고 싶진 않아요. 20대였으니 20대의 모습으로 만족해요. 그때 만들어야 하는 음악이었고, 그걸 일기장같이 다시 꺼내서 누군가에게 다시 보여주고 싶진 않아요.

Q **작곡가로서 트렌드를 놓치지 않기 위해 어떤 노력을 하고 있나요?**

계속 음악을 들어요. 각 나라 차트 보고 지속적으로 놓치지 않으려고도 해요. 국내는 특히 인디 씬을 주력해서 많이 살피죠. 예전보다 덜하지만, 그래도 새로운 시도는 늘 인디 씬에서 나온다고 봐요. 자극도 많이 돼요. 음악 외적으로는 사진 찍고, 그림 그리고, 인스타그램으로 해외 뮤지션들의 행보들과 정서를 살피기도 하고요.

Q 과거엔 빌보드 1위가 목표였습니다. 지금은 어떤 목표를 갖고 있나요?

일반적인 형식이 아닌, 우리만이 할 수 있는 소리를 연구 중이에요. 그게 진짜 창조가 된다면 누가 들어도 '섞였는지 모르겠다' 할 정도로 국악에서도 벗어나고 서양 팝에서도 벗어나는, 하나의 스타일이 나온다고 봐요. 죽이 되든 밥이 되든 계속 그것만 파고 싶어요. 죽기 전에 이룰 수 있을지 모르겠지만, 창작의 영역을 넘어서고 싶습니다.

고품격 댄스의 대중화

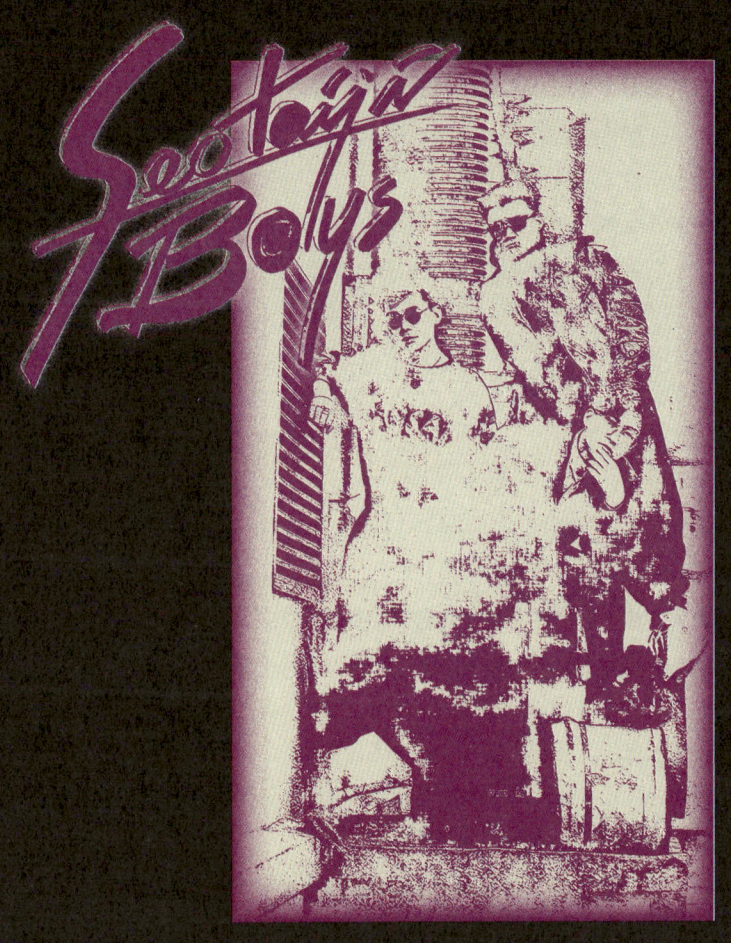

이주노

한국 대중음악사를 바꿔놓은 사건들을 순위대로 열거하면 아마도 서태지와 아이들은 항상 톱의 자리, 적어도 그 비슷한 위치에 있지 않을까 싶다. 그리고 대다수는 그 이유로 랩의 대중화, 수준 높은 댄스 음악, 뛰어난 작곡 실력 등을 꼽을 것으로 예상된다. 하지만 이들에겐 그 무엇보다 절대로 빼놓을 수 없는 '댄스'라는, 관우의 청룡언월도, 아이언맨의 슈트 같은 비교 불가의 무기가 있다. 이들은 1990년대 댄스 바로 그 자체였기 때문이다. 이들 이후부터 댄스는 더 이상 어둠의 장르가 아니고 소수의 전유물이 아닌 것이 되었다. 그리고 그 중심에는 그 누가 뭐라 해도 이주노가 있다.

우리나라 댄스 음악계의 역사는 국내 최초의 백댄싱팀 '인순이와 리듬터치'로 시작한다. 이주노의 역사도 마찬가지다. 이주노는 여기서 인순이의 매니저 한백희, UCDC의 이성문, LYTC의 김규태 등에게 지도를 받았다. UCDC의 대학생들이 KBS 〈젊음의 행진〉, MBC 〈영11〉 등에 유입되었고, 이성문은 리듬터치의 남자 백댄서들을 모아 최초의 프로 댄싱팀 스파크를 만들었다. 이주노도 스파크의 창단 멤버가 되었고, 곧 자신만의 브레이크 댄싱팀 노피플을 만든다. 이후 한백희는 리듬터치 멤버인 김완선을 독립시켰고, KBS 〈젊음의 행진〉 백댄서팀 짝궁들 출신으로 소방차라는 그룹을 출범시킨다. 그리고 스파크의 후배 박남정이 가수로 데뷔하면서 1980년대 대한민국 댄스 음악 지형도가 분명해진다. 이 외에도 UCDC의 마지막 팀원 도건우가 소방차에 합류했고, 스파크의 박철우는 DJ로, 노피플 출신의 이정효는 나미와 붐붐으로 발길을 돌렸다.

이주노는 춤만 추었다. 그리고 AFKN만 보았다. 특히 〈소울 트레인〉을 애청했다. 1977년도에 생긴 미국 ABC 방송국의 〈소울 트레인〉은 길거리나 클럽에 사는 길거리 댄서들과 뮤지션들을 섭외해 방송국 무대에서 춤추고 노래하는 프로그램이다. 당시에 레게, 펑키,

소울, 디스코 등의 음악과 동시에 음악에 맞는 춤들이 소개되었다. 1980년대에 들어와선 유로디스코가 유행하자 주기적으로 각 지역의 댄서들이 원형 무대에 올라 경연하는 일명 '문나이트'라는 꼭지를 출범시켰고 자연스레 경쟁 구도가 심어졌다. 이것을 응용해 1989년 이태원에 '소울트레인'이라는 흑인 군인들과 미국인만 출입이 가능한 전용 클럽이 생겼다. 이주노는 국적에 상관없이 이곳도 드나들며 맨몸으로 흑인들의 문화를 배웠다. 이미 국내 1인자였음에도 스트리트 댄스, 브레이크 댄스뿐 아니라 재즈, 힙합, 레게, 심지어 발레의 샤콘느 등을 두루 섭렵하며 그야말로 춤에 미친 광기를 숨기지 않고 다녔다. 〈소울트레인〉은 이후 1992년 자리를 옮겨 〈문나이트〉로 이름을 바꾸었고, 한국 댄스 문화의 요충지가 되었다.

이렇듯 이주노는 주위 동료들이 하나둘씩 다른 길로 빠질 때도 인순이와 리듬터치를 시작으로 스파크, 노피플, 이재민과 피노키오, 김승진과 하얀손, 오복과 오복성, 박남정과 프렌즈, 제미니 뉴스 등에서 활동하며 이상우의 피노키오춤을 안무하는 등 1980년대에 있어 가수 데뷔 이전에 오직 춤으로만 정점을 찍었다. 스탠딩 댄스는 물론이고 아직 국내에 소개되지 않았던 해외의 스트리트 댄스들을 AFKN을 통해 발굴하고 실천하며 하나둘씩 풀어놓은 교과서 같은 과정을 충실히 이수한다. 그걸 통해 서태지가 랩과 댄스 음악으로 세상을 뒤집어놓을 때 한쪽에서 댄스라는 분야가 국내 대중음악계에서 하나의 트렌드로 자리 잡는 데 혁혁한 공을 세웠다. 그리고 이후에는 제작자로서 엔터테인먼트 산업의 가능성에 대해 선구적인 모습도 보여준 바 있다. 인터뷰를 통해 그가 토해낸 열정의 시간들로 같이 들어가 보길 권한다.

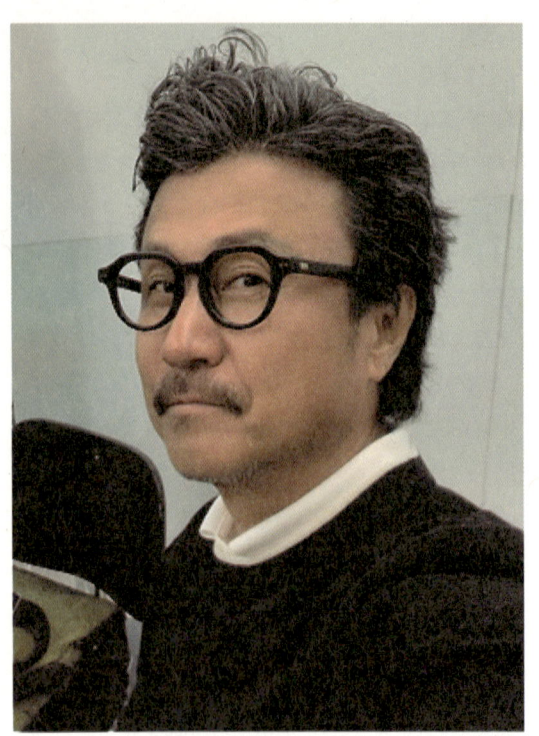

사진: 이주노 프로필

Q   서태지와 아이들에는 어떻게 합류하게 되었나요?

(양)현석이가 제게 왔죠. (서)태지와 팀을 만들기로 한
후에 현석이는 (김)영완이를 비롯해서 여러 댄서를 만나
제의했는데, 뭐가 성에 안 찼는지 저를 찾아왔어요. 박남정과
프렌즈를 할 때 제가 현석이를 데려왔으니까 저를 찾아온 게
어쩌면 자연스러운 것일 수도 있어요. 저랑 해봤으니까 더
탄탄하게 만들 수 있을 거라고 생각했을 수 있고요.

Q   박남정과 프렌즈는 어떻게 하시게 된 건가요?

(박)남정이가 공백기를 갖고 있었어요. 그러다가 새
음악을 갖고 나왔는데, 저보고 도와줄 수 있겠냐고 물었어요.
당시 영화 〈누가 로저 래빗을 모함했나〉에 나오는 토끼춤이
유행할 때라 그거랑 자기 노래가 잘 맞을 것 같다면서요.
그래서 프렌즈를 만들었고, 후에 R.ef로 데뷔하는 (박)철우랑
팀을 짰어요. 어디서 애들을 더 구할까 하다가 친구가 하던
팀에서 키 크고 괜찮은 애들을 찾았고 현석이하고 영완이를
데려왔죠. 저랑 철우는 〈멀리보이네〉까지만 하고 나오고
현석이랑 영완이는 남아서 계속 했어요. 저는 철우랑 더블DJ
활동을 했죠.

그리고 남정이가 영완이, 현석이하고 공연도 하고

밤무대도 다니고 그랬는데, 그 밤무대에서 전 타임인가
후 타임이 (서)태지가 베이스를 치던 팀이었어요. 그래서
남정이의 무대를 보고 어떤 영감을 얻은 거 같아요. 자신이
만들고 있는 음악으로 저런 느낌의 무대를 하면 되겠다고.
아마 '저 그림이 되게 예쁘다'고 생각하고 현석이한테 팀을
제안한 것 같아요. 그게 서태지와 아이들이 결성되는 계기가
되었어요.

Q 양현석 씨랑은 그때 처음 만나신 건가요?

오다가다 봤지만 언제 처음 봤는지는 잘 기억나지
않아요. 나이로는 별 차이 없는데 너무 후배라. 현석이네 팀
수장이 저하고 친구거든요. 엄정화 백댄서 하던 프렌즈팀의
단장이 제 친구예요. 현석이가 그 팀에 있었어요.

Q 데모는 다 들으셨나요?

처음엔 〈난 알아요〉의 영어 버전 〈blind love〉만 들었어요.
영어 가사로만 되어 있었죠. 듣기만 해도 너무 좋더라고요.
그래서 이게 타이틀이냐고 물었더니 타이틀이라고
하더라고요. 그 음악에 맞춰 춤을 추면 꽤 좋은 춤들이 나올 것
같다는 생각이 들었어요. 돌이켜보니까 제가 들어가기 전에
다른 곡들과 상관없이 이미 그 곡을 타이틀로 결정한 상태인
것 같았어요.

Q 음악이 다르다는 느낌이 있었나요? 성공에 대한 기대는.

음악을 들어보니 너무 좋았어요. 지금은 당연한
선택이었다고 볼 수도 있지만, 그때만 해도 태지는 신인
가수잖아요. 저는 어쨌든 그래도 언더그라운드에서 대장질을
할 땐데, 그런 입장에서 신인 가수 뒤에서 춤을 춘다는 게 좀
어울리지 않을 수도 있었어요. 근데 그런 마음을 종식시킬
수 있을 정도로 데모가 상당히 훌륭했어요. 그래서 같이하고
싶다는 생각이 들었죠. 그때까지만 해도 우리나라에서는
찾아볼 수 없는 그런 형태의 음악들이었어요. 이런 음악을
가지고 같이 퍼포먼스하고 팀 생활을 하면 재밌겠다는 생각이

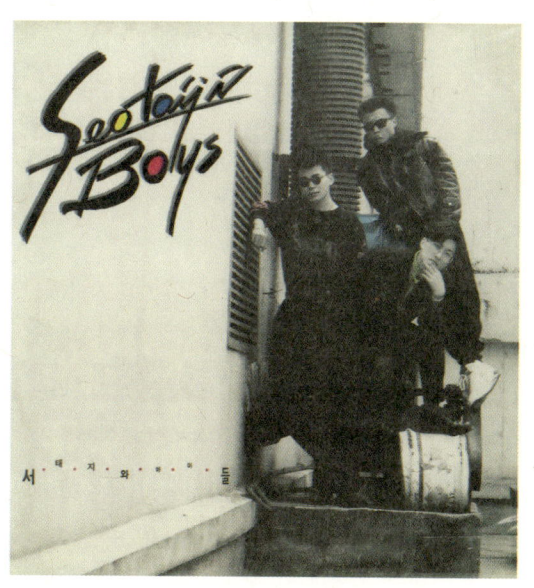

설레게 했죠. 그때는 저도 다양한 도전에 거리낌이 없던
때였기 때문에 별로 두렵지 않았어요. 물론 전 항상 있던 데서
자주 듣는 성향의 음악이니까 팝으로 보면 그렇게 새로울
것은 없었을지도 모르죠. 하지만 이게 가요로 나온다니까 아주
신선하다고 느낀 것 같아요.

그리고 성공보단, 태지는 어떤 생각을 가졌는지 몰라도
저 개인적으로 그걸 한다는 게 더 중요했어요. 그게 의미가
더 있으니까요. 우리가 전략가도 아니고, 그렇다고 기획자도
아니고 그냥 플레이어일 뿐이니까. 성공은 나중 문제고 무대에
설 때 스스로 만족할 수 있을 것 같은 음악이라고 생각했죠.
일단 이걸 가지고 멋있게 만들자는 마음만 가득했어요.
히트하고 나서는 우리 모두 놀랐어요. 정말 '이게 뭐야?'
그런 분위기였죠. '이렇게 반응이 온다고?' 하지만 합류할 때
성공에는 전혀 관심 없었어요. '대중 앞에서 퍼포먼스하고 이
음악을 대중이 들었으면 좋겠다.' 딱 그거였어요.

Q 합류하신 이후 안무는 어떻게 짜셨나요?

애당초 뼈대는 현석이가 많이 만들어놨어요. 다만 저는
동선을 많이 바꿨죠. 그러고는 형태를 이미 만들어놨기 때문에
크게 바꾼 건 없었어요. 제가 아무래도 이쪽에서 더 오래
일했으니까 수정이 좀 용이한 면은 있었는데, 같이 구성했다고
봐야 돼요. 저희 팀은 단 한 번도 다툰 적이 없어요. 다들
최상의 퀄리티를 만들려고 노력했고, 그렇게 해서 누군가

제안하고 그게 옳다고 생각하면 그대로 가려고 했죠. 제가
제안한 것보다 현석이 게 좋으면 무조건 넣는 거였어요.
서로 잘 협력하는 체제였습니다.

Q 〈난 알아요〉에서 "그 미소는 정말 아름다웠어" 다음에
    솔로 브레이크 타임에 솔로 하실 때 딱딱 끊어지던 느낌의
    슬로 컷에 대해 말씀해주신다면?

슬로 컷이라는 거는 LYTC라는 팀에 계셨던 어떤 형님이
저한테 알려준 거예요. 그분이 다리를 저셨는데요. 그게
그분의 콤플렉스였어요. 하지만 댄서였죠. 그래서 어떻게
하면 그 핸디캡을 극복하고 스트리트 댄스를 출 수 있을지
고민하다가 고안하신 거죠. 어느 날 인순이와 리듬터치
수업 때 그분이 오셔서 시연하셨어요. 근데 다리를 절면서
들어오셨거든요. 그래서 '저분이 댄서야?' 하고 의문을 가졌죠.
그런데 그분이 춤을 추다가 슬로 컷을 보여주셨는데요. 너무
놀라서 그게 뭐냐고 달려가서 물었어요. 그리고 그분한테
그걸 직접 배운 거죠. 그래서 이후에는 제 장기가 되었어요.
제가 개인 솔로 할 때 그런 스타일을 프리스타일로 농축해서
썼고요. 〈난 알아요〉의 8마디에서 하이라이트만 보여줘야
하니까 그걸 짧게 보여준 거죠. 새로 만든 게 아니라 평소
해오던 제 장기를 보여준 거예요. 오복과 오복성 때도 보여준
적 있고요. 〈Fire Dance〉 할 때요. 그때는 오리지널 댄서로
있을 때여서 어떻게 보면 저만의 트레이드마크 같은 거였다고

볼 수 있어요. 이주노 하면 딱 생각나는. 암튼 그 춤은 그
형님한테 배운 거고, 그 형님이 추는 것 외에는 어디서도 보지
못했어요. 그 어떤 자료에서도 보지 못했고요.

Q 인순이와 리듬터치가 첫 팀이었나요?

그렇죠. 종로에서 이런저런 사람들하고 춤을 추고
있을 때 인순이 누나가 백댄서인 리듬터치 멤버를 공개
오디션 채용한다는 공고문이 돌았어요. 희자매 매니저 하던
한백희 씨가 투자해서 론칭한 거였죠. 남자 댄서가 부족해서
뽑는다고 했어요. 그때는 제가 춤을 춘 지 얼마 되지 않았을
때였지만 그냥 오디션 보러 갔어요. 근데 덜컥 붙어버렸어요.
그리고 마포의 지하 사무실에서 숙식이 가능하다 그래서
어머니께 얘기했죠. 제가 경기도에 살아서 출퇴근이 용이하지
않았거든요. 그래서 내가 이렇게 이렇게 해서 인순이라는
가수를 위해 춤추는 거를 시작하게 됐다. 근데 내가 연습도
열심히 해야 되고 왔다 갔다 하는데 너무 불편하니까 아예
거기서 숙식하면서 지내겠다. 잘되면 다시 찾아오겠다고요.
그런 후에 거기서 먹고 자고 했어요. 그때는 댄서들이 다
그렇게 했어요. 리듬터치 멤버들이 꽤 많았거든요. 저하고
김완선 씨를 비롯해 한 열 명 있었어요. 거기서 연습도 하고
먹고 자면서 인순이 누나가 일하던 초원의 집, 물랑루즈,
홀리데이인서울 등을 같이 돌았죠. 그때 당시 유명한 업소는
누나가 다 했어요. 맨날 먹고 자고 춤만 추니까 실력이 많이

늘었어요. 연습도 많이 했고요. 그렇게 조직적이고 제대로 된 팀을 꾸린 건 아마도 인순이 누나가 가장 강력하지 않았을까 싶어요. 그렇게 개인 댄서를 데리고 다니던 가수가 있었을까 싶어요. 아마 우리나라에서 처음이었을 거예요.

Q   LYTC는 어떤 팀인가요?

리듬터치에는 좋은 선생님들이 계셨어요. 한백희 씨도 지도했고, UCDC 대학연합을 이끈 이성문 선생님이 계셨고, LYTC라는 사회 일반인의 모임을 이끌던 김규태 선생님이 있었어요. 당시 리듬터치 정식 안무가는 성문 형이었어요. 근데 저는 LYTC 쪽 친구들하고도 친했어요. UCDC는 대학생들이니까 학생다운 춤을 췄는데 LYTC는 로버트춤, 마네킹춤 같은 테크니컬한 춤을 췄거든요. 그리고 제 성향이 LYTC 쪽이라서요. 여기 출신이 〈골목길〉을 부른 이재민 씨, 안무가 서병구 씨예요. 제가 김규태 선생님한테 큰 영향을 받았고 너무 좋아해서 서태지와 아이들 할 때도 교류했어요. 그리고 'Little Young Turks Club'을 줄인 말이 LYTC거든요. 제가 제작한 영턱스클럽의 이름을 만들 때 거기서 가져왔어요.

Q   춤을 춰야겠다는 생각은 어떻게 하신 건가요?

요즘 아이들과 달리 초·중 때는 춤하고 아무 상관 없이 자랐어요. 1970년대 말, 1980년대 초였고 또 지리적으로도 서울이 아닌 경기도 외곽이라 춤이란 게 생소했고,

'춤바람'이라고 해서 사회적으로 인식이 좋지 않았고요.
남자가 춤추면 미친 듯이 흉보던 시절이었어요. 여자조차
댄서는 하급 대우를 받았던 때였죠. 그럴 땐데 제가 중학교
졸업하고 미용을 했어요. 그때 명동에서 미용을 했는데
〈플래시댄스〉라는 영화를 봤어요. 영화 중간에 길거리에서
춤을 추는 스트리트 댄스가 나오잖아요. 그걸 보는데 뭐가
내면으로 들어오는 거예요. 그리고 강력하게 관심이 생겨
그쪽으로 가야겠다는 생각이 들었죠. 너무너무 매력을
느꼈던 거죠. 영화를 열 번쯤 봤을 거예요. 그래서 그걸 하기
위해 미용도 관뒀어요. 제가 춤에 대해 이야기하고 다녔더니
종로에 가면 사무사라는 곳이 있는데 거기 가면 춤을 출 수
있다는 거예요. 그래서 종로 쪽을 수소문해 찾아갔죠. 가니까
진짜 있더라고요. 다들 벽 보고 로봇춤도 추고 막 이러는
거예요. 그래서 그냥 무작정 쫓아다니면서 추기 시작했어요.
그냥 뭔지도 모르면서 다른 사람들이 하는 거 이렇게 보면서
'저렇게 했구만' 하고 흉내 내고요.

Q   리듬터치에는 오래 계셨나요?

아니요. 아마 1년도 안 됐을 거예요. 성문이 형이랑
한백희 씨랑 문제가 있었던 것 같아요. 우리한테는 성문이
형이 선생님이니까. 나가자고 해서 다 같이 나온 거죠. 그래서
리듬터치의 남자들하고 전국에서 춤 잘 춘다는 사람들을
모아서 20~30명 정도 새로운 팀 스파크를 꾸렸어요. 그리고

약수동에 연습실을 만들었죠. 연습하고 20~30분 안무를 짜서
공연하러 다녔어요. 돈을 받고 공연을 한 최초의 스트리트
댄싱팀이 아니었을까 싶어요. 다른 팀도 있긴 있었는데요.
그쪽은 쇼에 가까운 거였고요. 우리는 스트리트 댄스를
전문으로 했으니까 결이 많이 달랐죠. 클럽공연도 하고 극장식
업소 오디션도 보고 그랬어요.

그러고 있다가 스파크를 나와 제가 처음으로 팀을
만들었어요. 레퍼토리가 바뀌고 초창기에는 제 위주였는데,
신인들이 영입되면서 춤의 형태가 달라졌거든요. 그래서 저는
저만의 스트리트 댄스와 브레이크 댄스팀을 만들어야겠다고
생각했어요. 그게 노피플이었죠. 이름은 그냥 멋있어서
지었어요. 원래 영어 문법적으로 맞지 않다는데, '그러면
어때? 어감이 좋으면 되는 거지' 하고 그냥 갔어요. 6명 정도가
모여 연습하고 공연하고 다녔어요. 돈을 벌진 못했어요. 그냥
춤이 좋아서 미친 듯이 추고 다닌 거죠. 그때 가장 잘나가는
나이트클럽 터치라인이라는 곳에서 저희가 공연을 했는데,
1인당 하루에 5천 원 정도 벌었을 거예요. 그거 받아서 24시간
영업하는 비디오방 그런 데 들어가서 해장국 한 그릇 사 먹고
자빠져서 자고 뭐 거의 그런 식으로 살았어요. 이후에는
조그만 방 하나 얻어서 서너 명이서 같이 살기도 하고
그러면서요. 그렇게 생활할 정도로 그냥 춤이 너무 좋았던
거예요. 다들 춤에 미쳐있던 때라.

이때 전영록, 이은하, 이재민 등 가수들의 백댄서를

많이 했어요. 당시 빠른 곡을 추는 가수들은 방송 소속사 무용가들하고 합을 맞췄는데요. 그렇게 하지 않고 우리에게 의뢰하는 시스템이었던 거죠. 파우처를 주는 거죠. 5천 원씩 벌던 것보다는 나으니까. 한 1만 5천 원에서 2만 원 받았으니까요. 특히 〈제 연인의 이름은〉 할 때 로봇춤을 많이 기억해주시는 것 같아요. LYTC 선배인 재민이 형이 새 노래가 나왔는데 저희랑 하고 싶다고 해서, 철우가 노피플에 같이 있었거든요. 그래서 철우랑 같이한다고 했죠. 그래서 로봇춤을 안무로 짰어요.

Q 춤꾼들 사이에서 경연이 흔했나요?

이태원에는 주한미군 애들 중에서 춤을 췄던 애들이 가끔 와요. 그러면 그놈들하고 교류하고 터치라인에서 서로 대결하는 그런 쇼도 만들었어요. 당시 '서프림'이라는 애들이 있었어요. 주한미군 자식들로 구성된 초등학생들이었어요. 걔네가 자체 브레이크 댄스팀을 했는데, 저희보다 수준이 높았어요. 걔네들은 미국에서 연습이 돼서 온 애들이었어요. 저희는 맨날 TV 보고 "야, 저거 어떻게 하는 거야?" 하면서 흉내 내던 시절이었으니까요. 그애들하고 금요일 주말인가 서로 대결하는 쇼를 하곤 했었어요. 저희는 대결이라는 승부의 맥락보다는 배우는 거에 더 중점을 뒀죠.

그런 대결한 건 그때 〈비트 스트리트(Beat Street, 할렘가의 아이들)〉라고 브레이크 댄스 영화가 나온 거예요.

〈플래시댄스〉나 〈브레이킹〉 1, 2도 있었지만 그보다 이 영화가 브레이크 댄스 하는 애들한테는 교과서가 된 거죠. 거기 보면 누가 더 잘하는지 무조건 팀들끼리 붙어요. 그런 문화를 카피하기 시작한 거죠. 나중에 문나이트의 쇼다운도 그런 데서 다 영향을 받은 거고요.

Q 서태지와 아이들 때 장르가 자주 변해서 안무에 대한 스트레스는 없었나요?

서태지와 아이들 전에 이미 10년 가까이 맨날 하던 일이었잖아요. 저희가 쇼를 만들면 노래는 기껏해야 4분이니까. 저는 기본 공연하면 20분에서 30분짜리 안무도 하던 사람이기 때문에 4분 만드는 거는 별게 아니었어요. 물론 내가 만든 춤이 대중이 알아줬으면 하는 그런 건 있었죠. 근데 그렇게 어렵지 않았어요. 항상 해왔던 거니까요. 다른 사람들의 관점에서는 그게 대단해 보일 수도 있어요. 지금까지 못 보던 거라 신기한 경험일 수 있으니까요. 근데 저희 입장에서는 그냥 항상 하던 거예요. 얼마든지 만들 수 있고, 또 만들 수 있는 거죠. 단지 곡이 갖고 있는 성격이나 어떤 전체적인 분위기라는 게 있잖아요. 거기에 이 파트에 이렇게 들어가면 훨씬 더 전체적인 무대 구성이나 퍼포먼스가 좋은 결과를 낼 수 있겠다고 판단하면서 진행하는 거죠. 하지만 아주 고민스럽거나 그런 적은 없어요.

그리고 그때는 소스들이 많이 알려지지 않았어요.

지금은 대중이 많은 동작을 알고 있잖아요. 그러니까 어떤 면에서 지금 안무가들은 더 고통스러울 수 있어요. 하지만 당시만 해도 매스컴을 통해 표현되었던 동작들이 그렇게 많지 않았어요. 또 당시에 우리가 그렇게 바쁘지 않았어요. 그냥 준비를 좀 철저하게 많이 했고, 그렇게 해서 보여주고 또 시간이 필요하면 그만큼 준비해서 또 보여주고 그런 형태였기 때문에 안무를 생각할 시간이 많았어요. 요즘 아이돌은 하루에 되게 많은 스케줄을 소화하고 그러잖아요. 저희는 그렇게 안 했어요. 데모를 받으면 현석이는 현석이대로, 저는 저대로 '이것을 어떻게 좋은 춤으로 포장할 수 있을까' 그거에 대해 고민하고 연구하고 준비하는 거죠. 그리고 같이 모여서 서로 의견을 내고 그렇게 만들어갔어요.

Q   소스들은 어디서 구하셨나요?

AFKN도 보고요. 대체로 일본 쪽 춤을 많이 공부했어요. 미국은 너무 멀어서 접근하기 어렵고, 그래도 일본은 가까우니까 조금 더 용이했어요. 당시 스트리트 댄스만 해도 일본하고 격차가 심했으니까요. 일본 애들 걸 쫓아했어요. 걔네는 당시에도 경연이 많았는데, 그런 자료를 구해서 살펴보고요. 물론 미국 자료들도 구하죠. 어차피 일본도 미국 거 가져와서 약간의 변형을 거치는 거니까. 그런저런 자료들을 구해서 연구하고 흉내 내고 했어요. 그러다 보면 자기 게 생기고 그러는 거죠. 같은 춤이라도 사람이 다르면 다르게 보이니까.

Q 서태지와 아이들로 인해 댄서들이 가요계로 많이 유입된 것 같아요.

그런 것 같아요. 1990년대 되면서 그럴 수 있는 환경들이 만들어졌죠. 댄스팀이 구성되면 그때는 춤을 잘 추는 사람이 무조건 한 명은 꼭 필요했으니까요. 그 팀을 리드하거나 안무를 짜거나 해서 춤만 췄던 애들이 댄스 음악팀에 들어갈 수 있는 구조가 형성되었죠. 수도 없이 많은 팀이 만들어졌죠. 춤으로 준비된 댄서들이 마구 꽂히기 시작했고요. 사실 R.ef의 박철우나 룰라의 이상민, 터보의 김정남 등이 노래를 잘한다고 볼 수는 없잖아요. 그래서 랩을 하든가 아니면 퍼포먼스를 근사하게 해서 리딩하는 그룹들이 생겨난 거죠. 서태지와 아이들이 그런 스타일의 문화를 만든 것 같아요. 그리고 그렇게 세팅된 팀들이 굴러가는 게 자연스러웠어요. 근데 지금 사람들이 "노래도 못 했는데 그게 무슨 가수야?"라고 하면 또 할 말 없어요. 근데 그 시절엔 그렇게 흘러갔으니까요. 그렇게 해야 쳐다본다는 걸 제작진들이 알았으니까 그렇게 만들었어요.

Q 서태지와 아이들과 이전의 댄스 가수들의 다른 점이 있었을까요?

소방차라든가 박남정도 마찬가지로 백업 댄서들을 대동한 가수임에는 같아요. 다만 스트리트 댄스가 주가 돼서 한 팀은 저희가 처음이었다고 볼 수 있겠죠. 댄서가 주가 돼서 앞으로 나온 경우는요. 고강도 춤 같은 경우는 이전에 이미 전영록이나 이은하 뒤에서 저희가 파워 무브 같은 춤을 췄어요. 그럼에도 그때는 우리에게 스포트라이트가 있던 게 아니고 가수에게만 집중되어 있으니까 우리 같은 댄서들은 TV 화면에서도 그냥 스윽 지나갔겠죠. 1980년대에도 가수들 뒤에서 윈드밀하고 헤드스핀하고 그랬어요.

Q 3집에서 베이스는 어떻게 치신 거예요?

예전에 기타를 좀 쳤어요. 그래서 기타 가지고 작곡도 하고 그랬던 경력이 좀 있어요. 하지만 퍼스트를 치기에는 실력이 안 되니까 태지가 퍼스트를 맡고, 내가 기타 쳐본 경력이 있으니까 베이스를 맡고, 그러니까 당연히 현석이가 드럼을 맡게 된 거예요. 현석이도 드럼이 낫다고 판단했던 것 같아요.

Q 4집 때 마스크 소품에 대해

사실은 전날 술을 마셨어요. 그래서 냄새가 날까 봐 했던 거예요. 전혀 예정에 없었던 거죠. 근데 우리 앨범의 음악들에

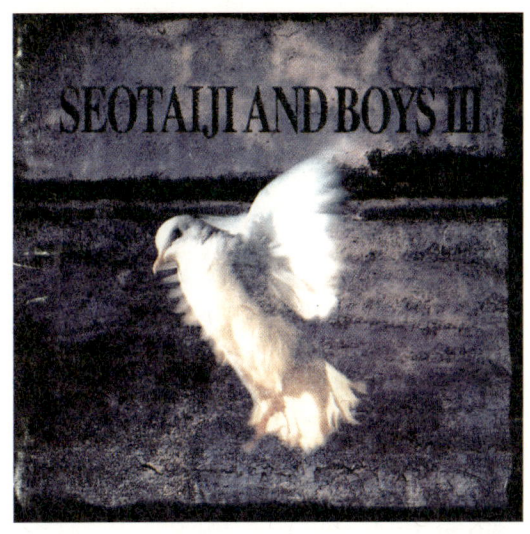

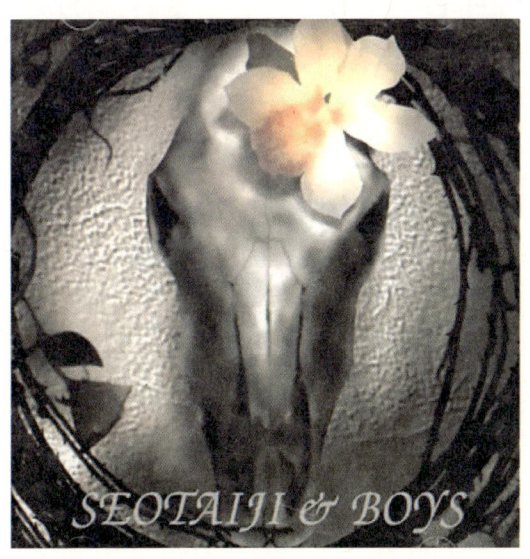

맞춘 콘셉트라고 생각하셨는지 '무언의 저항' 같은 의미들을
부여해주셔가지고 계속 하게 되었어요. 그때는 저희가 어떤
행동을 하면 모든 것에 의미부여하던 때라 좋게 넘어갔던 것
같아요.

Q **1990년대 댄스는 지금 아이돌 시대의 자양분이 된 것
같아요.**

　저는 잘 모르겠어요. 뒤돌아보면 그 시절에 맞게 댄스
뮤직에 충실한 음악들이 많이 나왔다고 생각해요. 가끔
들어보면 '참 좋았구나'라는 생각이 드는 곡들도 있고요.
그때는 그냥 유행에 이끌려 번진 거에 불과해 보이지만, 각자
나름대로는 꽤 고민하고 '수준 있는 음악들을 했구나'라는
생각이 들어요. '참 자유롭고 다양했구나. 우리가 참
행복했구나'라는 생각도 들고요.

　그런 면에서 오히려 지금 시스템이 좀 아쉬워요.
그때는 다양한 데서 에너지가 생겨 하나의 작품이 나왔는데요.
지금은 다 비슷한 시스템에서 만들어지는 듯한 느낌이 들어요.
아티스트들의 수준은 상당히 올라가 있어요. 춤이든 노래든.
시스템은 올라가 있는데 그게 그렇게 좋아 보이지만은 않아요.
넓은 의미로 보면 조금은 한정되어 있다는 느낌이 들죠.
수준이 엄청 올라갔는데, 그 이상의 어떤 기대가 안 생기는 게
있어요. YG, SM, JYP, 하이브의 고유 컬러가 있음에도 그래요.
　그건 그 시절에 어떤 시스템이 아닌 우리의 의지대로

표현해서 그런 것 같아요. 만약 지금 우리가 어디 소속의 연습생이 돼서 데뷔한다면 '과연 이주노가, 혹은 양현석이 나올 수 있을까?'라는 생각이 드는 거죠. 요즘 아이들이 학습하면서 오디션을 통해 서로 경쟁하면서 춤추고 노래하는 걸 보면 되게 좋아요. 잘하고. 근데 그 고민은 우리 때와 다른 거 같아요. 우리는 어떻게 하면 더 자유롭게, 다양하게 표현하고, 어떤 임팩트를 줄까를 고민했는데, 지금의 아이들은 그 시스템 안에서만 고민하잖아요. 그게 조금 안타까워요. '저렇게 좋은 재질과 자질이 있는데, 우리 때처럼 자유가 크게 반영되면 얼마나 더 훌륭한 작품이 나올까'라는 생각이 들죠. 시스템은 누군가 카피할 수 있고, 그걸 카피하면 중국처럼 인구 많은 나라가 유리할 수도 있으니까. 요즘 애들은 너무 잘하는데요. 극단적으로 얘기하면 잘 주입한 것 같아요. 그러니까 우리 때와는 완전히 다르죠. 그런 면에서 우리 때가 더 행복했다고 말하는 거예요. 그래도 우린 하고 싶은 대로 다 해봤으니까.

Q 가수가 제작자가 되는 것에 대한 인식을 크게 주신 것 같아요. 영턱스클럽은 언제 계획하신 건가요?

춤추는 후배 중에 눈여겨본 아이들이 있었어요. 서태지와 아이들 때 같이 춤추던 애들도 있고요. 그 애들하고 개별적으로 저는 계속 춤 연습을 했어요. UN빌리지 맨 꼭대기에 아파트가 있어요. 그 1층에 태권도장이 있는데요.

거기를 렌트해서 애들하고 같이 연습하곤 했어요. 내부적으로
서태지와 아이들의 해체를 공식화하고 협의한 다음에 저도
뭔가를 계속 더 해야 할 것 같아서 그 애들에게 "만약에 내가
이제 가수를 그만두면 너희들하고 같이 뭔가를 하고 싶은데,
너희들은 뭘 하고 싶니?"라고 물어봤어요. 근데 애들이 다 같이
약속이나 한 듯이 가수가 하고 싶다는 거예요. 저는 춤을 추는
애들이니까 무슨 댄스 아카데미 같은 게 나올 줄 알았어요.
그러면 그동안 도와줘서 고마운 마음에 학원 하나 차려주려고
그랬거든요. 근데 가수를 하겠다는 거예요. 근데 도와주려고
생각해보니 되게 힘든 미션인 것 같았어요. 일단 애들이
노래를 못하거든요. 그래서 가수는 아무나 하냐며 그냥 춤이나
추라고 했죠. 나는 관두면 미국 가서 춤이나 출 거라고.
미국 가서 춤추는 게 제 꿈이었으니까요. 그랬더니 노래 잘하는
사람을 캐스팅하면 된다면서 투투 출신의 임성은 얘기를 하는
거예요. 그래서 제작하게 되었죠. 진짜 미국 가려고 했는데
제작자로 발이 묶여서. 운명인 거죠. (웃음)

Q   1집을 만들고 히트곡이 없어 신철 씨에게 부탁하신
     건가요?

     그때 저희가 앨범 구성을 하는 과정 중에 내가 철이
형한테 〈훔쳐보기〉라는 노래를 들려줬을 거예요. "형, 이
노래 어때?" 하고 물었더니 "너무 좀 빠다 냄새가 나. 야,
이거 잘 안 돼. 그거 말고 이번에 구피 신곡 나왔는데 그거

니네 애들이 하면 좋을 것 같다. 한번 들어볼래?"라고 했죠.
그래서 들려달라고 했는데, 좋더라고요. "그럼 저희 주세요"
해가지고 (윤)일상이하고 같이 작업했죠. 그게 〈정〉이에요.
물론 일상이가 곡을 쓴 거지만, 철이 형의 역할이 아니었으면
우리가 가져올 수 없었겠죠. 워낙에 철이 형하고 제가 형제
같았고, 제가 음으로 양으로 많이 도와드린 게 있어서 형도 절
도와주시고 싶었던 거예요. 암튼 그 조언은 적중했어요.

Q   신철 씨랑은 언제 알게 되었나요?

리듬터치 할 때 마포 사무실에 춤 좀 춘다는 사람들이
와서 가끔 시연하고 그랬거든요. 그때 나중에 붐붐 중 한
명이 되는 이정효 씨가 온 적이 있어요. 그때는 정효 형이
일타였어요. 그 형이 와서 춤을 추면, 우리는 "저건 뭐야?"
하고 쫓아다니며 가르쳐달라고 하고 그랬어요. 그리고 제가
노피플을 하면서 정효 형을 캐스팅했어요. 그 정효 형의 친한
친구가 철이 형이었어요. 자연스럽게 친분이 생기고 알게
되었죠. 철이 형은 DJ 쪽을 막 팠고요. 댄서 출신은 아니지만
퍼포먼스를 위해 나중에 정효 형하고 춤을 췄죠. 정효 형은 좀
무덤덤하고 철이 형은 친근한 스타일이었어요. 타지 생활을
하다 보니 철이 형에게 더 정이 갔던 것 같아요. 많은 시간을
공유하고 더 친해졌어요.

Q 돌이켜보면 영턱스클럽은 어떤 의미인가요?

조금 아쉬운 부분이 있어요. 너무 자유롭게 둔 것 같아요. 그래서 오히려 좀 미안해요. 지금 아이돌들의 관리시스템을 조금만 가져갔으면 그 멤버들이 지금보다는 조금 더 풍족한, 혹은 더 안정된 생활을 하지 않았을까 생각해요. 제작자로서 또 선배로서 미안한 생각이 들 뿐이에요. 물론 그 시절이 당시에는 가장 행복했어요. 가장 행복하게 그 시절을 지낸 거죠. 근데 이게 꼭 약은 아니었다는 거예요. 그건 나중에 느낀 거니까요. 그때 우리는 매출을 1/n로 나눠 가졌어요. 수익이 아니라 매출을요. 그러니까 나중에는 힘들어졌어요. 우연이라도 그 아이들을 만나면 항상 그런 얘기를 해요. "그때 내가 조금 더 기획적으로 혹은 사업적으로 프로덕션을 운영했다면 너희들이 지금 이렇게 고생 안 할 텐데. 내가 대장으로서 미안했다고요." 진심이에요. 그때는 행복을 제일 중요하게 생각했던 것 같아요. 활동하고 열심히 놀았어요. 같이 보드 타러 가고 하면서 아주 프리하게 지냈죠. 본인들이 하고 싶다는 거 그대로 하게끔 해준다고요. 거기에 노래가 그렇게 터질지 몰랐어요. 그래서 너무 잘되니까 '야, 이게 뭐지?' 싶으면서도 하던 대로 놔두었으니까요. 그거를 제가 좀 더 심사숙고했어야 했다는 생각이 들어요. 그러면 더 좋았을 텐데 하는 생각이요. 제가 좀 부족했어요. 저는 경영보다는 아티스트적인 성향이 아주 많았으니까요. 그래서 계속 그렇게 할 것 같은 기분으로 놔뒀죠. 조금은 자제하고 절제하고,

경영자의 마음으로 운영했어야 했다는 생각이 들어요.

Q 〈비보이를 사랑한 발레리나〉, 〈빨간 구두〉도
만드셨잖아요.

'비사발'을 만들었던 이유는 한국 스트리트 댄서가
충분히 경쟁력이 있는데 이거를 무대에 올려서 다른
나라에서도 막 공연을 시키고 싶은 마음이 컸어요. 근데
그러려면 뮤지컬 형식이 돼야 하고, 근데 뮤지컬을 하려면
대사 있고, 그러면 댄서들이 발성이 안 되잖아요. 그래서
넌버벌이라는 장르를 택한 거예요. '아, 그럼 말 없이 춤과
음악만 가지고 무대를 표현해야겠다'고 해서 만든 거죠. 제가
춤에 대한 애정이 아직도 있으니까 한 거죠. '이게 더 확산세가
되고 정례화되면 우리나라 스트리트 댄서들이 이런 무대를
통해 더 다양한 활동을 하겠구나'라고 생각한 거예요. 사실
그게 제 실질적 바람이고 꿈이기도 하죠. 우리나라 최초이자
내가 볼 때는 전 세계에서도 아마 댄스 배우는 최초일 거예요.
그 원작자가 저라는 자부심은 있어요.

Q 우리나라 음악도 그렇고 비보이도 전 세계적으로 높은
수준이잖아요. 혹시 우리나라 사람들이 갖고 있는 경쟁력
같은 거는 어디서 나오는지 생각해본 적 있으세요?

그게요. 우리나라 사람들이 참 대단하잖아요. 제가 그에
관한 강의를 많이 했어요. 이미 15년, 20년 전에 우리나라가

아시아를 문화적으로 지배하고, 어느 시절이 되면 빌보드에도 입성하고 그런 시절이 올 것이라고요. 한 예로 서울대학교에 비학위과정 대학원에 연사로 가서 강연한 적이 있어요. 방송국 부사장, 엔터테인먼트 관련 임원들이 커뮤니티 만들어서 자기들끼리 소통도 하고 강연도 듣고 그런 데였는데요. 그래서 갔는데 한국 스트리트 댄스, K팝 문화, 이게 어디까지 갈 것인가를 두고 한 2시간 떠든 적이 있어요. 그분들이 한국 문화가, 또 우리 젊은이들이 전 세계에서 그런 역할을 하게 된다는 게 너무 흥분된다면서 진짜 그렇게 되냐고 묻더라고요. 제가 그랬어요. "두고 보시면 안다." 그분들이 지금 살아계시면 제 얘기가 기억에 남겠죠.

제가 왜 그렇게 말할 수 있었냐면 그게 우리나라 사람들의 기질이에요. 제가 거기에서도 얘기했던 거 중에 우리나라는 수천 번의 침략을 받은 민족이잖아요. 그걸 겪으면서 어떤, 그러니까 우리나라에 R&B가 잘 통하는 이유가 그와 비슷한 것이거든요. 흑인이 학대받으며 노예생활을 하면서 만들어진 DNA가 수도 없는 외침을 받으면서 만들어진 우리의 DNA와 상통하는 거예요. 우리나라만큼 R&B가 그렇게 빨리 흡수된 나라가 거의 없어요. 왜? 같은 형태인 거니까요. 흑인 음악이 빌보드를 장악하고 R&B, 힙합 장르를 전 세계 젊은이들이 하잖아요. 꼭 리드미컬한 아주 좋은 퍼포먼스나 노래뿐만 아니라 그 안에 감성이 있는 거예요. 우리나라 사람들이 그 DNA가 있는 거예요. 우리는 그러면서도 오리엔탈의 신비감도 가지고 있으니까 우리 아이들이 그런 감성을 가지고 파워풀한 댄스로 표현하면 전 세계가 충분히 좋아할 거라고 판단한 거죠.

먼저 아시아를 지배할 것이라고 봤어요. 왜? 우리가 자랄 때는 홍콩 영화나 일본 음악을 공부했어요. 근데 홍콩 영화도, 일본 음악도 한 10년 지나니까 더 이상 대중한테서 첫 번째 조건이 아니게 된 거예요. 우리가 홍콩 영화를 쫓아가고, 일본 음악을 카피하고, 우리 댄서들도 일본 춤을 따라갔잖아요. 근데 어느 시점이 되면 앞서가겠다고 생각했어요. 현장에 있던 사람으로서 충분히 가능성이 있다고 보았습니다. 우리가 갖고 있는 DNA가 다르니까요. 이런 시각은 저 말고도 이쪽 업계에 있던 사람들의 대다수는 그렇게 생각했을 거예요.

저는 댄서니까 말씀드리는데요. 국가나 기업에서 우리 댄서들에게 투자를 좀 해주면 좋겠어요. 우리 댄서들은 본인들이 아르바이트해서 외국 가고 대회에 참여하고 태극기 꽂고 그랬어요. 그런데 왜 이 무형의 황금 자산을 대기업이나 큰 기관 같은 데서는 신경도 안 쓰는지 모르겠어요. 과거 홍콩 영화, 일본 음악 듣던 때 우리나라 사람들이 그 나라 사람들 만나면 왠지 위축되고 그랬어요. 우리가 갖는 그 문화적인 힘이 얼마나 큰지 한번 상상해보셔야 해요. 외국의 대회에 나간다고 후원해달라고 해도 아무도 도와주지 않았어요. 그럼에도 애들은 했어요. 자기가 좋아하는 일이라서요. 근데 상을 받아와도 그냥 그런가 보다 해요. 다른 거는 원가가 필요한데, 애네들은 뭐가도 필요 없잖아요. 그렇지만 나중에 이게 국가 경쟁력이나 어떤 브랜드가 돼서 값어치는 상상을 초월할 수 있어요. 그래서 제가 강연에서 자주 말했어요. 댄서들에게 관심을 좀 가져줘라. 그래야 좀 더 퀄리티가 생기고 그러면서 한국의 어떤 음악과 또 기존의 춤과 이런 것들이 잘 메이킹이 된다고요. 만약에 한국의 댄스 뮤직이 아니었으면 케이팝은 자리 못 잡았을 거예요. 퍼포먼스가 빠졌다면 더욱 그렇겠죠. 춤이 그렇게 큰 역할을 했다고 봐요. 이게 스트리트 댄스에서 기반이 된 거예요. 스트리트 댄스는 그만큼 많은 일을 했고 역할을 했습니다. 하지만 대중의 반응이나 평가는 아쉬워요. 아직도 저평가되어 있다고 생각합니다. 5년, 10년 전만 해도 LPGA에 1위부터 10위 중 5~7명이 한국 선수였어요. 그런데 지금은 없어요. 알아서 잘한다고 그냥 두면 그렇게 되는 거예요.

제도에 저항한
뮤지션의 혁명

정태춘

누군가 1990년대 한국 대중음악의 가장 역사적 순간 하나를 꼽으라고 한다면 주저하지 않고 정태춘을 얘기할 것이다. 정태춘 덕분에 한국 대중음악은 악법으로 분류되려던 음반법을 바로잡았고, 표현의 자유를 얻게 됐다. 현재 뮤지션들이 창작 활동을 자유롭게 하게 된 이유는 그의 노력 덕분이다. 그가 없었다면 한국 대중음악의 발전은 더디게 진행됐을 것이다.

이토록 중요한 역사적 사실과 관련해서 사회는 외면하지 않았다. 정태춘을 인터뷰할 때마다 '가요 사전심의제도 폐지'에 대한 소개는 꾸준히 나왔고, 음악계 내에서도 알만한 사람은 다 아는 얘기가 됐다. 그러나 인터뷰를 진행하며 알게 된 의외의 사실은 이 활동과 관련해서 집중적으로 다뤄낸 매체가 없다는 것이다. 이미 수십 차례 질문을 받아 지루할 주제에 대해 물어보러 왔다는 우리에게 정태춘은 이 부분만 물으러 온 사람은 처음이라고 답했다. 그간 언론에 적지 않게 노출된 얘기지만, 그저 뮤지션 정태춘의 새로운 활동을 소개할 때 머리말 정도 또는 일부분만 활용된 셈이다.

뮤지션들의 반응도 놀라웠다. '지극히 개인적인 싸움'으로 시작했다고 했으나, 결론적으로 악법이 폐지된 것에 대해 주변 동료들의 피드백이 없었다고 한다. 덕분에 창작의 족쇄가 풀렸고, 덕분에 사전심의 비용도 안 내게 됐지만, 고맙다고 얘기한 뮤지션은 손에 꼽을 정도로 적었던 것이다.

30년이 지났음에도 1990년대 정태춘이 앞장서서 '가요 사전심의제도 폐지'를 만들어낸 성과는 평생 한국 대중음악 역사에서 다루어질 주제다. 조금은 늦은 감이 있으나, 이제라도 자세히 풀어내는 것이 옳다고 본다. 그래서 그를 만났고, 그는 답해줬다. 그때의 생생한 순간들을.

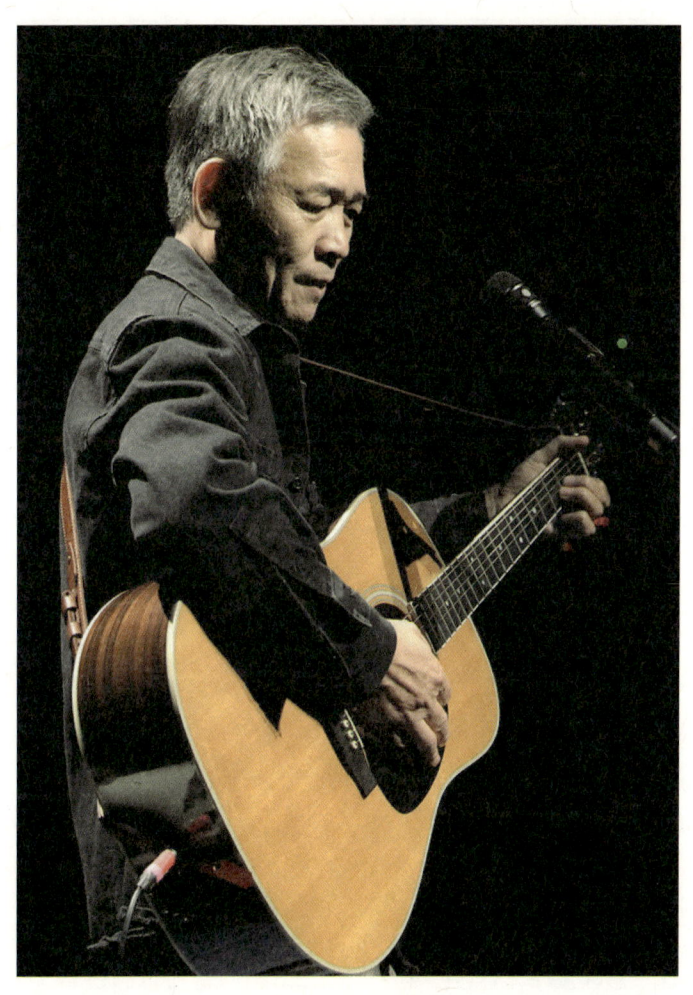

사진: 정태춘 프로필

Q '가요 사전검열제도'에 대한 이목이 쏠린 건
    '한국민족예술인총연합'의 기자회견이 컸습니다.
    이 모임의 위원장은 어떻게 맡게 되셨을까요?

    당시 민예총엔 많은 특위가 있었어요. 현안이 발생하면
일반적으로 그 현안에 대처하는 장르별 인원들이 모여
만들었죠. 그래서 음반법 조직특위가 생성됐어요.

    기존 음반법이 음비법(음반, 비디오)으로 변경되면서
악법으로 개정되려 했어요. 우리는 음반법 검열을 철폐하라고
얘기해야 하는 상황인데, 오히려 그 처벌을 강화하는
쪽으로 새 법을 만드는 상황이었거든요. 가요에 대한 검열을
비디오와 같은 법률안으로 끌어들이면서 검열을 정당화하는
전략이었어요. 그거에 대처하기 위해 활동가들이 위원회를
만들게 됐고, 당연히 그전부터 《아, 대한민국…》(1990)을
가지고 싸우고 있고, 또 연장자이고 하니까 위원장을 맡게
됐죠.

Q 민예총과의 인연은 '청계피복노조'가 '1일 찻집 공연'을
    하면서 선생님께 공연을 요청한 게 첫 시작인 거로 압니다.

    네. 민중 진영 쪽에 나간 거는 그게 계기가 됐죠.
피복노조가 비밀리에 1일 찻집을 하는데, 나가서 노래하고

그곳의 지도부들하고 이야기를 나눴죠. 기존 상업 음악 진영에서의 활동 말고 '우리 사회의 변화 속에서 정확한 내 자리가 어디일까? 어떤 방식으로 활동해야 할까?'라는 고민을 많이 하던 때죠.

이럴 때 그 운동 진영하고 만나면서 자연스럽게 동화되고 "내 노래를 사용할 곳이 있으면 사용해라. 기꺼이 함께하겠다" 이렇게 하면서 시작했죠. 그러면서 수많은 집회에 나가게 됐고요.

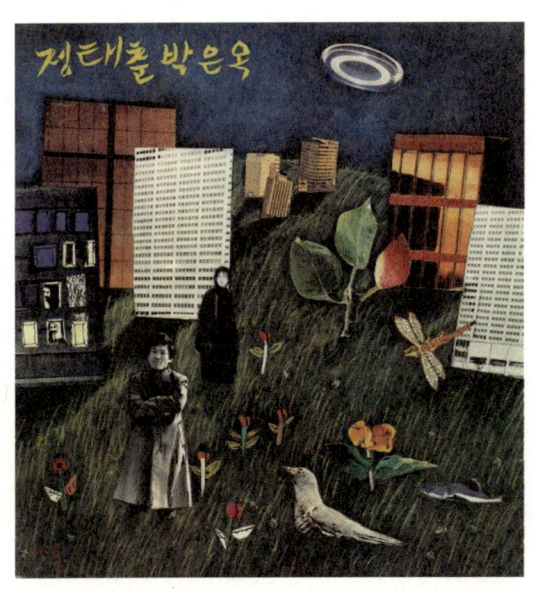

Q 당시 대중에게 많은 사랑을 받았고 가정을 꾸렸던
　　상황인데, 이런 선택이 쉽지 않았을 것으로 보입니다.

《戊辰 새 노래》(1988) 때 욕심내어 심의가 나올 만한
곡들을 골라서 앨범을 발표했는데, 그때부터 가사에 이런저런
이야기들이 좀 나오죠.

당시 저는 민중 진영과 같이 가야 한다고 생각하고
있었어요. 1980년대 초반부터 서서히 광주민주화운동에 관한
진실이 드러났고, 가장 먼저 민족 문학 쪽에서 자료들을
내고 소설들이 나왔죠. 창간된 《실천문학》을 보기 시작했고,
《실천문학》에서 소개되는 책과 리뷰들을 접하면서 막
의식화되던 때죠. 그전까진 저도 조선일보 정도의 민족주의
수준이었어요.

'그간 내가 바라봤던 사회, 내가 바라봤던 한국,
내가 생각했던 역사가 전부가 아니구나. 다시 체계를
세워야겠구나'하는 갈망이 꽉 들어찼을 때 운동 진영과
만나게 된 거죠. 아주 자연스러웠죠.

더불어 그전 앨범의 매출이 좋았어요. 지구레코드의
대우가 좋지 못해 나온 뒤, 《발췌곡집 1》(1987)을 직접
제작했는데, LP 속지에 스탬프 찍기가 바쁠 정도로 방송
활동을 안 해도 인세 수익이 많이 들어왔죠. 경제적으로 여유
있었기 때문에 그렇게 활동하는 데도 문제가 없었어요.

Q 사전검열제도의 시작이던 《아, 대한민국…》의 제작
과정이 궁금합니다.

전에도 자체 제작을 했기 때문에 《아, 대한민국…》도 직접
제작하는 게 당연한 거였죠. 그런데 심의 관련해서는 두세 곡
정도만 심의를 넣었죠. 나머진 안 될 게 너무 뻔하니까.
결국 심의 통과는 〈한여름밤〉만 나왔어요.

그때부터 싸울 이유가 없었죠. 그전에도
'공연윤리위원회'(이하 공윤위)에 자주 들락날락했어요. 앨범
낼 때마다 심의 넣으면 반려됐고, 그럼 다시 소견서를 올려
설명하고, 다시 반려되면 직접 찾아갔죠.

심의 회의가 열리는 자리에 들어가서 또 얘기합니다.

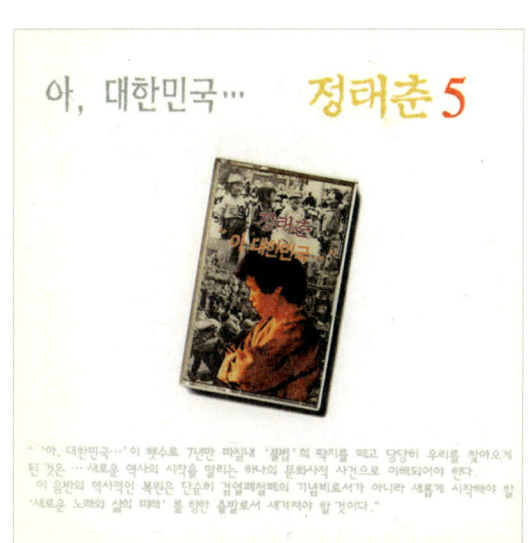

"이거는 힘 좀 내주셔야 합니다. 이런 정도도 안 내면 안됩니다"라고 하면 "왜 그래? 꼭 그런 얘기를 해야 해? 그런 가사를 꼭 써야 해?" 이러는 거예요.

거기에 7~8명. 그러니까 영화평론가부터 대중음악평론가, 작곡가, 시인, 방송 PD, 정보기관 담당자 등이 쫙 앉아 있죠. 그런데 시인이 먼저 나서서 얘기하는 거예요. "가사가 그렇게 되면 안 된다"라고. 작곡가도 얘기하죠. "가사가 쇠퇴했고, 이렇게 하면 선동적이고"라고요.

심의 회의를 나오면 평소 사무국의 담당자와 자주 얘기를 나눴으니까, 그냥 저를 데리고 사무실로 가요. "나하고 여기서 같이 고칩시다. 이렇게 양보해주면 내가 통과시켜줄게." 그렇게 인간적인 배려가 생길 정도로까지 공윤위에 드나들었죠. 그들에겐 눈엣가시였을 거예요.

Q **공윤위에서 그런 상황을 맞이한 사람은 선생님밖에 없으셨나요?**

내가 알기로는 아주 특별한 사례들이 한두 번 있을 순 있었지만, 예의 주시 대상자로 분류된 사람은 나밖에 없었을 거예요.

Q **심의 회의에 참석한 대중음악계 동료들과 밖에서 만났을 땐 어떤 이야기를 나누었나요?**

그 주제에 대해서는 나와 얘기하는 걸 불편해하니까

얘기한 게 없어요. 더불어 사전심의와 관련해서는 대중음악
판에서 동의나 지지를 먼저 받은 게 없어요.

한창 사전심의 폐지 활동을 할 때, 아는 선배나
동료들한테 전화해서 "이거 좀 같이 도와주십시오" 해도
"태춘아, 네가 잘못 생각하는 거야. 심의가 없어지면 이상한
노래들이 판을 쳐. 잘못 생각하는 거야." 선배들은 그렇게
얘기했죠. 오히려 미술, 문학 쪽 등 다른 장르 사람들하고
교류가 많았으니까 그쪽에 계신 분들이 더 도와주고
참여해줬죠.

Q 공개적으로 지지하고 도와준 동료들이 있을까요?

기자회견 할 때 강산에 씨가 왔고, 노무현 씨, 천정배 씨도
오셨죠.

Q 당시 기분이 어땠나요?

참 고맙죠. 고마운데 사실 기대는 안 했어요. '이건 내
싸움이지 대중음악 쪽 전문 싱어송라이터 등 뮤지션들과
공동의 싸움으로 갈 수 있는 건 아니다'라고 생각했어요.
동의 못 받는 게 너무나 당연하니까.

나한테 적극적으로 반대 입장을 가지고 전화로 연락한
동료들도 있었어요. 당시 사람들이 제일 우려했던 건
"검열제가 없어지면 저질 가요가 판을 친다"였어요.

Q 모든 분야에 다 그런 논리가 있지 않나요?

네. 그 격을 유지해야 한다고 본 거죠. 당시 국회의원 한 명이 도와주겠다고 해서 만났어요. 대단히 좋은 일이라고, 이미 보좌관하고 얘기를 다 해놨다고 해서 국회에 갔죠.

갔는데 아니더라고. 조그만 회의실에서 여러 사람이 앉아 이런 얘기를 했죠. "정태춘 씨, 여기 분재 있잖아요. 이 분재도 가지를 휘어주고 잘라주고 모양을 만들어줘야 하는 거 아닙니까? 문화도 이렇게 해야 하는 겁니다. 정태춘 씨가 한 말이 무슨 말인지 알겠지만, 정부나 국가는 이를테면 분재처럼 문화를 바꿔야 합니다." 그 말 듣고 열받아서 바로 한 판 붙었죠. "도와준다고 하더니, 그딴 소리나 하려고 날 부른 거냐?"라고. 그랬더니 국회 경위들이 와서 뜯어말리곤 했죠.

그 시절엔 그런 정도의 수준에서 벗어나지 못하던 때죠. 사전심의제가 폐지된다고 하면 그런 의견을 내는 게 보편적인 인식 수준이었어요.

특별히 어떤 사람들만 꼭 나빴던 게 아니에요. 그래서 그 단계를 넘어가는 것으로 가요 사전심의제도 폐지가 있었던 거죠.

Q 반대 주장을 한 동료들과 논리적으로 토론을 해본 적은 없었나요?

네. 그런 논의를 할 기회도 많지 않았고, 또 만난다고 해도 주제를 삼지도 않았고.

Q   공윤위에서 한 곡만 통과된 이후로는 어떻게 진행했나요?

일단 심의가 안 나왔으니 도매상으로 풀 수 없었어요. 심의 번호가 붙어 있어야 공식적인 노래가 되는 거죠. 공식 유통은 이제 못하는 거고, 법률도 위반이니까 이제 법적인 어떤 조치가 들어오는 거에 대해서도 생각해야 하는 거죠.

그런데 그 시기에 문화 예술운동 진영의 분위기가 좋았고, 힘도 있었고, 투지도 좋았죠. 그래서 '이거는 한번 붙어볼 만한 일이야. 이걸 내 싸움으로 가야겠다'고 생각했죠.

공개적으로 기자회견을 진행했고, "나 이런 앨범을 내놓는다. 잡아가려면 잡아가고, 입건하려면 마음대로 해라"라고 했더니 정보과하고 안기부 기관에서 왔더라고요. 어디에서 왔다고 인사하기에 자료를 다 줬지만, 아무 액션도 안 취했어요. 당국에서 그냥 못 본 척했고, 언론에서 기사가 많이 나오지도 않았고. 나는 더 고립됐죠.

기자회견 후 앨범을 발매했는데, 운동 진영을 통해 주문이 들어가게 됐고, 상당히 많은 요청이 있었어요. 전국을 돌아다니면서 공연 끝나고 사인 판매할 때 줄이 300~400m씩 생기기도 했죠. 결국 《아, 대한민국…》 카세트테이프는 많이 팔렸어요. 비록 정부 당국에서는 아무 대처도 안 했지만, 내가 하고 싶은 노래들을 어느 정도의 사람들에게는 전달했고, 피드백이 충분히 온 거죠. 그러고는 다음 앨범을 내야 하는데, 어떻게 할 것인가에 대해 고민했죠.

Q 다음에 발표된 《92년 장마, 종로에서》(1993)에 대한 고민이군요.

네. 이미 노래들을 만든 게 있으니까 당연히 내야 한다. 내야 하는데 정부에서 또 아무 조치도 안 하고 들은 체도 안 하면 어떡하지? 그러던 시기에 불법 비디오가 굉장히 사회문제화되면서 비디오와 레코드를 묶는, 새롭게 처벌이 강화된 법안이 올라왔던 시점이죠.

하지만 여전히 자신감이 있었고, 정권이 바뀌었으니 제대로 밀어붙여야 한다고 생각하고 《92년 장마, 종로에서》도 불법으로 냈죠. 이때 정치인도 좀 붙고 하니까 당국에서 바로 '형사 고소'를 하더라고요. 더불어 "레코드 가게에서 정태춘

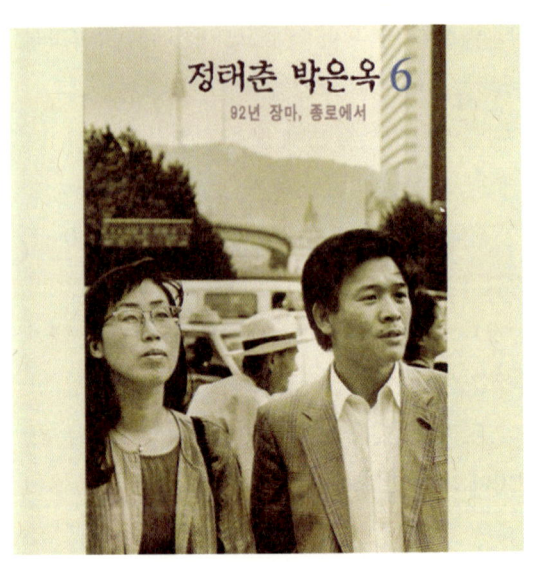

앨범을 수거하라"라는 지시가 전국으로 나가고, 그러면서
재판이 시작됐죠.

싸움이 제대로 붙으면서 (당시) 노무현 씨가 천정배 씨를
최고의 수재 변호사라면서 소개해줬죠. 그러면서 위헌 제청
신청을 했고, 받아들여지면서 재판은 중단되고 헌법재판소로
넘어갔죠.

국회에서 음비법 개정 법률안이 나오면서 대책위원회
만들어 농성하고, 국회의원들 쫓아다니고, 상임위원회 언론
인터뷰하고, 공청회와 토론회를 진행하고 있었는데, 위헌
결정이 나오기 전에 이게 국회에서 선보기로 얘기가 된
거예요.

야당하고 "이건 위헌이 분명히 나올 건데 우리가
손보자"라고 해서 현실에 맞는 음비법으로 내용 변경을
검토한 거죠. 주요 내용은 "사전심의가 의무 사항이 아니고
사전심의 또는 사전심의 번호를 부여받지 못한다고 해도
시중에 유통될 수 있다"였어요.

Q 선생님께서는 구체적으로 어떠한 내용들을
주장하셨나요?

실정법이 있지 않느냐. 사후에 이렇게 조치하듯이,
이것도 똑같은 것이다. 사회적으로 문제가 될 만한 부분들은
다른 모든 분야에서 이루어지듯 스스로 자기정화 기능을 갖게
되는 것이다.

Q 이후 과정은 어떻게 진행됐나요?

국회에서 받아들여 개정안을 만들었는데, 정부 안은 마지막까지 처벌 조항을 두고 있었어요. 사후심의에 걸리게 되면 처벌이 된다는 식으로. 그리고 실정법과 별도로 음비법에 의해 처벌이 되는 조항을 남겨놓고 있더라고요.

그래서 "난 이거 못 받아들이겠다"라고 하니, "정 선생, 오늘 지금 상임위원회에서 마지막 심의하는 날이니 문화부로 와라"라고 해서 갔어요. 사무실에서 "이 내용을 논의하고 있는데, 정 선생이 오케이를 하셔", "난 동의 못 한다. 이 조항도 독소 조항이다. 이거 빼야 한다." 그래서 실랑이했는데, 관철이 안 될 거라는 걸 그 사람들도 알고 있더라고요. 결국 그들이 받아들였고, "전화기 갖다줘. 국회에 전화 한 통 해주십시오" 그러더라고요. 그래서 상임위원회에 야당 간사가 다른 간사들과 통화해서 상임위에서 통과시키고, 그 뒤 1995년 12월 헌법재판소에서 판결이 나왔죠.

다음 해 헌재에서 위헌 결정을 내리고, 그 법이 시행되는 날짜에 맞춰《아, 대한민국…》과《92년 장마, 종로에서》앨범 두 장을 정식 CD로 발매했어요. 그날을 기념으로 서울대에서 3일간 '자유 콘서트'를 했고요.

Q 6년간의 외로운 싸움이 승리로 끝났을 때 기분이 어땠나요?

이미 국회에서 6개월 전에 통과됐으니 법이 시행되는

날엔 특별한 게 없었지만, 공장에서 합법적으로 낸 따끈따끈한 CD를 서울대로 가져왔더라고요. 그래서 그걸 받아 쥐는데 감개무량했죠. "내가 싸웠다. 싸워서 이겼고, 나는 또 이렇게 내 작품을 손에 쥘 수 있게 됐다" 이랬죠.

내가 분노했던 또는 미워했던 어떤 세력. 우리 사회를 퇴행시키고 권위주의적이고, 여전히 시민을 지도한다고 생각하는 어떤 엘리트들. 대단치 않은 건지는 모르겠는데, '이런 자들하고의 싸움에서 이겼다' 그런 생각을 했죠.

Q   이 싸움에서 항상 자신감이 있으셨을까요?

6년 동안 다 그렇지는 않았어요.《92년 장마, 종로에서》를 내놓고 헌재에 가서 그냥 지리멸렬하게 됐을 때, 국회에서 논의하기 전인 1~2년 동안에는 어려웠어요. 시장 통로가 막혔고, 운동 진영도 과거보다 쇠락한 상태라 조직 판매도 어려워졌고. 그렇게 좀 힘든 시기가 있었죠.

Q   과거 서정적인 작품들이 많으셨는데, 심의가 잘 통과할 수 있게 노랫말을 과거의 방향으로 잡고 싶진 않으셨나요?

나에겐 서정적이었어요. (웃음) 물론《아, 대한민국…》은 서정적이진 않았지만,《92년 장마, 종로에서》의 노랫말들은 나의 미학으로서는 서정이었죠. 그래서 어디로 다시 돌아간다? 돌아갈 곳이 없었어요.

그 상황에서 그만두고 싶은 생각이 많았어요. 한국

사회에서 이걸 용인 안 한다면 '난 노래 안 하겠어' 하는.
이런 사회를 용납할 수 없고, '이 정도를 만들어내지 못한다면
대중과 노래로 교감하는 걸 포기하겠어' 하는 마음도 있었죠.

Q 대중은 반응해줬습니다.

《아, 대한민국…》은 20만 장 나가면서 많이 팔렸죠.
그러나 《92년 장마, 종로에서》는 많이 안 나갔죠. 《92년 장마,
종로에서》는 15~20년 지나서 사람들이 반응한 노래지, 처음
나온 뒤 10여 년 동안은 별로 회자되지 않았어요.

**Q 《아, 대한민국…》의 성공으로 커리어를 안정적으로
이어나갈 수 있겠다는 생각은 안 드셨나요?**

그게 한편으로는 음악적인 지지라기보다 정치적인
지지가 더 컸던 거죠. 그런데 음악으로 들어온다? 그래서 나의
변화되는 음악들, 그것들을 대중이 지지해줄 것인가? 좀 편한
노래를 할 수 있을까? 했을 때는 이제 장담할 수 없는 거죠.
나는 그렇게 대중적이지 않으니까요.

대중적인 것으로서의 나의 시대는 간 거예요. 새로운
세대가 등장하고, 트렌드가 바뀌고, 소비자가 바뀌고, 이게
확 물갈이가 되는데, 내가 여전히 시장에서 굳건하게 영역을
가지기는 힘든 거고, 소수의 사람하고 뒤로 좀 물러나야 하는
상황인 거죠.

Q 사전심의제가 폐지된 해에 이 부분과 관련해서
언론의 화두는 서태지와 아이들의 《시대유감》으로
도배됐습니다.

그럼요. 서태지는 톱스타였으니까 당연히 그렇게 됐고.
그것이 긍정적인 영향을 줘서 국회 쪽 의원들이 영향을
받았을 수 있었을지 모르죠.

Q 그런 분위기가 조금 불편하거나 불쾌하신 부분은
없으셨어요?

전혀 없었어요. '문제 제기를 이런 방식으로 하는 사람이
있어서 여론화하는 데 도움은 좀 되겠구나' 하는 생각을 했죠.

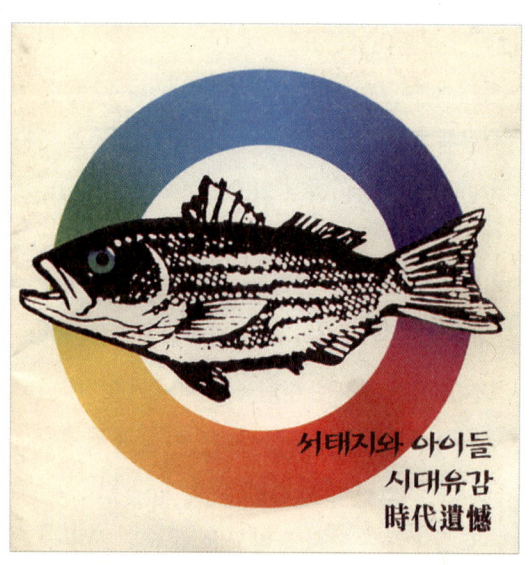

Q 같은 주제에 대해 다른 사람도 반응하고 있다는 것에 대해
'혼자만의 싸움' 또는 '외로운 싸움'이라는 생각은 조금
달라지셨을까요?

한편으로는 서태지가 그렇게 해서 대중이 같이
움직여줬다기보다는 서태지 팬들 쪽에서만 공유가 됐지,
그 밖으로까지 확산되지는 않았다고 봐요.

물론 나의 싸움도 고립된 싸움이긴 했지만, 그게 대중의
마음마저 움직여줄 정도로 파급력이 있었다고는 생각 안 해요.
만약 여론조사를 한다고 했을 때 그 시점에 했다면 50%를
넘겼을까? 그건 확신할 수 없어요. 그만큼 우리 사회는 더디게
가고 있었어요.

Q 굉장히 비관적인 상황이었군요?

네, 그런 분위기가 있었던 거죠. 국회나 법을 다루는 쪽,
민주화 운동 쪽 사람들은 관심 있었지만, 대중적으로 충분히
무르익어서 법이 바뀐 것은 아니라고 봐요.

Q 만약 당시 법 통과가 안 됐고, 누구도 법 개정을 시도하지
않았으면 김대중 정권쯤 돼서야 뭔가 바뀌었을까요?

그렇겠죠. 그만큼 불편해하는 사람들이 적었어요. '이거
정말 짜증 나는 법이야. 이게 숨통을 조이네?' 이런 분위기가
별로 없었어요. 그냥 익숙했던 거예요. 그리고 대중가요
가사를 사실 그렇게 집중해서 듣지도 않고요. 소수의 사람만

그걸 불편해할 뿐이었죠.

그런데 지금도 마찬가지예요. 가사에 집중을 안 하잖아요. 음악만이 아니고 음악 속에 들어있는 가사 가지고도 논평할 거리가 있어야 하는데, 작사하는 사람들도 피드백이 적으니까 덜 신경 쓰는 거죠. 작사에서의 문학성, 예술성 등은 과거보다 비중이 낮아지고 말았죠.

Q 요즘은 과거와 비교해 노래 만드는 방식이 바뀌었습니다.

나는 보통 작사·작곡을 같이 해요. 가사 테마가 잡히면 멜로디 라인과 같이 놓고 해요. 예전 작가들은 대체로 가사가 먼저 있고, 그 가사를 가지고 곡을 쓰는 게 보편적인 관행이었죠. 그래서 작곡가들이 작사가들한테 좋은 가사 좀 달라고 했단 말이죠.

그런데 어느 순간부터 음악을 다 만들어놓고 작사가에게 준다는 거예요. 세상에, 음악 속에 말을 집어넣어야 하는데 이런 방식이 굉장히 놀라웠죠.

결국 이런 방식이 노래에서 말은 살아있는지 모르겠는데, 문학은 사라졌다는 걸 보여주는 것 같아요.

Q 악법이 사라진 후 작업의 마음가짐은 어떻게 달라지셨을까요?

많이 달라졌죠. 족쇄가 다 풀린 기분이었어요. 과거엔 어떤 단어를 고르고, 상황 하나를 전개하려

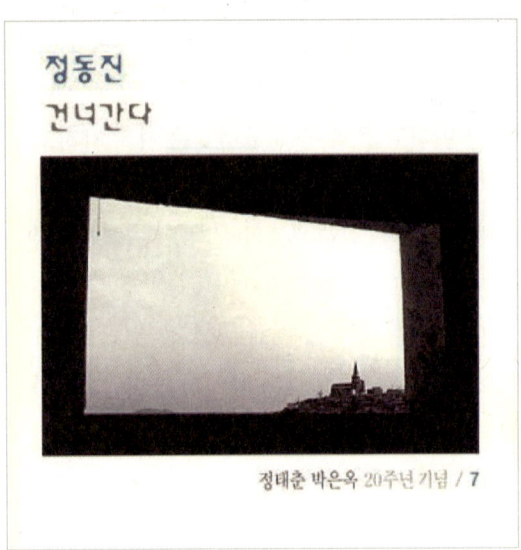

정동진
건너간다

정태춘 박은옥 20주년 기념 / 7

할 때, 늘 심의 기준으로 생각했죠. 그러나《정동진 /
건너간다》(1998)부터는 편하게 쓸 수 있었죠. 그러면서
나름대로 작품성을 끌어올려야 한다는 욕심도 있었어요.
어법도 기존의 대중음악적인 어법 말고 좀 편하게 해보자
해서 사람들과 이야기하는 방식의 노래도 하고, 정말 편하게
작업을 할 수 있게 된 거죠. 머릿속에 있는 것만 생각하고,
상상력에만 맡기고 글을 써나갈 수 있으니 얼마나 좋아요.

Q 승소 이후 고맙다고 연락 온 뮤지션이 있었나요?

모르겠어요. 기억에 없어요. (웃음)

Q   혼자만의 싸움이었다고 하지만, 결과적으로 1990년대 한국 대중음악의 가장 역사적 사건입니다. 그럼에도 음악계에서 알만한 사람만 이런 역사를 기억한다는 게 서운하진 않으세요?

아니요. 전혀 없어요. 그것까지 평가받고 싶지는 않아요. 이미 정부에서 훈장과 관련해서 몇 번 연락이 왔어요. 그러나 사양했죠. 우리 사회에서 내가 잘 평가받는다? 사실 그런 기대 많이 안 해요. 이 사회는 내 기준으로 봤을 때 내가 평가받는 사람이어서는 안 된다고 생각해요.

지극히 개인적으로 한 거예요. 대한민국의 문화사, 예술사 또는 사회사의 한 부분으로서 한 게 아니에요. '내가 답답하니까 싸운 거야. 내가 하고 싶은 이야기를 할 거야. 그래서 그거 열릴 때까지 한번 두드려볼 거야. 그래서 열리면 좋고, 아니면 나는 그만두겠어' 이런 사적인 것들이 컸죠.

사람들이 많이 불편해하지 않는데, 나도 그렇고, 진보적인 예술 운동을 하던 그룹들이 불편해하니까 그렇게 싸웠다는 거죠. 큰 명분을 가지고 싸운 게 아니에요.

Q   역사적 사건과 발명은 개인의 불편을 통해 나올 수 있습니다.

본인의 희생을 감수하면서 변화를 이뤄낸 훌륭한 분들이 많죠. 물론 우리 사회가 민주화로 가는 과정에서 다양한 분야에서 싸움들이 있었는데, 그 싸움 중에 이것도 '우리가 감당하고 이기고 넘어가야 하는 싸움이다'라는 것도 있었죠. 이것이 나의 불편한 것을 가지고 싸우는 것 이상의 명분은 주긴 했죠. 그러나 그 명분이 최우선순위는 아니었어요.

Q   요즘 한국 대중음악에서 아쉬운 부분은 어떤 점일까요?

　　장치가 첫 번째로 중요한 게 아니에요. 검열 도구가 중요한 게 아니죠. 창작자들의 생산력과 그것들을 수용하는 대중의 욕구가 더 중요하죠. 만약 지금과 같아도 되고, 특별히 대중음악에 기대하는 게 없고, 작가들도 특별히 다른 이야기를 하고 싶지 않다면, 그게 더 문제인 거죠. 검열 장치보다 메시지에 대한 문제의식이 없는 게 더 문제라고 봐요.

　　우리 사회의 다양한 문제, 그것에 대한 관심, 그것들을 바라보는 관점. 이런 것들 속에서 여러 이야기가 나올 수 있고, 그게 대중음악을 통해서도 표현될 수 있어야 하는데, 지금 주류 음악 산업은 그것을 필요로 하지 않고, 관심도 없죠.

　　대중음악을 풀어나가는 메커니즘이 완전히 바뀌면서 자기 나름의 어떤 문제의식을 느끼고 세상에 메시지를 던지는 아티스트들이 잘 안 보인다는 거죠. 나는 그게 더 문제라고 봐요.

밀리언셀러를 기록한
최초의 드라마 OST 작곡가

최경식

아마도 우리나라에서 스토리와 음악이 연계된 최초의 사례들은 라디오 드라마 음악들일 것이다. 가장 성공한 음악은 1963년 동아방송의 라디오 드라마 〈동백아가씨〉의 주제가를 부른 이미자의 버전일 것이고, TV 만화영화의 주제가들이 그 인기를 이어받는다. TV 드라마 주제가로서는 별셋이 부른 KBS 드라마 〈전우〉를 꼽을 수 있을 것 같다. 이런 주제곡들은 매주 반복적으로 TV에 노출되면서 다양한 인기곡들을 낳았다. 김국환이 부른 만화영화 주제가나 조용필이 부른 〈물망초〉, 〈꽃바람〉 등의 TV 드라마 주제가들이 대표적일 수 있을 것 같다. 1980년대까지만 해도 드라마 주제가들은 방송 시작과 함께 나오는 곡들이었다. 하지만 KBS 〈사랑이 꽃피는 나무〉나 MBC 〈우리들의 천국〉, MBC 〈사랑이 뭐길래〉의 〈타타타〉 등은 주제곡이 아니라 순수한 배경음악들로 인기를 끌기 시작했다.

가사가 없는 배경음악으로 처음 관심을 끈 것은 아마도 1970년 윤용남이 작곡한 MBC 드라마 〈수사반장〉으로 보인다. 이 음악은 류복성의 봉고 연주로 스릴러물의 긴장감을 배가시켰다. 단순히 멜로디만으로 인기가 있었던 건 1980년 방영을 시작했던 KBS 드라마 〈전투(Combat)〉의 주제 음악이 아니었을까 싶다. 이 음악의 멜로디는 한두 번 들으면 잊기 힘든 코드 진행을 갖고 있었다. 당시에는 연주곡의 인기를 측정할 방법이 라디오의 리퀘스트나 방송사로 전화 오는 것들이 있었다. 1982년 KBS 드라마 〈아내〉의 배경음악은 위와 같은 이유로 인기를 실감했고, 임수정은 가사를 붙여 〈연인들의 이야기〉라는 제목으로 발표했다.

최경식은 이런 상황의 시장에서 1990년대 들어 〈질투〉나 〈걸어서 하늘까지〉 등의 히트곡을 편곡하는 한편, MBC 〈여명의 눈동자〉와 SBS 〈모래시계〉로 주제가나 주제곡이 아닌 처음으로 드라마 스코어만으로 드라마 음악의 감상 시대를 열었다.

또한 특유의 감수성으로 〈백학〉, 〈백만송이 장미〉, 〈When I Dream〉, 〈Two Different Directions〉 등의 판권을 사들여 국내시장에서 재생산할 가능성을 만들어냈는데, 이는 영화음악 OST 시장에 많은 영향을 끼쳤다. 아마도 1990년대는 최경식의 이력을 살펴보는 것만으로도 우리나라 드라마 OST의 역사를 간단히 훑는 작업이 될 수 있을 것이다.

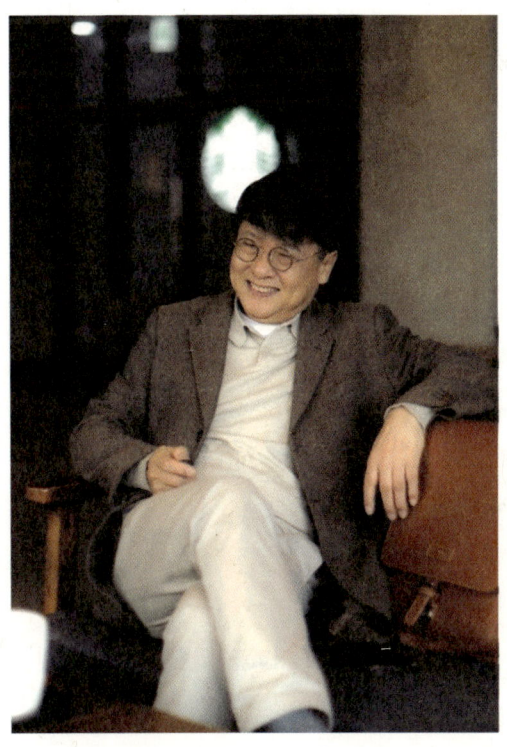

사진: 한국음반산업협회

Q   음악은 어떻게 시작하셨나요?

중퇴했지만 대학교에서 피아노를 전공했습니다. 당시엔
학교에서 할 수 있는 거라곤 클래식밖에는 없었습니다. 대구에
유일한 재즈 피아노 선생님이 계셨는데요. 그분이 제 스승님인
권태복 선생님입니다. 그분에게 재즈 피아노를 배운 후에 일을
시작했죠. 활동무대가 굉장히 좁았지만, 그래도 그분 소개로
호텔 몇 군데 가서 연주했습니다. 그때는 그래도 호텔에서
연주한다고 하면 알아주고 그랬습니다.

Q   그러다가 대중음악 쪽으로 간 계기가 있으셨나요?

네, 있었죠. 제가 연주하던 금오호텔에 나이트클럽이
있었어요. 거기서 밴드마스터 하시던 분이 색소폰을 부시던
조정래 씨였는데요. 제가 호텔에서 연주하는 걸 보고선 같이
일하자고 했어요. 그렇게 스카우트되면서 대중음악 하시는
분들과 합주를 시작했죠.

Q   서울엔 언제 올라오셨나요?

작곡가 박춘석 씨 동생 박금석 씨라고 있습니다. 그분의
추천으로 퇴계로에 있는 아스토리아호텔엘 갔습니다. 거기도
나이트클럽이 있었는데, 두 분의 악단장이 계셨어요. 각각

322

풀편성인 밴드 A, 소편성인 밴드 B를 맡았죠. 그중 A팀을
김광섭 씨가, B팀을 작곡가로 유명하신 김희갑 씨가 맡고
있었어요. 저는 6명이 연주하는 B팀에 편성되었습니다.
가수로는 김도향 씨, 〈비둘기처럼〉을 부른 이석 씨가
있었고요. 1980년 TBC가 없어지면서 TBC에서 악단장
하시던 이봉조 씨가 KBS로 들어오고 김광섭 씨가 물러났죠.
암튼 그렇게 서울에서 밴드 생활을 시작했습니다.

그다음이 프레지던트(백남)호텔이에요. 지금의 롯데호텔
바로 옆에 31층짜리 건물이 있었습니다. 롯데호텔 생기기
전부터 있었죠. 바로 31층에 나이트클럽이 있었어요. 그때는
굉장했죠. 아스토리아호텔이 조금 더 유명했고 그다음이
백남이었는데, 거기 악단장이 박춘석 씨였어요.

Q   그럼 언제 처음 음반 작업에 참여하시게 된 건가요?

그 호텔에서의 활동 중간에 세션을 시작했어요. 지금은
세션들을 조합해서 한 곡을 만들지만, 당시에는 세션을
하는 연주자가 개인은 없었고요. 팀으로는 서울녹음실,
장충녹음실에 딱 두 팀이 있었습니다. 모든 가수의 녹음을 두
팀이 다 한 거죠. 대한민국을 독점한 거라 어마어마한 위세와
자부심이 있었습니다. 영광이었죠. 그러면서 조용필과 위대한
탄생의 객원 멤버로 해외에 다녀오기도 하고요.

Q 방송국 음악은 어떻게 하시게 되셨나요?

제가 악단 연주를 하고 있으니까 드라마 음악을 하는
사람들이 불렀는데요. 그중에 저를 자주 부르시던 분이
계셨어요. 임택수 씨라고. KBS 음악들을 관리하면서 작곡도
하셨죠. 그분 덕분에 드라마 음악이 어떻게 만들어지고,
방송에 올라가고, 화면에 나오고 하는 걸 알게 되었어요.
저도 관심이 생겨서 돌아가는 걸 유심히 봤죠. 그분이 전문
음악인은 아니어서 제가 옆에서 편곡도 하고 그랬어요.

그러다 보니 드라마 음악에 관심이 가기도 하고, 또
해보고도 싶더라고요. 근데 방송국에 아는 사람이 아무도
없으니 어떤 드라마의 음악을 맡을 수는 없었습니다. 그러다가
저하고 무교동 클럽 여기저기에서 같이 연주하던 장익환
씨라고 있었는데요. 엄청난 실력자였죠. 편곡은 물론, 재즈
편곡도 잘하시고 빅밴드도 잘 운영하시고요. 그 후 그분과
떨어져 다른 곳에서 일하고 있었는데, 그분이 MBC 악단장을
맡은 거예요. 그래서 찾아갔죠. 방송 음악이 하고 싶으니까
방송국 PD들 좀 소개해달라고요.

Q 첫 작품은 뭐였나요?

장익환 씨에게 소개받은 분이 장수봉 씨하고 김종학
씨입니다. 김종학 씨에게 갔더니 뭔가 다른 작품 하나를 하고
오라고 하더라고요. 제가 아직 검증되지 않았으니까요. 그래서
이창순 PD가 하는 거 짧은 거 하나 하고 장수봉 PD가 하는

MBC 〈베스트셀러극장〉으로 드라마 음악 활동을 시작했죠.
당시 MBC에는 〈베스트셀러극장〉, KBS에는 〈TV문학관〉이
있었는데요. 그 짧은 단막극들이 PD들이나 신입 스태프들의
입문용, 연습용으로 운영하던 거였어요. 한번 시도해보라고
열어주는 거였죠. 그 뒤로는 김종학 씨가 〈제5열〉이라는
미니시리즈를 하면서 같이하게 되었고, 이후에는 많은 작품을
같이했습니다.

❶ 왜 드라마 음악에 꽂히셨을까요?

실질적으로 음악계에 있어 드라마 음악이나 영화 음악이
최고봉이라 생각합니다. 왜 최고봉인가 하면요. 그 속에 모든
장르의 음악이 다 나와서 그렇습니다. 스코어는 동요, 가요,
클래식 뭐든지 다 소화할 수 있죠. 미국에서도 음악 하는
사람들의 제일 마지막 과정이 영화 음악입니다. 그건 아무나
못 하죠. 아무나 못 합니다. 거기 나온 사람 중에 요즘은
컴퓨터 다 하니까 워낙 세상이 좋아서 지금은 기계적으로
해서 어느 정도 설명하는데, 그래도 제대로 못 합니다. 영화
제작자들이 작곡하는 사람은 무조건 드라마 음악 할 줄 아는
줄 알고 아무나 픽을 해요. 그럼 그 애들이 뭘 가져오냐면
타이틀 음악 하나 딱 가져옵니다. 배경음악이라는 걸 쉽게
알아요. 영상과 맞춰야 한다는 걸 모르는 거죠. 여기저기
상황에 다 맞춰야 하는데, 하다 보면 그게 어렵다는 걸 알게
됩니다. 제가 보기엔 경험이 없으면 굉장히 어렵습니다.

그거는 굉장히 큰 노하우가 있어야 하는 거예요.

Q   음악가로서 이상에 도전하는 느낌이었을까요?

임택수 씨가 하는 걸 보면서 '아, 이런 세계도 있구나' 하는 걸 느꼈고요. 그전에 MBC 제작 2부에 〈토토즐〉 같은 쇼 파트가 있었어요. 제작 2부는 가수이고, 3부는 드라마였어요. 그때 드라마 작곡가 중에 신종희 씨라고 있었는데요. 그 사람이 좀 괴팍해요. 음악을 이상하게 만들고 자기 마음대로 요구하니까 전속악단들이 너무 힘들어하는 거죠. 그래서 여기 가서 받아서 만들고 저기 가서 받아서 만들고 해서 붙여다 음악을 했어요. 근데 1980년대 초에 제가 컴퓨터 음악에 눈을 떴습니다. 컴퓨터 음악이 나오기 전에 시퀀서라고 있었어요. 그 시퀀서라는 게 한국에 한 군데도 없고 일본 가서 제가 수입해서 썼습니다. 그걸 가지고 아주 독하게 공부한 거죠. 그걸로 편곡을 많이 했어요. 방송국에 들어가기 전부터요. 어느 날 그분이 제게 편곡을 해보라고 외주를 맡긴 거예요. 그때는 우리나라에서 거의 저 혼자 컴퓨터 음악을 하던 때라서 제가 해서 가지고 가니까 기존 악단들이 만들어놓은 음악들하고 비교가 안 되게 월등히 높은 수준인 거예요. 그러면서 일이 많아졌어요. 컴퓨터 음악은 구현에 있어 불가능한 게 없잖아요. 미술학도 포토샵 만지는 거랑 똑같은 거니까. 아무도 포토샵, 일러스트를 하지 못하는데 나 혼자 만질 수 있다고 생각해보세요. 석권해버리는 거죠.

거기다 뭐 해달라는 대로 다 해주니까요. 뭐든지 안 되는 게
전혀 없으니까. KBS에 진필홍 씨의 〈가요톱10〉도 제가 매주
했어요. 매주 전체 프로그램의 음악을 내가 다 해준 거죠.
MBC 드라마 음악 하기 전에요. 그래서 돈도 많이 벌었어요.

Q 시퀀서가 있다는 거는 어떻게 아셨어요?

제가 그쪽에 관심이 많았어요. 외국에서 이런 걸로
작업하고 있다는 정보들을 찾고 알아갔죠. 도전정신도 좀
있어서 그런 걸로 한번 해봐야겠다 싶은 생각이 들었어요.
그래서 공부했죠. 새로운 것에 대해 도전하는 게 중요한 거
같아요. 요즘은 AI 시대잖아요. AI를 제일 먼저 시작한 사람이
있었을 거예요. 저는 뭐든지 선구자 역할을 하는 게 좋다고
생각합니다. 그래야 처음부터 유리하죠.

Q 당시 페이는 어느 정도였나요?

저는 KBS를 독점해서 진필홍 씨가 하는 프로그램당
천만 원 받았습니다. 1980년대에요. 상상을 초월하죠.
사람들은 제가 컴퓨터로 음악 하는 걸 몰랐으니까요. 악단비
혼자 다 받죠, 작곡·편곡·연주료까지 혼자 다 받으니까요.
방송국 악단이 있어야 하는 걸 제가 혼자서도 해달라는 대로
잘해오니까 그렇게 된 거죠. 그래서 돈을 많이 벌었습니다.
당시 제 스튜디오에 와보지 않은 대한민국 가수는 아무도
없었어요. 모두 우리 녹음실에 와서 다 해갔습니다. 특히 방송

납품용 반주는 다 우리에게서 만들어갔죠. 드라마 음반도 제가
제작했으니까 아마 작곡으로 나만큼 우리나라에서 돈 많이
번 사람은 당시에 없었을 거예요. 가령 〈여명의 눈동자〉 할
때는 36부작인데 3,600만 원을 받았습니다. 당시 굉장히 많은
돈입니다. 후하게 준 거죠.

Q   시퀀서는 어떤 걸 사용하셨나요?

세션 당시 녹음실에서는 무그 신시사이저를 썼고요.
개인적으로는 처음에 모듈로 하는 야마하를 사용했어요.
한 500만 원 줬던 거 같아요. 그리고 또 여러 가지가
필요했죠. 샘플링하는 장비 같은 거요. 그리고 호주에서 만든
페어라이트라는 컴퓨터가 있었어요. 그걸 1억 2천만 원인가
주고 샀습니다. 그 당시로서는 꿈도 못 꾸는 거였죠. 말하자면
아무것도 없는 상황에서 요즘의 프로툴이 있는 것과 같다고
생각하시면 돼요. 정말 아무도 모르는데 저 혼자 프로툴을 쓴
거죠. 물론 당시에도 프로툴이 있긴 있었죠. 허접해서 그렇지.
페어라이트의 성능이 어마어마했어요. 그러니까 드라마
음악을 만들어가면 다들 놀랐죠. 컴퓨터로 그 프레임 단위에
맞춰 음악을 넣어줬으니까요. 그 이후에는 음악 할 수 있는
컴퓨터들이 조금씩 나왔어요. 그래서 1990년대 초부터는
시퀀서를 접었어요. 이제 모두 다 그걸 가지고 음악을 할
테니까요. 평준화될 거라 생각했어요.

Q   전자음악을 더 깊게 하진 않고요?

아니요. 전 그보다 생음악으로 갔습니다. 오케스트라 쪽으로요. 리얼타임으로 한 거죠. 그때 그런 걸 느꼈어요. 컴퓨터 음악이 과도해지면 사람들은 리얼타임 음악을 느끼려고 한다는 걸요. 사실은 컴퓨터가 리얼타임 음악을 100% 구현하지는 못하니까요. 음악 하는 사람들은 들으면 딱 압니다. 그렇게 해서 풀 오케스트라로 KBS 교양 프로그램들도 많이 하고, 소규모 편성이긴 했지만 〈여명의 눈동자〉도 했습니다. 이후 쭉 그렇게 했죠. 지인들은 제가 계속 컴퓨터 음악을 하는 줄 알았어요. 한 번은 정성조 선생님한테 전화가 왔습니다. 〈먼동〉의 음악들을 어떻게 한 거냐고요. 컴퓨터로

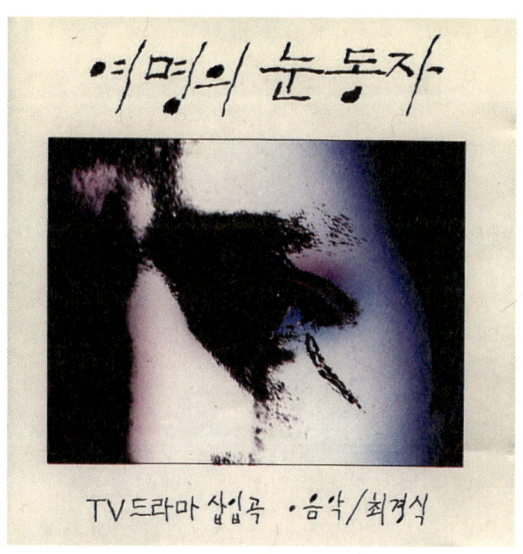

나올 수 있는 소리가 아니라서 물어보셨다고요. 그래서
모스크바 가서 연주해왔다고 했죠. 물론 컴퓨터와 실연 둘을
섞으면 더 효과가 좋고 시간을 아낄 수 있습니다.

Q 드라마 음악 제작 시스템은 어떤 식이었나요?

저는 음악만 하지 않고 처음부터 제가 다 직접
제작했습니다. 드라마 자체가 홍보라서 따로 매니지먼트가
필요하지도 않았고요. 피지컬적인 건 음반 제작사에 전화하면
다 해결되니까요. 유통도 유통업체 직원들이 방송하기도
전에 집 앞에서 기다리고 있었어요. 물론 제작하다 보니 풀
오케스트라 악단을 할 때 자금 마련을 위해 마이킹을 끌어다
쓴 적도 있긴 합니다. 그리고 〈모래시계〉 때는 SBS 드라마
제작팀이 음반의 40%를 가져가겠다고 해서 중간에 접겠다고
하고 철수하기도 했어요. 나중에 제 의견을 수용해 다시
작업한 적도 있고요. 〈여명의 눈동자〉가 100만 장을 넘겼고
〈모래시계〉는 더 많이 팔렸습니다. 아마 100만 장은 OST 사상
처음이었을 거예요.

Q 〈모래시계〉에서 〈백학〉은 어떻게 사용하시게 된 건가요?

그게 그 상황에 맞는 음악을 하나 만들고 테너 최현수 씨,
가수 조영남 씨 등을 만나서 녹음했어요. 근데 제가 아무리
해도 제가 원하는 대로 나오지 않더라고요. 그래서 주위에
곡을 많이 리서치하는 사람들을 찾았어요. 그래서 그분들에게

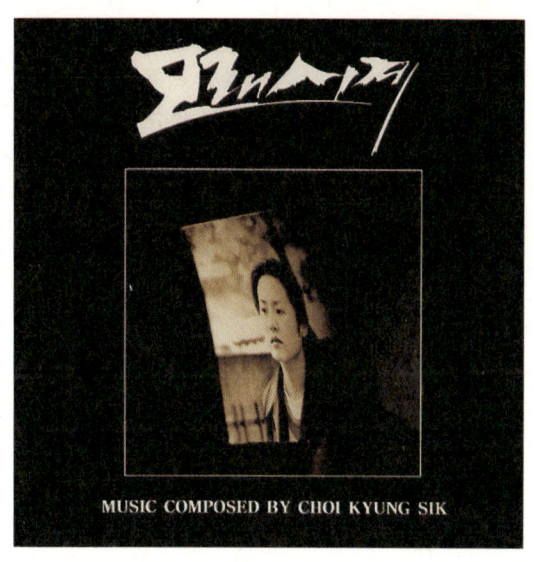

MUSIC COMPOSED BY CHOI KYUNG SIK

상황에 맞는 노래를 찾아와달라고 주문했죠. 그렇게 그분들이
계속 가져온 음악을 듣다가 어느 날 〈백학〉이 걸린 거예요.
가사가 무슨 내용인지도 모르고 일단 노래가 드라마와
딱 맞는 거에 희열을 느꼈어요. 드라마 배경하고 너무 딱
맞아서요. 세 명이서 곡을 찾는 일을 했는데요. 너무 기뻐서
1인당 3천만 원씩 줬습니다. 그분들이 제 욕심을 맞춰줘서
그랬어요. 노래가 나가니까 김종학 PD의 사상 문제를
거론하고 뭐 아주 시끄러웠는데요. 사실 그것과는 아무 상관이
없습니다. 노래만 듣고 넣은 거니까.

Q 판권을 사신 건가요?

그렇죠. 제가 쓰는 다른 사람들의 곡들은 제가 판권을
다 사서 음반에 넣습니다. 수익이 완전히 제게만 오도록요.
지금도 제 소유입니다. 수익이 생기는 걸 뻔히 아는데, 남에게
그것을 줄 수는 없지 않습니까? 그 뒤로 소련에서 〈백만송이
장미〉도 사왔고, 영화 〈쉬리〉에 사용했던 〈When I Dream〉도
사왔습니다. 제가 〈백야 3.98〉에 먼저 사용했죠.

Q 〈백학〉이 OST 앨범에는 없던데요.

아, 그건 내가 참 잘못했어요. 좀 비겁한 행동을 했죠.
당시 거래하던 도매상이 있었는데, 삼성영상사업단에서
제안이 들어왔습니다. 액수가 크기에 그쪽으로 갔죠. 그리고
라이선스를 그쪽으로 줬습니다. 사실은 OST에 실었어야
했는데요. 지금 생각해도 참 실수했다 그런 생각이 듭니다.
그 곡 들으려고 앨범을 산 사람들은 두 장을 사야 했으니까요.
죄송하게 생각합니다. OST에는 연주곡만 넣었죠. 암튼 둘
다 많이 나가서 삼성에서 저에게 골든디스크 상패를 주기도
했습니다.

Q 〈서로 다른 연인〉의 스캣을 한 분은 누구신가요?

서리은이라고 하는데요. 이 곡도 스토리가 있어요.
제가 〈서로 다른 연인〉을 써놓고 가수를 찾다가 조수미 씨에게
부탁했습니다. 그랬더니 하겠대요. 그래서 녹음 어디서 할

거냐고 물어보니까 이탈리아 회사에 소속돼 있다고 거기서
해야 한대요. 그래서 같이 가서 녹음하자고 했죠. 근데 자기
혼자 간다는 거예요. 그러니 악보만 달라고요. 미심쩍었지만
혼자 하겠다니까 그렇게 하게 해줬죠. 근데 녹음을 들어보니
너무 드라마하고 안 맞는 거예요. 라이브 느낌이 나더라고요.
그래서 포기하고 서리은 씨한테 시킨 거예요. 나중에 조수미
씨가 자기 독집에 넣으면 안 되겠냐고 묻더라고요. 그래서
넣으라고 했죠. 그 음반도 100만 장 나갔을 거예요. 저는 별로
좋아하지는 않습니다만.

　　서리은 씨는 제가 아스트리아호텔에서 일하기 전에
압구정동에 런던팝이라는 바가 있었어요. 거기서 제가
피아노를 쳤어요. 김세환 씨가 노래하고요. 근데 거기에
서리은 씨가 혼자 피아노 치면서 노래를 했어요. 그때부터
인연이 있었죠. 그때 노래를 참 잘한다는 생각이 들었어요.
그래서 스캣을 시켜봤는데, 너무 잘하는 거예요. 그 인연으로
이후에도 계속 같이 작업했습니다. 근데 희한하게 스캣은
잘하는데, 가사만 들어가면 원하는 게 나오지 않고 매력이
반감되는 거예요. 그래도 독집 하나는 내줬어요.

Q **곡을 만들 때 감독의 요구도 많은가요? 유독 김종학 PD와
많이 하셨는데요.**

　　일단 대본을 보고 감독의 요구를 수용하죠. PD마다
각양각색이에요. 김종학 씨를 만나서 많이 배웠어요. 처절한

씬에 바버의 〈현을 위한 아다지오〉를 넣어달라고 해요.
근데 처음에는 왜 그런지 몰랐어요. 대부분 처절한 장면에는
보통 들어가는 음악들이 있거든요. 근데 굉장히 아름다운
음악을 넣는 거예요. 정말 의아했죠. 근데 지나고 보니까 왜
그런지 알겠더라고요. 그때 그런 기분을 처음 느껴봤습니다.
많이 배웠죠, 그분한테. 그런 느낌을 준 PD는 김종학 씨가
유일한 것 같습니다. 사실 오늘의 제가 있는 것도 김종학 씨
때문입니다. 돈 한푼 없이 무작정 런던 갔을 때 1억 5천만 원을
그냥 보내준 분이기도 하니까요. 그 당시에 누가 말 한마디에,
아니 지금도 누가 달라고 그러면 그렇게 해주겠어요? 그만큼
믿음으로 절 키워주신 분입니다. 그분이 없었으면 저도 없었을
거예요. 내가 가진 음악에 대한 욕심. 그걸 다 부릴 만큼 다
해주신 거죠. 내 마음대로 해보라고.

　　작업 스타일도 요즘 감독들하고 완전히 다릅니다. 굉장히
감성적인 사람입니다. 아마도 그런 면이 저하고 맞아떨어진
것 같아요. 시너지가 생긴 거죠. 그분 없었으면 제가 없다고
지금 말씀드리잖아요. 저한테는 아주 위대한 사람입니다.
제가 마음껏 할 수 있게 길을 열어줬으니까 부모님과
마찬가지입니다. 그래서 덕분에 마음껏 해봤어요. 안 해본 게
없다 할 만큼요. 소련도 같이 가서 레닌그라드에서 오케스트라
녹음도 같이하고. 진짜 그런 사람이 어디 있을까요?
다른 PD들은 이해하지 못합니다. 아마 제가 뭐 그런 식으로
해달라면 포용하지 못할 겁니다. 제가 원하는 대로 못 해주니

전 할 수가 없죠. 그냥 해봤자 돈도 안 되고 작품도 안 되는 걸 뻔히 아니까요. 그만큼 김종학 PD는 남다릅니다.

Q 〈걸어서 하늘까지〉나 〈질투〉, 〈질주〉 같은 드라마에 타이틀곡은 만들지 않으시고 스코어만 하셨는데요. 특별한 이유가 있나요? 편곡도 다르게 하시고.

왜 그렇게 했냐 하면요. 그것도 제 욕심인데요. 제가 타이틀곡을 쓰잖아요. 그러면 곡을 쓰는 순간 판단을 제대로 못 합니다. 특히 그 음악이 드라마에 맞는지 안 맞는지 판단이 서지 않더라고요. 사실 내 걸 쓰고 싶지 남의 걸 쓰고 싶지는 않을 거잖아요. 그렇지만 확신이 없어서 애들을 불러요.

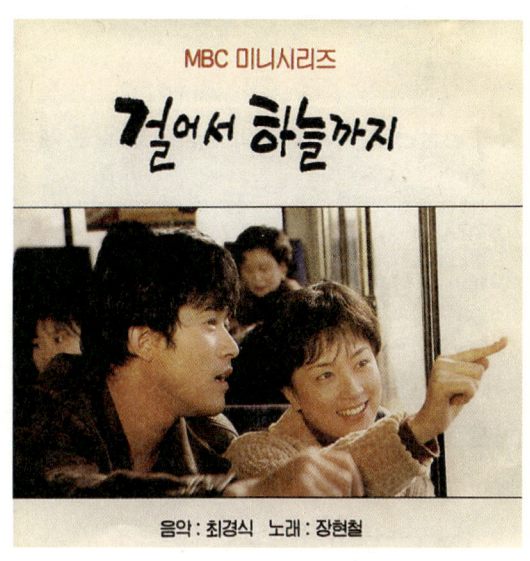

음악 : 최경식   노래 : 장현철

그리고 "이러이러한 스타일의 곡 한번 써봐라" 한 다음에 가지고 오면 그중에서 제가 초이스하는 형식을 가졌죠. 그래서 딱 찍은 것들로 타이틀곡을 하고 거의 다 히트했습니다.

아, 편곡은 제가 했습니다. 1990년대 감성으로 기타 드라이브의 강렬한 느낌을 주는 편곡들은 제가 했죠. 안 믿기시겠지만, 제가 원래 록밴드 전문입니다. 그렇지 않으면 어떻게 조용필과 위대한 탄생에 들어갔겠어요? 제가 록을 해서 그래요. 재즈랑 빅밴드도 하고요. 앨범을 들을 때 다양한 느낌이 나는 건 제가 방송국에서 밴드를 가지고 1시간짜리 프로그램을 다 해봐서 그래요. 그거 아무나 못 합니다. 장르가 다른 곡들을 전부 다 편곡해야 하니까요. 제가 드라마로 뜨니까 그런 음악만 한 줄 아는데요. 이쪽 계통 사람들은 저에 대해 잘 압니다.

Q 당시 작업량이 엄청난데, 혹시 다작이 가능한 팁 같은 게 있나요?

아니요. 그냥 열심히 하는 거죠. 제가 〈모래시계〉 하나 만드는 데도 1년 걸렸습니다. 그냥 만든 게 아니에요. 그러니까 어떤 비결이 있는 게 아니라 일을 열심히 해서 그럴 수 있었던 거예요. 저는 그때 누가 커피 한잔하자고 해도 만날 시간이 없어서 못 만났습니다. 그만큼 열심히 일했습니다. 신발 사러 갈 시간이 없어서 와이프가 똑같은 신발 세 켤레를 사 왔어요. 그걸로 한동안 버텼습니다. 그만큼 바쁘게

살았어요. 일 욕심이 많았죠. 그래서 이것저것 다 소화할 힘이
생겼던 거예요.

**Q 드라마 〈추억〉에는 유독 팝이 많이 들어갔는데요. 이유가
있을까요?**

음악은 그 드라마의 디렉션에 맞게 가야 하니까요. 그런
식의 음악을 요구하는 PD들이 있어요. 연출가들이 자기들이
생각하는 독창적인 방식을 요구할 때는 그걸 따라가야죠. 근데
저는 국내 라이선스를 염두에 두는 사람이니까 PD가 어떤
곡을 쓰고 싶다 그러면 일단 판권을 알아보고 찾아봅니다.
국내에 없으면 사 오고요. 그렇게 해서 많은 곡을 라이선스로
발굴했습니다.

**Q 드라마 〈천국의 계단〉에 김범수의 〈보고 싶다〉는 어떻게
들어간 건가요?**

그건 이장수 감독이 요구했어요. 그 곡을 드라마에 깔면
좋겠다고. 그래서 제작자를 보니까 김영진 씨였어요. 작곡자가
제 조카 윤일상이잖아요. 일상이한테 계약 좀 할 수 있게
연락해달라고 했어요. 그래서 계약하고 쓴 거예요. 뭐 사업을
했다기보다는 음악에 욕심을 부리니까 그렇게 된 것 같습니다.
그리고 〈Avemaria〉는 곡을 서치하다가 고른 것 같아요.

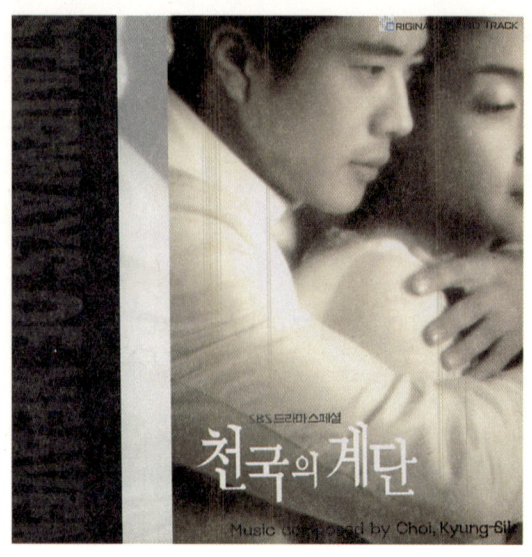

Q 앨범마다 스코어 수 차이가 많이 나는 것 같아요.

드라마 들어가기 전에 곡을 미리 다 만들어놓거든요. 인물마다 테마도 다 만들어놓고요. 〈여명의 눈동자〉 할 때는 많은 게 좋은 거라고 생각해서 다 넣었어요. 그래서 트랙이 많죠. 근데 이후에는 점점 그럴 필요가 없다는 생각이 들었고, 중요하다고 생각하는 것들만 추려서 앨범에 실었습니다.

Q 가장 맘에 드신 작품이 있을까요?

제일 아끼는 것이 SBS 드라마 〈백야 3.98〉입니다. 욕심을 많이 부렸죠. 영국에 에코 녹음실이라고 있는데요. 굉장히 좋습니다. 그때 지휘자 정명훈 씨하고 컨택이 되어가지고

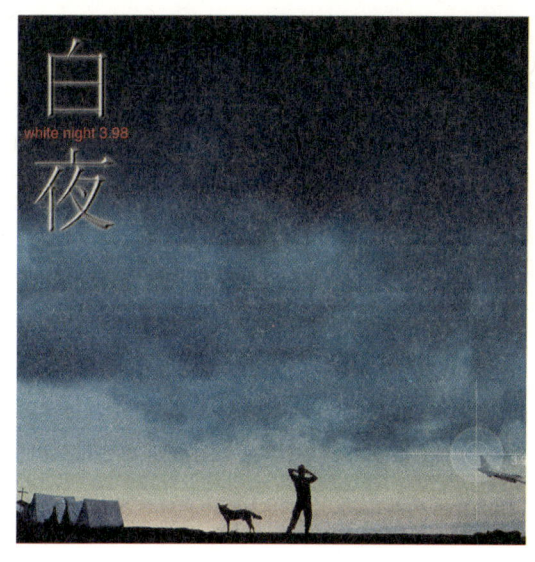

정명훈 씨 형의 사무실에서 일하던 박칼린 씨하고 같이
영국엘 갔어요. 하루 쓰는 데 7천만 원 달라고 하더라고요.
돈 한푼 없이 갔기 때문에 무작정 한국에 전화했어요. 김종학
PD한테, 돈 보내라고. 그때 1억 5천만 원을 보내줬습니다.
CJ하고 같이 회사를 차려 할 때라서 CJ가 돈을 댔죠.
그때부터 이미경 사장은 한류 엔터테인먼트 사업을 준비하고
있었습니다. 암튼 그 돈을 가지고 맘껏 욕심부리며 음악을
만들었어요. 드라마가 잘 안 돼서 망했는데요. 그래도 그
음악이 제일 좋아요. 제가 원하는 퀄리티를 뽑아줬거든요.
지금 들어도 제일 좋아요. 아마 100년 후에 들어도 제일 좋을
거라 생각합니다. 돈 들인 만큼 잘 나왔어요.

Q. 중간에 갑자기 음악을 그만두신 이유가 있나요?

2010년대부터 판권 협상이 어려워진 것도 있었고요.
제가 한 가지 착각한 게 있었습니다. CD 시대가 물러가니
이제 음악의 제작 시대가 끝날 거라 생각했어요. 도매상도
없어지고 소매상도 없어질 테니까요. 하지만 서서히 시장이
디지털 음원 시대로 바뀌었습니다. 전 그걸 예측하지
못했어요. 그래서 그만 그 흐름을 읽지 못하고 다른 사업을
해야겠다고 마음먹고 신발 사업에 뛰어들었습니다. 제가 뭐
하나에 꽂히면 그것만 보니까요. 음악을 할 수 없었죠.
그리고 망했습니다. (웃음)

Q. 요즘은 음악을 하지 않으시나요?

제가 음악을 놓은 지 한 20년 됐어요. 제가 발붙일
데가 없어서 그렇습니다. 무슨 말이냐 하면, 첫 번째로 나는
판권을 가져와야 음악을 맘대로 할 수 있는데 누가 그걸
주겠어요? 안 주죠. 예를 들어 당시 작업할 때 제작비로 2억
원을 받았습니다. 그리고 그 2억 원을 다 써요. 남들 같으면 다
챙기고 나서 남는 돈으로 하겠죠. 하지만 전 그 돈을 음악에 다
씁니다. 그리고 그 대신에 판권을 달라고 하죠. 그러니까 이게
이후에는 안 맞는 거예요. 그리고 또 하나, 요즘 드라마에 제
음악을 한번 갖다 붙여보세요. 아무 데나요. 어디에 갖다놔도
안 붙습니다. 물과 기름 같아요. 왜 그런가 하면 김종학 씨
같은 연출가가 없기 때문입니다. 요즘 감독들이 하는 건

연출이 아니에요. 감독이 아닌 거죠. 대본만 보고 찍는 겁니다. 찍기만 하면 끝이라는 거죠. 연출이 작가를 컨트롤해야 해요. 그래서 이렇게 저렇게 써달라고 해야죠. 근데 지금은 반대로 작가가 "이렇게 찍어주세요"가 되었어요. 그러니까 저하고 맞지 않습니다. 김 감독 같은 사람이 하는 큰 작품은 맥이 끊긴 것 같습니다. 후배들은 자기도 저같이 그렇게 대우받으면 그런 음악을 한다고 하는데요. 진짜 그럴 수 있을지는 모르죠.

저는 혼자 다 했지만, 요즘은 드라마 음악 하는 데 아마 작곡자가 한 10명쯤 붙을 거예요. 그게 제작비를 조금밖에 주지 않아서 그래요. 문제가 많습니다. 제가 알기로는 한 1~2억 원 사이를 줄 거 같은데요. 그것 가지고는 제대로 못합니다. 그렇기 때문에 작곡료에 기대기보다는 작곡가들이 저작권을 나눠 갖습니다. 음악감독이 곡 만들어오라고 하면 그 친구들이 공동 작업하는 거죠. 그래도 저작권은 돈이 되니까 그것도 수입이라고 생각하는 거죠. 근데 그러면 안 됩니다. 판권을 가져야 해요. 저는 매번 작품 할 때마다 제작사랑 싸웠습니다. 제가 예전에 이렇게 될 거라고 예고했어요. 판권 다 뺏긴다고요. 그래서 제가 드라마음악협회를 만들고 초대 협회장을 맡았습니다. 그리고 후배들에게 판권을 주지 않으면 작업을 하지 말라고 했죠. 최소 30%라도 가지고 오자고요. 하지만 그게 안 되더라고요. 그 원칙을 지켜야 노조처럼 형성되는데, 애들이 못 견뎌하더라고요.
그래서 제가 해체하자고 했죠.

Q 음악 인생을 돌아보면 어떤가요?

후회는 없습니다. 돌이켜보면 10%는 예술을 했고요,
90%는 장사했습니다. 예술이라는 거는 돈과 상관없이
아낌없이 빠져들어 한 것이고. 나머지는 대중하고 맞추는
거죠. 흥행을 위해서요. 우린 상업 음악을 하는 거니까요.
대중성을 포기하고 예술만 하는 욕심을 부리면 아무것도 못
하죠. 그렇게 하려면 1년에 겨우 한 작품 할 각오를 해야죠.
전 방송 1년 전에 〈모래시계〉 음악을 다 끝냈습니다. 그만큼
음악을 일찍 들어요. 그렇게 정말 열심히 했습니다. 미국 등
해외에서도 많이 녹음해 수준을 높이려고도 했고요.

Q 아주 오랜만에 〈미싱유〉라는 음원을 내셨던데요.

맞아요. 갑자기 생각이 나서 하나 만들었습니다.
연주곡으로만 되어 있지만, 보컬을 찾고 있는데요. 요즘 제가
가장 좋아하는 가수가 나윤선인데요. 아주 좋습니다.
그 친구랑 보컬 작업을 할까 생각 중입니다.

Q AI 시대를 어떻게 보시나요. 어떤 음악을 해야 할까요?

무한 가능성이죠. 시대의 흐름은 아무도 거스르지
못합니다. 지금 몰라서 그런데요. 거의 100% 다 AI를 사용해
만들고 있습니다. 100% 다 합니다. 그렇지만 정말 기술이
있는 사람은 모티브만 딱 따요. 모티브만 따고 다 변형해서
만듭니다. AI는 너무 쉽죠. 그러니까 쉬워서 그렇긴 한데. 다른

342

쪽으로 얘기를 해보면요. 트로트의 모티브는 엔카잖아요. 창작이란 줄기예요. 뿌리가 클래식이고요. 쭉 발전하면서 여러 가지 장르가 나온 거죠. 트로트 하면 어떤 생각이 나세요? 딱 떠오르는 그림이 있죠. 완전히 똑같지는 않지만, 음색 등에 따라 조금 달라질 뿐이에요. 저는 그런 개념으로 창작을 봅니다. 물론 감각이 뛰어난 사람들이 있어요. 그런 사람들은 확 돋보이죠. 근데 일반적으로는 편곡이나 가수에 따라 달라질 뿐이지 장르적으로는 똑같다고 봅니다. 모방은 창조의 어머니예요. 창작이란 완전히 새로운 걸 만들어내는 게 아니라 지난 문화에서 변형된 거예요. 〈범 내려온다〉도 시대에 맞게 변형되니까 듣는 거예요. 순수한 국악 채널을 많이 보지는 않잖아요. 그런 의미로 사용하면 좋을 것 같습니다. 그렇지만 AI 시대에는 오히려 밴드 음악이 더 각광받을 거라 생각합니다. 밴드 음악이 더 개성이 강하니까요. 그래서 저도 기회가 되면 음악을 전공한 제 딸이랑 같이 한 번 해볼까 하는 생각이 있습니다.

Q 앞으로 하고 싶은 음악이 있으신가요?

지금도 제일 하고 싶은 게 있는데요. 바로 록밴드예요. 구체적으로는 재즈 록요. 일본의 카시오페이아나 밥 제임스(Bob James)가 하는 그런 밴드요. 악기도 이미 다 있고요. 제가 원래 그쪽 출신이라 그렇습니다. 어떻게 보면 드라마 음악이 곁다리일 수도 있죠.

343

Q 음반산업협회 회장님이 되셨잖아요. 이 협회는 무슨 일을 하는 건가요?

쉽게 건축으로 예를 들면요. 건물을 지으면 건물 주인이 있잖아요. 돈 대는 사람요. 그게 건물주라면, 또 설계자가 있잖아요. 설계자는 작곡자입니다. 미장, 목수는 실연자고요. 여기는 건물 주인의 권익을 보호하는 곳입니다. 제작자, 마스터 음반의 권리를 갖고 계신 분들요.

Q 출마하신 계기가 있을까요?

6년 전에 회원으로, 대의원으로 있었어요. 그때 감사를 맡아달라고 해서 했는데요. 돌아가는 게 너무나 엉망인 거예요. 그래서 획기적인 변화를 줘야겠는데, 감사만 해가지고는 이 상황을 바꿀 힘이 없겠더라고요. 그래서 달걀로 바위 치는 심정으로 출마했고요. 당선됐습니다. 다들 기적이라고 했죠. 임기 마칠 때까지 개선하고 좋은 협회로 바꾸는 게 목표입니다. 업계에 좋은 소식이 있을 겁니다.

완벽한 팔세토 가창

JOE KWAN

WOOO

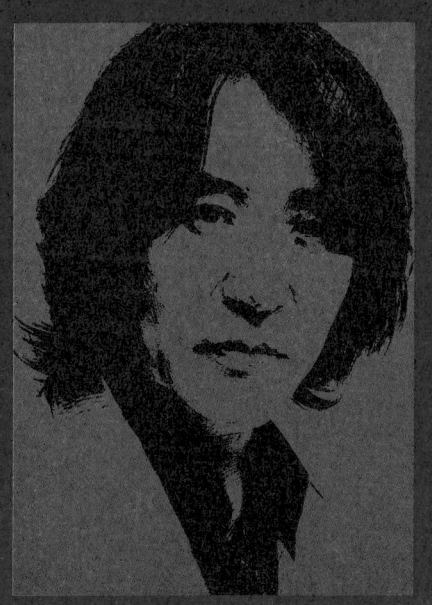

조관우

1990년대 한국 대중음악은 르네상스였다. 상위 차트 안에 발라드와 댄스 말고도 트로트, 알앤비 등 다양한 장르가 공존했고, 음악만으로도 시장에 돈이 돌던 시대다.

그러나 안타깝게도 이러한 분위기 속에서 가수에 대한 평가는 정형화됐다. 힘 있고 고음을 지를 줄 알아야 하는 게 노래 잘하는 가수의 기본과 같았다. 덕분에 장르는 많았지만, 그만큼 다양한 창법의 보컬들이 사랑받던 시대라고 보기는 어려운 게 사실이다. 지금처럼 목소리가 하나의 악기로서 역할을 해낸다는 인식이 자리 잡지 않았던 시기이기 때문이다.

조관우는 이런 환경에서 '새로운 창법'이 무엇인지를 알려준, 1990년대에 몇 안 되는 보컬리스트다. 팔세토. 흔히 말하는 가성만으로 한 앨범에 모든 곡을 소화했고, 그것이 일시적인 것이 아닌 노력의 산물이라는 걸 이후의 활동에서 끊임없이 증명해냈다. 당시 세워놓은 가창력에 대한 고정관념을 깨뜨려준 가수 중의 하나다.

물론 흥행도 훌륭했다. 조관우의 목소리는 '당시 신선했던 음색' 정도의 수준이 아니다. 〈늪〉(1994)과 〈Memory〉(1995)의 대성공은 그를 국민가수의 대열로 올려세웠다. 홀로서기로 내놓은 〈영원〉(1996), 〈길〉(1997) 역시 공전의 히트를 기록하며 대중이 사랑할 수밖에 없는 뮤지션으로서 입지를 확고히 다졌다.

더불어 국내에선 아직 낯설었던 알앤비 장르를 선두 격으로 시도한 인물 중 한 명이다. 그가 펼쳐낸 음악 베이스가 모두 흑인 음악에 뿌리를 두었다는 점은 매우 중요하다. 왜 팔세토 창법을 추구하게 됐는지 그 궁금증이 모두 여기에서부터 출발하니까. 조관우를 인터뷰해야 할 이유이기도 하다.

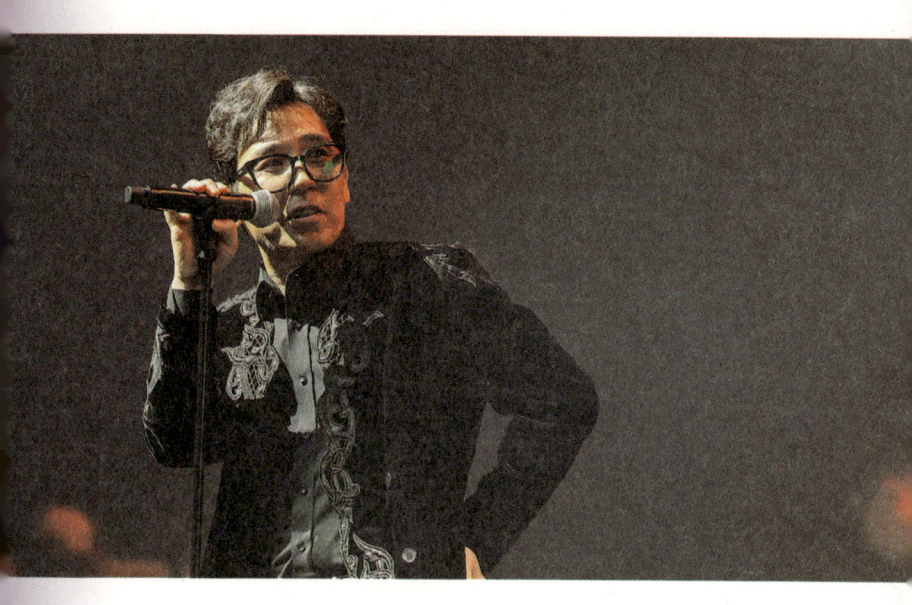

사진: 윤스토리엔터테인먼트

Q   언더그라운드에서 본명인 조광호로 꾸준히 활동하다가
        오디션을 통해 조관우라는 이름을 새롭게 얻은 것으로
        압니다.

     오디션이랄 것도 없이 저 혼자 봤어요. 그때 프로듀서가
R&B 가수를 찾는다고 해서 기타 치는 유태준 씨 소개로
만나게 됐고, '보이즈 투 맨(Boyz II Men)'이 한창 인기 있을
때여서 맛보기로 앞부분을 불렀는데, 몇 소절 듣더니 바로
미국 가자고 하더라고요.

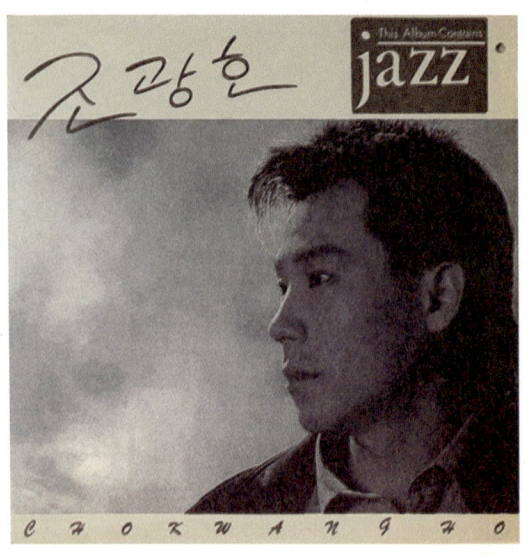

Q 활동명을 바꾼 건 권유였을까요?

권유죠. 조광호라는 이름이 예술 쪽 이름 같지는 않으니
'관우'로 하는 게 어떻겠냐고 물어서 괜찮다고 하여 시작한 거죠.
이름을 어떻게 갖고 왔는지는 전혀 몰라요.

Q 예명은 마음에 드셨어요?

할머니가 지어주신 조광호라는 이름이 내키진 않았어요.
'빛 광' 자에 '범 호' 자인데, 옛날 어떤 스님께서 성격이
우수한 호랑이는 먹이 잡을 때만 눈빛이 다르다고 해서 지은
거거든요. 이름이 너무 세다고 해서 저희 아버지도 바꾸는
것에 대해 고민이 있으셨어요. 그래서 관우라는 이름을 들었을
때 정말 와 닿았죠.

Q 지금은 가족끼리 이름을 어떻게 부르시나요?

이제는 관우라고 불러요.

Q 조광호와 조관우의 창법은 완전히 다릅니다.

제대하자마자 음악을 해야 하니 가성 창법에 대한,
마이너하면서 감성적이라고 할까요? 미국적이지만 거기서
동양적인 느낌을 찾고 싶었어요. 제럴드 졸링(Gerald Joling)이나
스티비 원더(Steve Wonder)의 기교 같은 것. 왜냐하면 제가 다른
가수들보다 록 발성이 부족하니까요.

당시 보컬은 일단 파워가 세고 높은 음역대를 넘나드는

걸 해야 인정받는 시대였어요. 더불어 제대하자마자 저와 같이
보컬 했던 사람이 〈세월이 가면〉(1988)의 최호섭이었거든요.
그 친구는 록 창법이에요. 경쟁할 방법은 서정적이거나
감성적인 요소의 노래였죠. 빠른 곡이라도 무조건 달려가는
게 아니라 소울틱한 접근이 있는 것. 그래서 제 나름대로 그
방식을 갖고 있다가 조관우로 바꾸면서 쏟아붓기 시작한 거죠.

　　음악을 소울(Soul), 펑키(Funky)로 처음 배웠어요. 물론
록도 시도해봤지만, 이렇게 해서는 살아남지 못하겠다는
걸 느꼈어요. 그래서 당시 우리나라 팀 중 '히파이브(He 5)',
'검은나비', '검은장미' 같은 팀들이 소울 펑크 음악을 했기에
그런 팀들을 동경하고 선호했죠. 그러다가 그런 팀들 내에서
일하게 되었어요.

Q　당시 음악들은 어떤 장르들을 주로 다루었을까요?

　　부류가 나누어져 있었어요. 큰 부류는 포크(통기타)와
그룹사운드. 그룹사운드 안에서는 록과 소울 펑키인데 최고로
자리 잡았던 건 소울 펑키였어요. 예를 들면 '사랑과 평화',
'검은나비', '검은장미', '히파이브'. 이런 팀들을 보면 다 흑인
음악을 했어요.

Q　당시 음악은 어떻게 배우셨나요?

　　팀에 들어가면서부터 배웠어요. 처음 만난 팀은
록이었는데, 이해를 잘 못 했어요. 록 발성을 하기 위해

셋방살이하면서 연습도 많이 했는데, 매료된 건 소울 음악을 잘하는 팀을 만나면서부터 스무 살 때부터 흑인 음악으로 방향이 잡혔죠.

Q **어릴 땐 가야금을 하셨습니다. 보컬로 바꾸신 이유가 있나요?**

어렸을 때부터 노래해야겠다고 생각했어요. 아버지가 판소리 하시고, 할머니도 판소리 하시니까. 두 분 모두 국악기를 많이 다루셨는데, 소리 할 때 제일 멋있더라고요.

Q **미국은 못 가고, 대구 산속에서부터 연습을 시작하신 걸로 압니다. 그때부터 흑인 음악에 대한 방향이 잡혔을까요?**

그랬죠. 팔공산에서.

Q **1집 《My First Story》(1994)의 작업 방식이 궁금합니다.**

〈다시 내게로 돌아와〉는 이미 만들어져 있었어요. 더불어 이 곡을 타이틀로 걸었죠. 방송도 그 곡으로 시작했고요. 작업 과정 중 어떤 스타일의 노래를 하고 싶냐고 해서 웸(Wham!)의 〈Where Did Your Heart Go?〉(1986)를 얘기했어요. 그래서 프로듀서도 그 방향으로 만들려고 노력했죠. 또 스타일리스틱스(The Stylistics)의 〈Because I Love You Girl〉(1976)도 불러서 앨범에 커버곡으로 수록했고요. 완성된 반주에 제가 애드리브성으로 흥얼거렸을 때 〈늪〉의 주요 선율

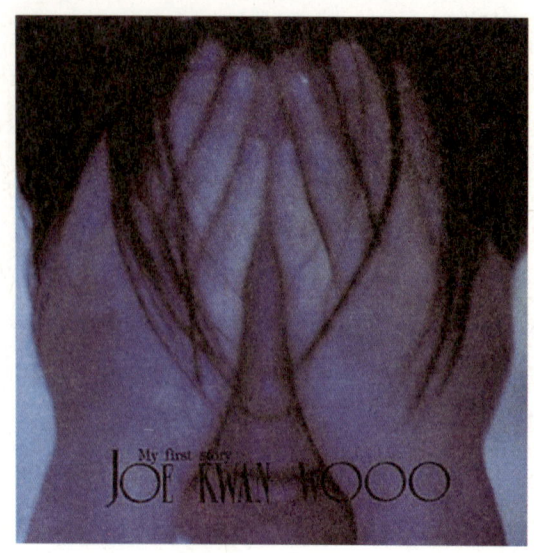

스케치가 나오기도 했어요.

Q   녹음은 어떻게 진행됐나요?

녹음 자체는 짧았어요. 한 프로에 세 곡 녹음한 적도
있으니까요. 보통 저를 만나는 작곡가들은 제가 곡을
건드려주길 바라요. 저만 그릴 수 있는 부분들이 있어서요.
그래서 작곡가들이 내버려두는 경향도 있죠.

Q   완성된 앨범을 들었을 때 만족도는 어떠셨나요?

다른 가수들의 음반과 비교해서 '될 것 같다'. 개인적인
만족도는 70% 정도. 더 잘 만들 수 있는데 '왜 여기서 이렇게

했지?' 그런 건 30% 정도 남았던 것 같아요.

Q 언더그라운드 생활을 오래 했고, 조광호로도 앨범을 낸 경험이 있기에 가능한 판단인 것 같습니다.

서른 살 되기 전까지 거의 또 10년 넘게 음악을 했잖아요. 그렇기 때문에 기준이 있었을 거예요. 그냥 신인으로 막 하고, 어디서 길거리 캐스팅된 게 아니기 때문에.

Q 1집의 방향은 R&B로 잡혔을까요?

〈애인 만들기〉 같은 곡을 R&B로 보긴 어려울 것 같지만, 〈My First Story〉에서 어느 정도 R&B라고 볼 수 있는 건 〈다시 내게 돌아와〉라고 생각해요.

Q 당시 음악으로만 활동하겠다는 언론 보도가 있었습니다.

제 의지였어요. 라디오는 하겠지만, TV에는 안 나오고 싶다고 얘기했죠.

Q 〈늪〉 가사 해석에 대한 논란이 있었습니다.

프로듀서한테 들은 거죠. 〈늪〉이라는 노래는 어떻게 따지고 보면 자위행위다. 그래서 곡에 쓰이는 내레이션도 본인이 직접 했고, 가사 내용도 유추하면 다 연결되죠. 그 사람의 해석이고, 그런 기분을 썼다기에 저는 연기를 한 거고요.

Q   가사의 배경을 듣고 불편하신 건 없었고요?

그렇게 해야 하는 게, 그래야 노래의 드라마가
완성되니까요. 매번 이별과 사랑만 부를 순 없잖아요.
〈하늘, 바다, 나무, 별의 이야기〉도 30년 전에 부른 거지만,
지구 온난화와 환경 문제가 중요해진 요즘 시대에 가장
필요한 노래예요. 가사 내용의 다양성이 있는 게 중요하다고
생각해요.

Q   타이틀곡이 〈늪〉으로 바뀐 이유는 뭔가요?

어느 날, 9월쯤 됐을 때 비가 불쑥불쑥 내리는데
〈다시 내게로 돌아와〉만 라디오에서 계속 나오고 있었거든요.
근데 허수경 씨가 MBC 〈정오의 희망곡〉에서 "오늘은 왠지
이 노래를 들려드리고 싶다"면서 〈늪〉을 틀었어요. 해당
프로그램의 청취자가 많아 영향을 받았는지, 그때부터
라디오에서 〈늪〉이 나오더라고요.

또 부산에서 DJ 하는 친구가 불러서 만나러 내려갔는데,
업소에서 블루스 타임만 되면 전부 〈늪〉을 틀고 있었고요.
그때 '아, 떴구나' 했죠.

**Q   조관우의 리메이크 노래는 대중에게 꾸준히
사랑받습니다.**

리듬도 바꿨지, 그 어떤 기준치의 선도 벗어났지, 원곡의
보컬 감성이 없고 저만의 길을 간 거잖아요. 그 세 가지.

평가가 거기서 나오지 않나 싶어요.

Q **리메이크의 시작은 2집 《Memory》(1995)부터였죠?**

네, 그랬던 것 같아요. 여기서 중요한 건 똑같이 부르면 리메이크가 아니라는 거예요. 곡마다 라인을 다르게 바꿔서 불렀어요.

Q **당시 2집 발매에 대한 계약 기간이 있었나요?**

네. 그것 때문에 〈모래성〉은 그날 쓰고 그날 부르기도 했어요. 스튜디오에서 부른 것도 아니에요.

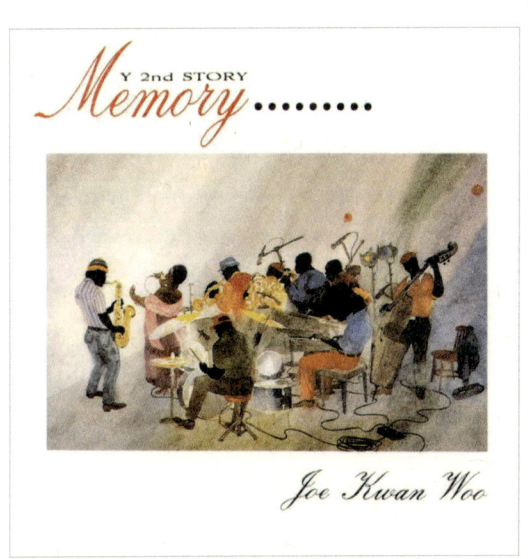

Q 이렇게 급하게 제작됐는데, 《Memory》는
대성공했습니다.

그게 참 신기해요. 믹스라는 걸 못 했어요. 악기별 소리가
많이 나오면 조절하는 정도로 해서 16트랙으로 모든 걸 끝내고
마스터링만 한 거죠. 그러다 보니 볼륨을 아무리 높여도
소리가 안 깎여 있어요. 안 찌그러져 있는 거죠. 더불어 악기를
많이 안 쓰기도 했고요. 보통 한국에서 작업한 음반들은
소리가 다 깎여 있는데, 《Memory》는 그러지 않았던 거죠.

덕분에 소리가 모두 선명한 상태이고, 사람들이 들으니
지겹지 않은 거예요. 보통 음악이라고 하면 작업 과정을
통해 다듬어져서 시끄러운 음악으로 변하는데, 《Memory》의
소리는 시끄럽지 않은 거죠.

Q 과정과 결과가 달랐는데요. 어떤 심정이었나요?

스스로 '대단하다', '위대하다'고 생각했어요. 왜냐하면
〈꽃밭에서〉라는 노래는 48비트의 개념으로 불러야 했어요.
아니, 사람이 그걸 어떻게 계산하고 하겠어요. 그래서 정답을
찾으려고 '4분의 5박을 어떻게 정해야 하지?' 고민하면서
연습했죠. 그때 국내에서 먼저 시도한 창법들이 많았어요.

Q 《Memory》가 트로트로 분류되는 상황도 있었습니다.

〈님은 먼곳에〉 때문에 그랬는데, 잘 들어보시면 트로트가
아니에요. 그런데 트로트 차트에 올라간 적이 있어서 웃고

말았죠.

Q **3집부터는 직접 진두지휘를 하신 건데, 어떠한 방향을 추구하셨나요?**

사운드를 채우려는 욕심이 생겼어요. 하지만 전반적으로 좀 나태해진 것도 있었어요.

그런데 시간이 지나고 보니 요즘은 넣는 게 중요한 게 아니라 빼는 게 중요하다는 걸 느껴요.

Q **나태해졌다는 건 어떤 의미일까요?**

조광호 시절과 1, 2집 때만큼 절실함은 없었다. 어느 순간

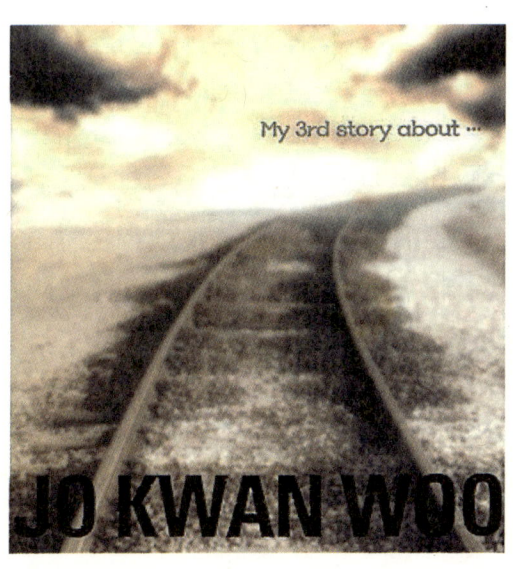

절실함이 다시 찾아오긴 했지만, 그 절실함을 모았을 때 또
다른 아픔들이 온 거죠.

Q 조관우의 가성은 특별합니다.

다른 가수들은 진성과 가성을 넘나들 때 티가 나잖아요.
저 같은 경우는 그 가운데 섞인 음을 내요. 가성을 내기 위해
얇고 두꺼움의 경계선을 자연스럽게 타는, 그런 게 있는 것
같아요. 그래서 요들송 같이 들리지 않는 거고요.

Q 언제부터 팔세토 창법을 쓰신 걸까요?

군대 가기 전부터 시도했어요. 예전에는 트로트
창법이었어요. 그러다가 밴드 오디션에서 형들이 제 노래를
듣는데, 트로트 창법 습관이 남아있는 걸 보고 가르치면
되겠다고 해서 그때부터 보컬로 활동을 시작한 거죠. 트로트
음정이 나오면 형들이 교육을 엄격하게 했고, 소울 창법을
터득한 후에는 더 유명해졌죠. 본격적인 팔세토는 제대 후부터
시작한 거고요.

Q 가수들은 천성과 노력을 갖고 싸웁니다.

노래를 부를 수 있는 건 70%는 타고난 것 같아요. 하지만
노력도 해야죠. 가성 자체로 완곡을 한다는 건 참 어려운
일이니까요.

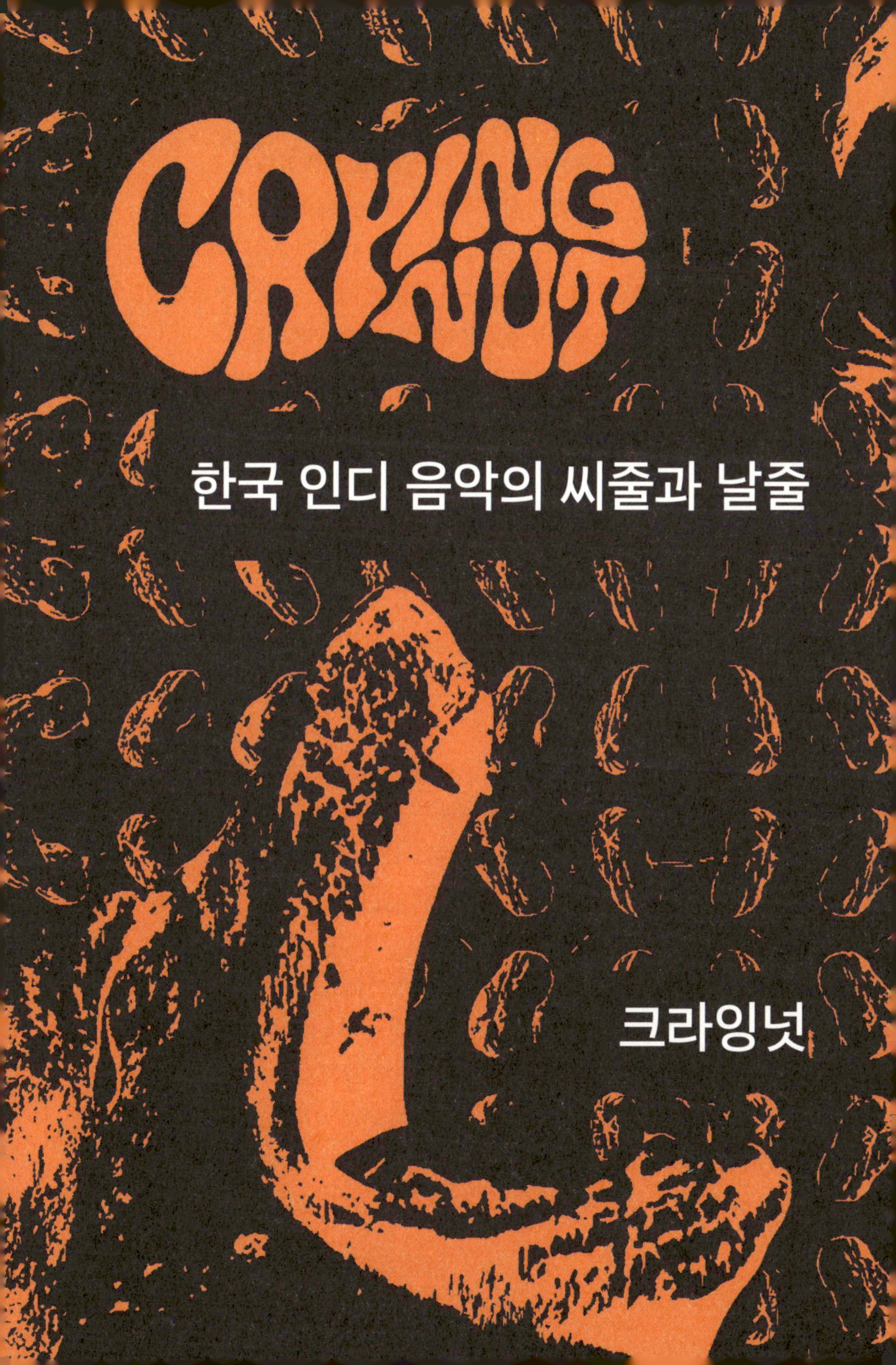
CRYING NUT
한국 인디 음악의 씨줄과 날줄
크라잉넛

인디 음악은 음악이 자본으로부터 자유롭게 독립한 것을
의미한다. 음악 하는 사람들끼리 자체 제작했다는 뜻이기도 하고,
누구의 간섭도 받지 않고 하고 싶은 음악을 했다는 의미일 수도 있다.
후자의 의미가 더 강렬하게 다가와야 하겠지만, 사실 자본을 구하지
못해 비자발적으로 인디가 된 경우가 더 많을 것 같다. 그래서 수없이
많은 거절을 당해 결국 자비로 앨범을 낸 이승환이나 역시 같은
처지에서 신생 회사에서 앨범을 낸 서태지와 아이들, 최초의 진정한
인디 음반으로 평가받는 배드 테이스트, 혹은 언니네이발관이나
노이즈가든, 역시 비자발적 독립을 택한 롤러코스터까지 모두 인디
음악으로 넣어야 할지 모른다.

하지만 우리나라 대중음악의 진정한 인디 음악의 출현은
크라잉넛부터라고 해야 할 것이다. 자본의 홍보에 기대지 않은
자신들의 근거지를 통한 반응 형성, 자발적인 비주류, 비타협적인
감성, 배급, 유통망까지 자체적으로 해결하려는 시도 등에서 말이다.
거기에 단 한 명의 멤버 교체 없이 아직도 인디 정신을 유지하는 그
태도에서, 그리고 무엇보다 이들로 인해 파생된 인디라는 이름만으로
만든 음악시장의 파이를 무시할 수 없을 것 같다. 이들의 데뷔 이후
20여 개의 레이블이 생겼고, 100여 개의 인디 팀이 출범했으며,
1998년에만 50여 장의 인디 앨범이 발매되었다. 그러니까
문화현상에서 보면 위에서 열거한 팀들 중 서태지와 아이들, 이승환 등
메이저에 오른 가수들 빼고는 비교되지 않는 영향력이라 볼 수 있다.

결론적으로 우리나라에서 진짜 인디 음악은 이들이 1994년에
생긴 펑크록 클럽 드럭에서 공연을 시작하면서, 그리고 1996년
이들의 첫 인디 음반 《Our Nation》이 제작되면서 시작되었다.
그리고 같은 해 5월 기존의 음악시장을 측면 돌파하며 '스트리트 펑크
쇼'가 보여준 인디 시장의 화제성과 가능성은 새로운 음악과 문화에

대한 반응으로 이어졌고, 음악계의 진입에 있어 커다란 방어막이
있는 것처럼 느껴졌던 젊은 음악인들과 수용자의 자발적인 참여를
이끌었다. 이로 인해 인디 음악은 기존의 문화를 대체해줄 새로운
대안으로까지 제시되었다. 물론 홍대 앞 인디문화는 열렬한 호응만
있지는 않았다. 더불어 끊임없는 비판과 비난, 곡해, 과소평가 등을
받았고 적대적인 퇴폐문화의 한 축으로 낙인찍히기도 했다.
하지만 이런 현상은 새로운 문화가 생길 때마다 생기는 통과제의 같은
것이다. 이런 부정적 시선은 크라잉넛과 노브레인 같은 펑크밴드뿐
아니라 다양한 장르의 밴드들이 나오고 넓은 지지자층을 확보하여
더욱더 확고한 문화로 자리 잡으면서 지금은 완전히 사라졌다.
시종일관 웃음이 끊이지 않았던 인터뷰를 통해 그 혈기 넘치던 시대를
가늠해보려 한다. (특별한 경우를 빼고는 이름 표기를 하지 않았다.
신기하게도 이들은 다섯 명이서 한목소리를 낸다고 느꼈다.)

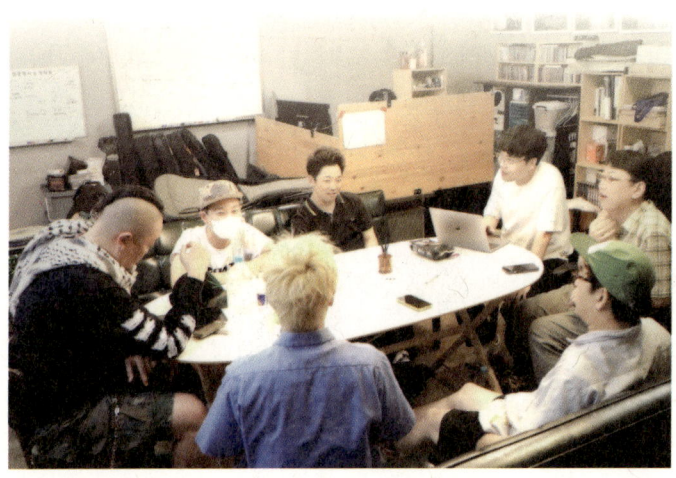

사진: 크라잉넛 인터뷰 현장

361

Q 동네 친한 친구들이라고 들었는데요. 어떻게 동시에
음악을 하게 되었나요?

그때는 유튜브도 없고 핸드폰도 없던 시대니까 뭔가 하나
재밌는 게 있으면 모두 공유하는 그런 때였어요. 예를 들어 그
전날 TV에서 〈주말의 명화〉 하면 모두 다 그 영화를 보고 같은
얘기를 하고 그랬으니까요. 더군다나 우리는 몰려다녔으니까
음악을 들어도 같은 걸 자주 듣다 보니 취향들이 닮아갔어요.

Q 그러면 직접 악기를 시도해본 건 언제였나요?

고등학교 1학년 때 수학여행을 갔는데요. 거기서
장기자랑 시간에 어떤 애가 전자기타로 3분 동안 〈Enter The
Sandman〉을 치는데 너무 멋있는 거예요. 그전까지는 음악만
들었고 그 애를 보고 나서야 '아, 우리도 연주를 할 수 있는
거였구나'라는 걸 알았죠. 그래서 누군가 한 명이 전자기타를
샀어요. 그래서 돌려서 치다가 다 전자기타를 사기 시작했죠.
계속 해보겠다고 학교에 클래식기타 동아리가 있어서
들어갔는데, 다 전자기타 가지고 있고. 클래식기타 든 친구는
〈Enter The Sandman〉 치고 이러니까 선생님이 "이럴 거면 다
나가" 하며 쫓아냈어요.

Q 그때부터 카피를 하셨나요?

그전에 LA메탈이 유행해서 그런 걸 따라 해보려고
했는데 너무 넘사벽이더라고요. 그러다가 너바나를 비롯한
얼터너티브가 라디오에서 나오는 걸 듣고 '아, 이건 우리가
할 수 있겠다'라고 생각했어요. 그래서 너바나, 그린데이 등을
연습하고 커버하기 시작했죠. AFKN으로 〈SNL〉을 녹화해서
자주 봤어요. 손가락 모양 유심히 보고. 너무 돌려봐서 화질이
점점 떨어졌죠. 또 (박)윤식이 집에만 외국 TV가 나와서 거기
가서 MTV랑 채널V 등을 보면서 따라 했어요. 1994년엔
우드스탁 공연 녹화해서 보기도 하고요.

Q 밴드는 언제 시작하신 건가요?

고3 때까지 만나서 합주하며 놀다가 대학교 들어가고
나서 친구 생일 때 홍대를 가보자 해서 갔어요. 처음 목표는
메탈 음악을 주로 하는 록월드라는 라이브 클럽을 찾아가려고
했어요. 메탈밴드들 공연을 보려고요. 근데 홍대가 초행길이다
보니까 길을 잘 몰라서 헤매다가 그 클럽을 못 찾았어요.
그래서 포기하고 돌아가다가 드럭이라는 클럽을 발견했어요.
그냥 들어갔죠. 거기서도 공연을 했는데요. 우리가 좋아하는
너바나 음악으로 공연을 하고 있는 거예요. 우리는 그런
광경을 처음 본 거죠. 그래서 너무 좋아서 흥분해서 놀았어요.
그랬더니 주인아저씨가 "너희들 대체 뭐하는 놈들이냐?"고
그래서 얼떨결에 "저희도 밴드 해요"라고 말해버렸어요.

그랬더니 아저씨가 "그래? 그럼 오디션 보러 한 번 와라" 하고
삐삐 번호를 주셨어요.

Q. 그럼 그냥 내뱉은 한마디로 밴드가 시작된 거네요?

그런데 우린 안 갔죠. 우린 밴드가 아니었고 대책
없이 그냥 그렇게 말해버린 거라서요. 근데 전화가 왔어요.
"오디션 본다고 해놓고 왜 안 와?"라고요. 그때까지 보컬 있는
곡을 하지도 않았는데 너바나, 그린데이, 앨리스 인 체인스
등의 곡들을 몇 곡 합주해서 갔어요. 드럼 한 대에 세 명이
기타였고요. 보컬도 없었어요. 그렇게 하고 있으니까 아저씨는
우리 모습이 웃겼나 봐요. 혼자 막 웃더니 혼자 보긴 아깝다며
여기저기 전화해서 사람들을 불렀어요. 보러 온 사람들도
같이 막 웃더라고요. 저흰 연주보다는 패션에 치중했으니까요.
그러면서 공연을 하겠다면 밥값은 주겠으니 공연을 하고
싶으면 하라고 하셨어요. 원래 손님도 없는 데니까 이런 밴드
하나 정도는 있어도 되겠다고 생각하셨나 봐요.

Q. 다 대학들을 가셨는데, 집에선 반대가 없었나요?

집에서 일정 부분 허락해주셨어요. 대학 가서 뭘 하건
자유인데, 대학엔 꼭 가라고 하셔서 공부는 했죠. 그게
딜이었어요. 그리고 대학 가서 취업 뭐 이런 걱정 따위는 전혀
없이 위대한 밴드를 한다는 생각으로 그냥 막 했던 거죠.
처음에는 집에서 몰랐어요. 학교에 간다고 하고 모여서 밴드

했으니까요. 그러다가 맨날 술 마시고 늦게 들어오거나 안 들어오고 성적표는 다 F고. 그러니까 아시게 되었죠.

Q 대학 때는 다 흩어졌는데 계속 만났나요?

우리 모두 학교를 잘 안 갔어요. 근데 밴드가 놀이였어요. 그게 제일 재밌으니까. 드럭에서 놀고 싶어서 시간표를 월화수로 한데 몰고 그랬으니까요. 거기서 같이 노는 게 너무 좋은 거예요. 낮에 가도 노브레인, 위퍼, 옐로우 키친 같은 재밌는 친구들도 만날 수 있고 같이 합주도 하고 그러니까요. 본격적으로 밴드 하면서는 알바도 넷이 같이 다녔어요. 전단지, 주유소 뭐 그런 거요. 원래 일곱 명이었는데요. 우연히 네 명이서 오디션을 보게 되었고, 나머지 세 명도 음악을 하고 싶었지만 현실을 택했죠. 근데 또 한 명은 직장 때려치우고 엔지니어 하고. 다른 친구들도 여전히 직장인 밴드 하고 그래요.

Q 이상혁 씨는 드럼을 어떻게 치게 되셨나요?

저도 처음에는 기타를 쳤는데요. (이)상면이가 저보다 기타를 더 잘 치는 거예요. 그래서 베이스로 바꿨죠. 근데 또 다른 친구 한 명이 베이스를 더 잘 치는 거예요. 그래서 그때부터 드럼이 멋있어 보이더라고요. 그런 후에 KFC에서 일한 돈으로 드럼을 샀죠.

Q 한경록 씨는 어떻게 베이스로 가신 거예요?

우리가 기타가 많으니까 누군가 베이스를 치긴 쳐야
하는데, 누가 봐도 저밖에 없었어요. 근데 저는 순수한
마음으로 보컬보다 기타리스트가 여자애들한테 인기가 많은
줄 알고 기타를 쳤거든요. 난 무조건 기타를 쳐야 한다는
생각으로요. 사장님이 "베이스가 멋있는 거다"라고 하면서
섹스 피스톨즈의 시드 비셔스 영상을 보여주시는 거예요. 그걸
보고 '제일 멋있는 놈이 치는 거구나'라고 바로 넘어가버렸죠.
그래서 합주하면서 베이스를 좀 쳐봤는데 좋더라고요.
연주하면서 리듬감과 멜로디를 연결해주는 게요. 그러면서
점점 매력을 느꼈어요.

Q 박윤식 씨도 사장님이 보컬로 정해주셨나요?

네, 우리한테 노래를 다 한 곡씩 시켜보더니 그중에 제일
낫다고. 우리 중에 잘생겨서 그렇죠, 뭐. (웃음) 사장님이 잘
보신 것 같아요. 덕분에 우리 포지션이 잘 정해진 것 같아요.

Q 김인수 씨는 어떻게 합류하게 되었나요?

인수 형이 아주 작고 지저분한 클럽에서 음반을 쌓아놓고
DJ를 하셨어요. 형이랑 자주 놀았는데요. 우리 공연 때 사탕을
뿌려주기도 하고, 건반을 치니까 그걸로 도움을 좀 주기도
했는데요. 〈서커스 매직 유랑단〉 녹음할 때 형에게 혹시
아코디언을 칠 수 있냐고 물어봤어요. 근데 형이 한 번도 쳐본

적이 없는데, 2주 만에 배워서 온 거예요.

김인수: 제가 악기를 사놓고는 있었거든요. 그래서 2주 만에 배우고 왔어요. 녹음할 때는 끊어가면 된다고 생각해서 왼손 따로 오른손 따로 녹음하고요. 하려면 양손을 같이 할 수도 있었지만, 음을 일정하게 잡을 수 없는, 좀 애매한 부분을 확실하게 없애기 위해 그렇게 했어요. 근데 음악을 하고 싶은 생각은 크게 없었어요. 그냥 듣는 건 좋아했는데, 그냥 돈을 많이 벌고 싶었죠. 근데 조금씩 하다 보니까 더 이상 돌아갈 수 없게 되어버렸어요.

"어느 때부터 정식 멤버다" 그렇게 시작한 건 아니고요. 워낙 음악도 방대하게 알고 DJ이기도 하고 좋아하는 취향도 비슷하고 해서 공연장에서 퍼포먼스도 재밌고 해서 자연스럽게 같이하는 시간이 조금씩 늘어났어요.

Q 그럼 밴드를 만들고 공연을 매일 하셨나요?

목금토일 했어요. 진짜 성실하게 놀았죠. 그렇게 하니까 실력이 많이 늘더라고요. 초창기에는 카피곡들을 했는데, 같은 곡을 매일 하니까 우리도 지겹고, 관객도 '쟤네들 또 저거 하네' 이런 반응이고. 그래서 곡을 계속 바꾸다 보니까 몇 달 만에 100곡 정도 카피했어요. 그러면서 자작곡도 만들기 시작하고요. 솔직히 지금 실력이라는 게 그때 이뤄놓은 것 같아요.

Q '스트리트 펑크 쇼'는 어떻게 기획된 건가요?

그때 저희가 좀 인기를 얻기 시작할 때였는데요. 어느
날 사장님과 술을 마시다가 마지막 술잔을 내려놓으시면서
"밖으로 나가자!"라고 말씀하셨어요. 그런 후에 취재 왔던
중앙일보 기자가 협찬을 따와서 '서울아이'에서 도와줬죠.
공연장엘 갔는데, 그렇게 사람들이 좋아할 줄은 정말
몰랐어요. 그 후에 매체에도 많이 나가고. 인디 음악이 조명을
많이 받았어요.

Q 처음 자작곡은 뭐였고, 발표할 때 어땠나요?

첫 곡은 〈Everyday〉하고 〈Balad Body〉였어요. 그게
영어로 된 가사인데요. 록은 영어로 써야 한다는 뭐 그런 인식,
강박관념 같은 걸 가지고 있었어요. 선배님들도 많이들 그렇게
하시고. 한글 가사도 쉽지 않았고요. 한글로 하면 발음도
그렇고 잘못하면 촌스럽게 보일 수 있는 여지가 있어서요.
근데 외국 사람들은 무슨 말인지 못 알아듣더라고요.
그전까지는 관객이 '또 하나 보다' 그런 반응으로 봤는데요.
저희가 자작곡을 발표하기 시작하니까 눈빛들이 달라지기
시작하더라고요. 그때부터 우리를 예사롭지 않게 봤고요. 뭔가
있는 것처럼, '쟤네 이상한 거 하는데?' 하는 반응이었어요.
소문도 막 돌고요. 그러면서 관객 수가 갑자기 확 늘어났어요.

Q 희대의 명곡 〈말 달리자〉에 대해 말한다면요?

우리가 처음 쓴 한글 가사예요. 한글로 쓰는 게 아까 말한 그런 것들 때문에 어색할 것 같았는데요. 그래도 한번 해보자는 생각이 들었어요. 그냥 생각나는 가사 다 넣어보자 뭐 그런 심정으로. 반응에 대한 걱정이 많았는데요. 근데 웬걸, 사람들이 너무 좋아하는 거예요. 깜짝 놀랐어요. 어떤 사람은 IMF 때문에 이 노래가 더 인기가 있었다고 말하기도 하더라고요.

Q 〈말 달리자〉를 탄생시킨 그분은 기억나시나요?

그때는 문화공간이 그렇게 많지 않다 보니까요. 드럭에 유명한 사람들이 많이 왔었어요. 그뿐 아니라 별별 사람들이 다 왔죠. 여러 문화 인사들이 자주 모여서 이야기하기도 하고요. 어느 날 우리 공연을 보던 어떤 평론가랑 껴서 술을 마셨는데요. 그 사람이 막 아는 척하면서 "너희가 무슨 펑크냐?"고 막 가르치려고 하더라고요. 그렇게 막 설전을 벌이면서 싸우다가 끝났어요. 우리가 펑크 음악을 하겠다고 선언한 것도 아니고, 단지 펑크 음악을 많이 카피하다 보니까 그런 건데요. 우리가 동부이촌동 살았거든요. 거기서 무슨 펑크를 하냐고. 펑크는 가난한 사람들이 하는 거라고 말하기도 하고요. 자신들이 생각하는 펑크에 대해 설파하기도 하고, 펑크는 혁명이라고 말하기도 하고, 우리가 하는 건 펑크 사운드가 아니라고도 하고. "왜 기타 솔로가 있냐?" 등 별의별

말들을 다 했어요. 음악을 글로 배운 사람들인 거죠. 그때는
자신의 지식을 가져와서 배틀하고 싶어 하는 사람들이
많았어요. 아는 걸 말하고 싶어서 미치는 사람들.

근데 그런 게 사대주의라 생각해요. 우린 그 사람들이
말하는 펑크에 맞추고 싶지는 않았어요. 우리가 자라면서 듣던
음악이 있고 표현하고 싶은 음악이 있는데, "너희는 펑크가
아니야"라고 말하는 거기에 펑크가 없더라고요. 그래서 우린
"영국이나 다른 나라 펑크가 아니고 조선 펑크다"라고 말하며
앨범에도 참여하고 우리만의 음악을 하겠다고 선언한 거죠.
뭐 어떻게 불러도 상관없는데, 결론은 우리가 하고 싶은
음악을 하겠다고.

결국 "펑크는 이런 음악인데, 너희는 그렇게 하면 안
돼"라고 말하는 사람들 때문에 〈말 달리자〉가 나온 거예요.
집에 돌아와 생각해보니까 "X새끼, 살다 보면 그런 거지. 말
X많네"가 떠올랐어요. 그러면서 가사를 지은 거죠. 생략도
해가면서. 원래 '말을 달리자'인데 맞추다 보니 '말 달리자'가
되었고요. 그 사람들이 "세상은 이런 거야"라고 가르치려고
하면 우린 "닥쳐!"라고 하는 거죠. 어쨌든 달리고 싶은 마음도
있고.

Q **"닥쳐"에 대한 위화감은 없었나요?**

우리가 방송을 생각하고 만든 건 아니라서요. 아무 생각
없었어요. 만약 나가서 뭐 해야 한다고 했으면 그런 표현을

370

쓰지 않았겠죠. 당시에는 가사에 그런 말이 들어가는 건
상상하기 힘든 시대였으니까요. 근데 정작 우리가 방송을
시작할 때는 그게 큰 문제가 되진 않았어요. 우리끼리는
괜찮았어요. 외국의 음악에는 더 심한 욕이 있는 곡들이
많았으니까요. 이 정도는 그렇게 센 것도 아니라고 생각했죠.
《Our Nation》하기 전에 사전심의가 철폐된 덕도 본 것
같아요. 만약 그전이었다면 아마 못했을 것 같아요. 우리가
격동의 시기에 있었던 것 같아요.

Q 편곡은 금방 나왔나요?

완전 한 큐에 나온 것 같아요. 노래를 만든 시간이 노래
길이보다 짧았어요. 편곡의 방법 같은 걸 하나도 모르니까
오히려 더 용감하게 했던 것 같아요.

**Q 윤식 씨는 다른 멤버의 곡을 부를 때 힘들진 않나요?
원작자와 다른 감성으로 해석할 수도 있을 것 같은데요.
그리고 윤식 씨 이외의 보컬들은 어떻게 정하는 거예요?**

박윤식: 가사를 외우기 힘들어요.

오래 했으니까. 멤버들이 윤식이의 보컬 스타일에 맞춰
만드는 것도 있는 것 같아요. 아마 치매는 안 걸릴 거예요.
(웃음) 물론 메인 보컬은 윤식이지만, 멤버 각자 자기가 만든 곡
중에 "요거는 내 감성으로 내 색깔이 더 어울릴 것 같다"라는
곡은 자기가 부르는 것 같아요. 또 "얘가 부르면 더 낫겠다"

하는 곡들도 있었던 것 같고요. 〈비둘기〉는 모두 불러봤는데,
인수 형이 하는 게 제일 웃겼어요. 그리고 아무도 안 불렀으면
좋겠다 하는 건 윤식이 주죠. (웃음)

Q 작곡가의 원래 의도대로 곡이 완성되는 편인가요?

대부분은 그렇게 되지 않죠. 이런 가사와 이런 스타일로
만들어보자고 딱 들어가면 결국 결과물은 "이게 뭐지? 내가
이런 곡을 쓴 기억이 없는데"로 가요. (웃음) 근데 그런 게
정말 재밌는 것 같아요. 누구 한 명이 "이렇게 가자" 하고
밀어붙이면 그걸 따라가는 건 어렵지 않은 것 같아요. 근데
그렇게 하면 의외성이나 파격적인 면이 없어질 수 있으니까요.
그냥 던져놓고 각자 요리할 수 있게 맡겨놓고 뚝딱뚝딱해서
나오는 예상치 못한 그런 게 좋은 것 같아요. 원작자가 "어?
이게 아닌데" 하는.

**Q 개인적으로 〈몰랐어〉를 너무 좋아해서 그 창작과정을 알고
싶습니다. 왜 그렇게 길게 만들었나요?**

이상면: 노래가 느린 것도 있고. 또 당시에 라디오에서
아트록을 많이 들었어요. 7분 넘어가는 대작들의 포맷을 알게
되었죠. 그래서 한 번 그런 식으로 곡을 만들어보고 싶었어요.
그런 감성으로 기타도 연주하고요. 노래도 제가 불렀는데요.
윤식이가 불러도 되는데, 그때 시간이 없어서 그랬어요.
윤식이에게 알려주고 연습하고 해야 하니까. 그래서 그냥

내가 표현하는 감성이 나을 수도 있겠다 싶었어요. 그때는
프로그레시브록 등에 대한 로망도 좀 있었어요. 지금은 노래가
점점 짧아지는 추세지만요.

Q **지금은 장르적으로도 많이 넓어지신 것 같아요.**
예를 들어 보사노바의 〈Broadway〉나 국악의 〈금환식〉
같은 경우를 보면요.

그게 우리가 장르를 일부러 넓히려고 하는 건 아니고요.
우린 생활에서 음악을 찾으려고 하거든요. 〈Broadway〉는
미국 브로드웨이에 갔다와서 그 분위기에 취해서 만든
거고, 〈Audrey〉 같은 경우는 이탈리아 로마에 갔다가 그
느낌을 살리고 싶어서 만든 거고요. 그게 우리의 장점이라고
생각해요. 각 시대마다 인기 있는 장르가 있지만, 저희는 그걸
따르지는 않아요. 인기가 지난 음악이라도 마음에 들면 그냥
해요. 그래서 민속음악이나 제3세계 음악, 국악도 편하게 할
수 있는 것 같습니다. 우리는 '장르에 상관없이 만드는 음악과
어울리면 한다' 그런 주의예요.

Q **《Our Nation》은 어떻게 나온 건가요?**

그때 클럽이 장사도 안 되고, 월세도 못 내고, 윗집
할머니도 시끄러워 죽겠다고 하고 그런 상황이었어요. 그래서
사장님이 망하더라도 앨범이나 하나 내자고 하신 거죠.
〈말 달리자〉가 소문이 나서 그래도 손님이 끊이지는 않았어요.

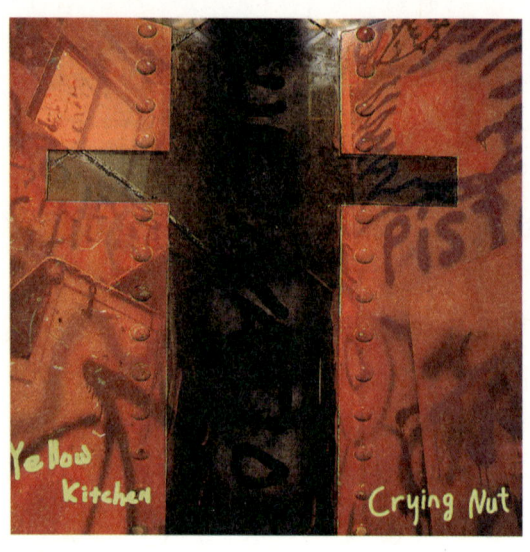

고등학생들도 오기 시작하고, 미 8군 자녀들로 구성된
벤치라는 팀도 오고 그래서 지상으로 나가서 해보자는 생각이
들었어요. 그래서 가진 공연이 '스트리트 펑크 쇼'예요.
그걸 하고 나서 뭔가 될 것 같은 흐름을 느꼈어요. 그래서
앨범 제작을 생각하게 된 거죠. 자작곡도 13곡 정도 있었고요.
사장님은 우리의 솔로 앨범보다는 드럭만의 공동체를
보여주자는 주의였어요. 그래서 옐로우 키친하고 스플릿
앨범을 내게 됐죠. 그때 A면, B면은 가위바위보로 정했어요.
이긴 팀이 B면에 들어가기로 했는데, 우리가 져서 낙심했죠.
그때는 B급 정서가 있어서 A면을 하면 멋없는 것 같았거든요.

Q   신대철 씨는 어떻게 섭외하신 건가요?

우리가 녹음 시스템을 전혀 모르니까 '스트리트 펑크 쇼'
같이하던 형이 소개해줬어요. 대철이 형이 하는 퍼플존이라는
스튜디오가 있는데요. 거기서 엄청 싸게 했어요. 프로듀서도
맡아주셨는데요. 형이 녹음하다가 빵 터져가지고 여기저기
전화해서 친구들에게 녹음 구경하러 오라고 했어요. 다들
와서 재밌게 보고 갔죠. 특히 토마토의 고구마 형이 와서
"이게 진정한 얼터너티브야!" 하고 가셨어요. 그때 메트로놈도
몰라서 그냥 합주하던 식으로 녹음을 했거든요. 그래서 형이
"너네 이거 박자 괜찮겠니?" 하고 계속 물어봤어요. 근데 암만
들어봐도 우린 괜찮은 거예요. 근데 형은 책임자니까 '이게
이렇게 해서 나가도 되나' 하는 고민이 있으셨겠죠. 드럼도
박자가 점점 느려지거든요. 그래서 우리보고 "술만 먹지 말고
연습을 좀 해라"라고 조용하면서도 착하게 말씀해주시기도
했어요.

Q   유통은 어떻게 했나요?

우리가 유통을 잘 몰라서 사기를 당했어요. 어느 인디
유통사에 맡겼는데, 정산을 안 해주고 대신 다른 팀들 CD를
주면서 우리가 팔아서 가지라고 하고 그랬거든요. 근데
돌이켜보면 우리도 상식적이지 않았어요. 그렇게 당했는데도
우린 "대기업에 유통을 맡기면 안 돼" 하는 마이너 감성이
있었어요. SM에서 가수 리아랑 저희랑 같이 밴드를 하면

도와주겠다고 했는데 거절하고요. 부라보콘 광고하는 걸로도 술 마시면서 며칠을 싸웠어요. "너무 상업적인 거 아니냐, 영혼을 파는 거야" 하면서요. 대중 매체에 대한 반감이 많았거든요. 립싱크도 그렇고. 또 뮤직비디오를 만드는 것 가지고도 고민을 많이 했어요. 그래서 사장님이 섹스 피스톨즈도 다 상업적인 것들을 했다고 하면서 설득했어요. 근데 그게 맞는 말이죠. 우리도 그런 걸 보면서 좋아했으니까요. 근데 그런 모먼트들이 지금의 우리를 만든 것 같기도 해요.

Q **도중에 불안하지는 않았나요? 언제부터 생활이 되셨나요?**

눈뜨면 공연이라 불안할 틈이 별로 없었어요. 우린 '그냥 하면 되는 거야'라는 생각을 가지고 있었거든요. 초창기에는 잠은 집에서 자면 되니까 알바하고 공연하면 2,500원 주니까 그걸로 짜장면 먹고 술은 가게에서 마시고, 드럭에서 서빙하면서 공연하기도 하고. 그렇게 지내다가 〈말 달리자〉가 부라보콘 CF에 사용되었어요. 그러니까 갑자기 드럭에 사람들이 몰려서 줄이 건물을 몇 번 빙빙 돌아서 서기 시작했어요. 그 이후 다른 곳에서 공연 의뢰도 들어오고, 방송에도 나가기 시작했어요.

Q. **고생하셨는데도 뭔가 계단식 성공이 느껴져요.**

네, 운이 좋았어요. 군대 가기 전까지 계단식으로
올라간 느낌이 있죠. 클럽에서 〈말 달리자〉로 인기를 얻었지,
'스트리트 펑크 쇼' 하고 인디 앨범 최초로 냈지, 부라보콘으로
터지고 1집에서 〈말 달리자〉가 터졌지, 클럽 합법화되고, 2집
잘되고, 〈밤이 깊었네〉 잘되고. 군대 가기 전에 올림픽 펜싱
경기장에서 할 정도로 입지도 커졌고요.

Q. **클럽 합법화 때 분위기 좀 알려주세요.**

그때 애로사항이 많았어요. 일단 일반음식점은 한
명만 공연할 수 있고, 2인 이상 공연하려면 유흥음식점으로

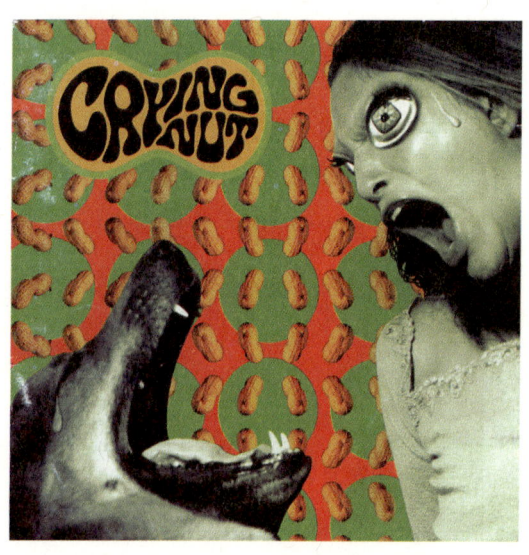

등록해야 했어요. 근데 그러려면 세금을 많이 내야 해요. 그래서 일반음식점으로 등록하고 공연하니까 문제가 됐어요. 우린 밴드니까요. 이게 거의 일제강점기 때부터 있던 건데, 시대가 바뀌었음에도 법을 바꾸지 않아서 현실에 맞지 않았어요. 아주 옛날에는 혼자 노래했을지 몰라도 지금은 두 명 이상 팀을 짜는 경우가 아주 허다하니까요. 또 우리가 머리 세우고 문신하고 인상 쓰고 시끄러운 음악을 하니까 근처 학교에서 위험하다고 드럭이 있는 길로 다니지 말라고 공고문을 내가지고 경찰서에서 찾아오고 감시랑 검문도 많았고요. 그래서 드럭이 3개월 정지를 먹고 벌금을 맞은 적이 있어요. 사실 우린 음악 한 것밖에는 없거든요. 그때 사장님이랑 우리는 그냥 클럽에서 공연을 계속하면 벌금 낼 돈은 벌겠다는 생각을 했어요. 그래서 영업 정지 기간에도 그냥 했죠. 근데 걸리지 않았어요. 그리고 그게 약간 저항의 느낌도 줬던 것 같아요. 그걸 통해 클럽 합법화를 홍보하기 시작했으니까요. 그래서 밴드들 연합으로 대학로에서 공연도 하고 장관님, 국회의원 등을 찾아가서 협조를 요청했어요. 그렇게 해서 일반음식점에서도 2인 이상 공연할 수 있도록 법이 바뀌었죠. 그래서 현재도 대부분 일반음식점으로 등록해요. 공연장으로 등록하면 술을 팔 수 없으니까.

Q **이석문 사장님하고는 어떻게 헤어졌나요?**

우리가 제대하고 다른 회사로부터 이적 제의를

받았어요. 큰물에서 놀아야 하지 않겠냐면서요. 근데 우린
의리가 중요해서 사장님한테 얘기했죠. 그랬더니 사장님이
이제 너희들도 나이가 있으니 너희들끼리 회사를 차리고
알아서 해보는 게 좋겠다고 했어요. 그래서 친구랑 회사를
인수하고 인계를 받았죠. 지금까지 인디의 정신으로 우리가
앨범도 만들고 믹싱, 마스터링, 유통까지 다 하고 있어요.
사장님하고는 좋게 헤어졌어요. 저희가 군대 있을 때 생활비
부족할까 봐 월급도 주신 좋은 사장님이셨죠.

Q 크라잉넛 같은 인디밴드를 하고 싶은 후배들에게 홍대
클럽은 아직도 열려 있나요?

네, 지금도 많이 있어요. 하고 싶은 분들은 여기 와서
모여서 그냥 하면 돼요. 오디션 보러 다니고요. 여기 공연장도
메이저와 마이너가 있어서 초보 밴드들이 하는 시간대와
메이저 밴드들이 하는 시간대가 달라요. 초보 밴드들에게도
기회가 열려 있습니다. 잘해서 프라임타임으로 갈 수도 있는
거니까요.

밀리언셀러의 시작을 만들어낸
프로듀서

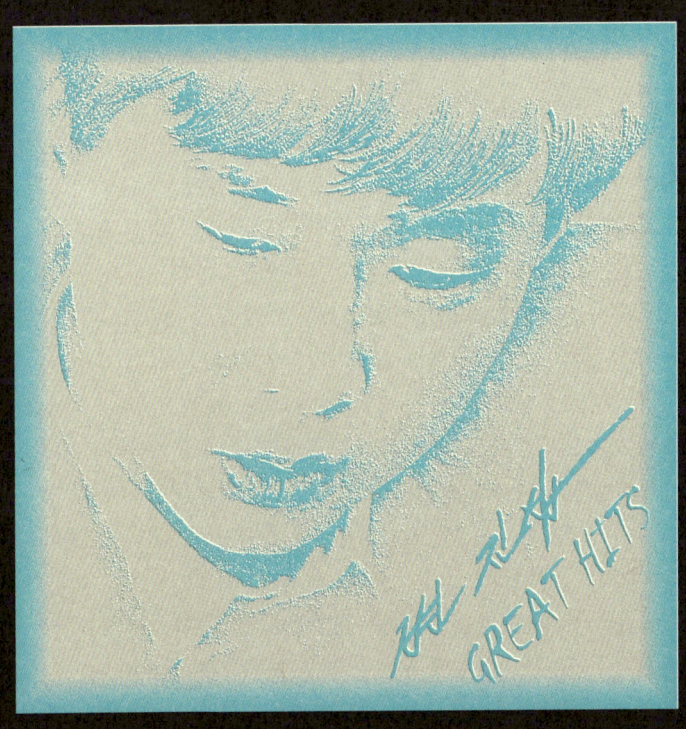

하광훈

'역사적 순간들'에서 하광훈을 만나기로 한 결정적 이유는 온전히 서태지와 아이들 때문이다. 1992년 6월, 대한민국이 〈난 알아요〉라는 랩 댄스 한 곡으로 점령되고 이후 댄스 음악의 전성시대가 열리게 되면서 어느 순간부터 이 시절의 음악 이야기가 〈난 알아요〉부터 출발하게 된다. 그전에 이루었던 것들, 즉 신승훈이 〈보이지 않는 사랑〉(1991)으로 〈인기가요〉 14주 연속 1위를 달성하거나, 변진섭이 《너에게로 또 다시 / 숙녀에게》(1989)로 골든디스크 대상을 2년 연속 수상한 대기록들은 굳이 기억을 되살려야 나오는 이야기가 되어버렸다.

　〈난 알아요〉 열풍 직전 2년 6개월 동안 대한민국의 트렌드는 '남성 솔로 가수'였다. 변진섭, 김민우, 신승훈, 신해철, 윤상, 이승철, 이상우 등 정말 많은 남성 솔로 가수가 차트에서 사랑받았다. 여기서 1990년 한 해만 놓고 봤을 때 재밌는 현상은 변진섭과 김민우 모두 하광훈이 프로듀싱한 앨범을 발매했고, 대성공을 이루었다는 점이다.

　겨우 두 명이라고도 할 수 있겠지만, 시기로 봤을 때 그 기간은 기록적이다. 〈너에게로 또 다시〉와 〈희망사항〉은 2월 21일부터 4월 18일까지, 〈사랑일분야〉와 〈입영열차 안에서〉는 6월 29일부터 10월 21일까지 공중파 가요 순위 프로그램에서 1위를 달성했다. 1990년 중 적어도 2분기 이상은 변진섭과 김민우가 점령했다고 해도 과언이 아니다.

　결국 〈난 알아요〉 이전에 어떤 음악들이 있었는지를 살피게 되면, 하광훈이라는 이름을 찾게 되는 건 매우 자연스러운 흐름이다. 그래서 그를 만나 두 장의 앨범 제작 과정을 집중적으로 이야기해봤다.

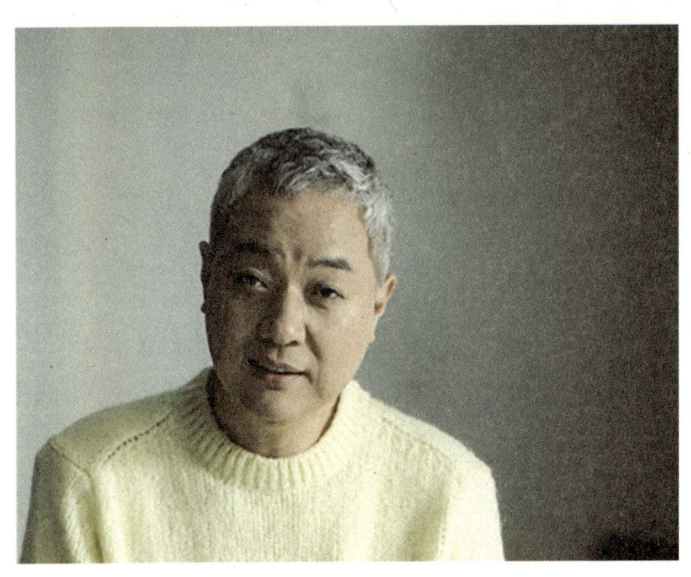

사진: 하광훈 프로필

Q   **작곡가 데뷔 과정이 궁금합니다.**

최초는 김종찬 1집 《金鍾燦》(1986)이에요. 대학 3학년 때
휴학 후, 군대 가기 전에 녹음실을 몇 번 갔던 게 기억나요.
종찬 형의 부탁으로 썼으나, 당시만 해도 습작 형태가 많았고,
작곡가가 될 생각은 없었어요. 물론 그 앨범에 수록된 곡들도
히트를 못 했고요.

뭔가 의뢰를 받아 제대로 쓰게 된 건 일병 때 휴가 나온
후 친했던 김지환 형이 "신인 가수 프로듀싱하는데, 곡이나
하나 써보라"고 해서 쓰게 됐어요. 밤새 술 마시고 점심 먹고
부대로 가기 전에 피아노로 곡을 쓴 게 변진섭의 〈홀로 된다는
것〉(1988)이죠.

곡을 주고 난 다음 외박 나와서 다른 사람이 편곡한
노래를 들으니 정말 마음에 안 들었어요. 그래서 다시
편곡하고 싶다고 했고, 지환 형이 부대장을 찾아가서 사정을
설명하고 2박 3일 특별 휴가를 받아서 녹음실에서 다시
작업했죠.

8월 말쯤 외박 나가서 변진섭 1집 판을 받았어요. 최수종
씨가 나온 KBS 〈사랑이 꽃필 무렵〉이라는 인기 드라마가
있었는데, 아버지가 죽는 장면에서 〈홀로 된다는 것〉이 나온
거예요. 나중에 들으니 그다음 날부터 음반 주문이 엄청났다고

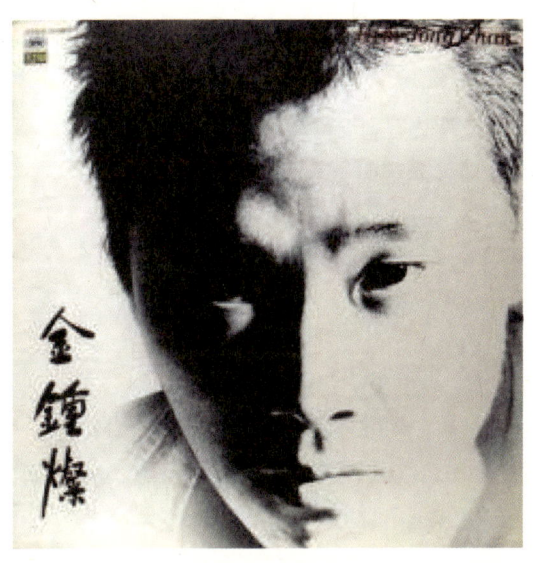

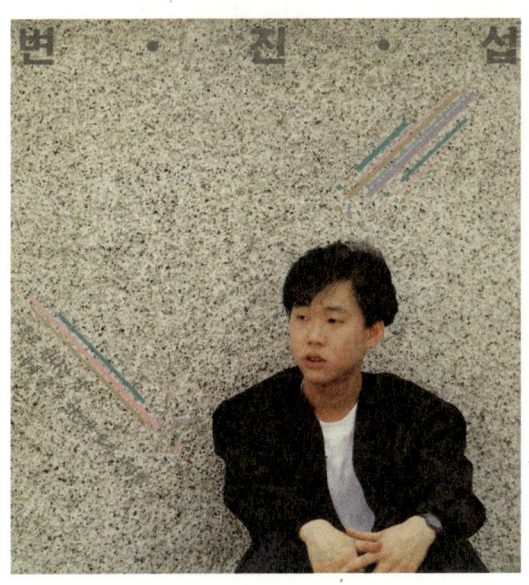

하더라고요.

Q **1990년을 강타한 변진섭 2집 《너에게로 또 다시 /
숙녀에게》의 제작 과정이 궁금합니다.**

제대하는 날, 마치 영화의 한 장면처럼 지환 형이
변진섭과 함께 차를 세워두고 부대 앞에서 대기하고 있었어요.
바로 끌려갔죠.

1집은 군인이라 참여를 많이 못 해 아쉬운 점이
많았어요. 그래서 2집은 내 마음대로 할 기회가 온 거죠. 당시
프로듀싱의 개념어 미비했던 시절, 그 앨범은 편곡, 작곡, 보컬
디렉팅 등 프로듀싱 전체를 제가 다 했어요.

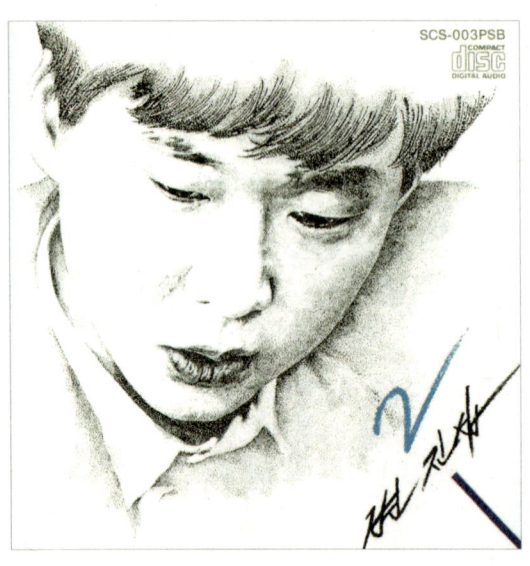

제대하자마자 바로 시작했기 때문에 작업 시간은 빨랐어요. 워낙 부대 안에서 하고 싶었던 게 많았으니까요. 이미 1집이 히트한 상황이라 속으로 '아, 이렇게 하면 좋아하는 거야?'라는 생각까지 했어요. 자만감이 엄청났죠.

입대 전엔 녹음실에서 존재감조차 없었는데, 제대 후엔 달랐어요. 녹음실 가자마자 '위대한 탄생'의 손호준 형이 바로 함께하자고 해서 '위대한 탄생' 멤버이면서 변진섭 2집 프로듀싱까지 한 거죠. 작업 기간은 약 5개월이 걸렸어요.

Q 하광훈이라는 뮤지션에게 군대는 인생의 전환점인 것 같습니다.

엄청난 역할을 했죠. 아마 군대 안 갔으면 절대 가요를 안 했을 거예요. 입대를 통해 감수성이 변화했고, 복무 기간 중 노래가 성공하니 자연스럽게 제대하면서 작곡가가 된 거죠.

Q 변진섭 2집에선 작곡가 '윤상'이 등장합니다.

윤상이 작곡가로 데뷔하던 차에 우연히 알게 됐어요. 데모를 듣고 인상적이라서 그의 집에 갔는데, 신시사이저로 곡을 다 만들었더라고요. 그래서 변진섭 2집을 한다고 밝힌 후 만든 곡을 다 들어봤는데, 그때 인상적인 곡이 〈로라〉와 〈이별을 받아드리리〉였어요. 아직 편곡할 자신과 준비는 안 됐다고 해서 편곡은 제가 직접 하기로 하고 수록했죠.

Q 윤상의 작업물 중 2곡만 고르신 이유가 있을까요?

1집에 참여한 지근식 작곡가가 2집에서도 절반을 쓰기로 했고, 나머지는 저와 윤상의 곡을 넣기로 한 거죠. 제가 전체 프로듀서로서 앨범이 어떠한 방향으로 가겠다는, 철저한 기획이 있었어요.

Q 앨범의 히트를 예상했을까요?

그 당시는 히트가 되겠다, 안 되겠다 하는 나이나 상태는 아니었어요. 음악을 마음껏 할 수 있다는 환경이 너무나 감격스럽고, 잘하는 게 중요했으니까요. 1집이 워낙 마음에 안 들어 2집에 대한 구상을 확실히 할 수 있었고, 믹싱이 끝난 단계에서 지환 형은 충분히 만족해했어요.

Q 같은 해에 김민우 1집 《김민우 1》도 히트했습니다.

김민우를 소개한 김광수 대표는 종찬 형 매니지먼트를 했던 사람이에요. 그러면서 알게 됐죠. 연락이 와서 어느 날 여의도 오피스텔을 갔더니, 달랑 책상 하나 있던 상황이었어. 봐둔 애가 있는데 한번 만나달라고 해서 사무실에서 한 곡 들은 뒤, 제작을 맡기로 했어요. 투자까지 모두 내가 하기로 해서. 판 내자마자 바로 히트했죠. 홍보할 틈도 없었어요.

Ｑ　**강수지의 데뷔작도 함께하십니다.**

　　지환 형을 통해 알게 된 송승환 형이 미국에서 온
상태였어요. 같이 데리고 온 친구가 있다고 소개했는데, 그게
강수지였죠. 내 음악 자체가 여자 가수와 잘 맞는 성향이
아니에요. 그래서 목소리를 듣고 윤상이와 잘 맞을 것 같다는
의견이 모아졌죠.

Ｑ　**김규민 1집 《평온을 기대하며》(1991)에는 어떻게
　　참여하게 된 건가요?**

　　DSP(당시 대성기획) 이호연 대표와는 예전부터 친했어요.
그래서 도움을 주려고 판을 만들어준 게 《평온을 기대하며》죠.

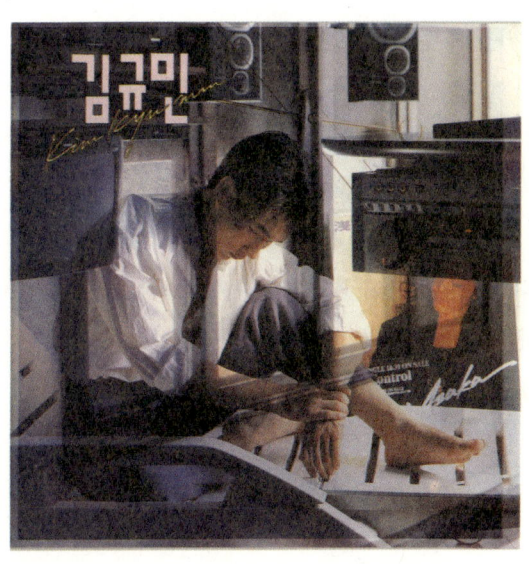

투자도 했고, 곡도 쓰고, 디렉터도 봤죠. 이후부터는 다른
가수 작업에 참여하지 않고 내 회사의 가수에만 집중하기
시작했어요.

Q **유독 이 시절에는 남성 솔로 가수들의 활약만 돋보였던 것
같습니다.**

한국만의 정서로 생긴 쏠림 현상이라고 생각해요. 솔로
가수들의 활약 전에는 〈대학가요제〉가 대세였어요. 그전에는
그룹사운드, 통기타 시대가 있었고요. 서태지와 아이들
이후로는 댄스가 있었죠. 유행의 흐름이라는 게 있지만,
한국민의 정서가 유독 더 도드라진 영향이라고 봐요.

Q **당시 작곡가로서 느끼는 판매량의 체감이 있었을까요?**

몰랐어요. 팔리는 것과 작곡가로서 나와의 돈 관계는
1도 연결된 적이 없던 시절이니까요. 체감은 녹음실에서
제작자들이 나를 기다리는 걸로만 느꼈죠.

Q **차트가 작곡, 프로듀싱에 준 영향은요?**

전혀 관심 없었어요. 내면 아예 잘되거나 아예 망하거나,
결과가 극단적으로 나왔으니까요. 저는 한 가수를 맡으면,
그 가수만 몇 달을 해요. 그렇게 1년에 2~3명의 가수에게
몰두하니까 주변 상황을 크게 살필 여력은 없었어요.

Q 가장 많은 영감을 받은 뮤지션은 누구인가요?

군대 안에서도 끝없이 토토(Toto)를 들었던 것 같아요. 내 음악에 영향을 준 밴드죠. 지금도 들어보면 테크닉, 화성에서 완벽한 구사를 하면서 쉽지도 않지만 어렵지도 않은 그 조화로움이 가장 이상적인 팀이라고 생각해요. 절대적이에요.

Q 1990년대에는 우리가 기억하는 히트곡도 많지만, 그만큼 표절 논란에 휩싸인 곡도 있었어요.

한 번도 표절에 대해 심각하게 생각해본 적은 없어요. 사실 남의 것에 대해 왈가왈부하고 싶지 않고, 개인적으로는 내 거 하기 바쁜 상황이었으니까요. 속으론 '티가 나도 그렇게밖에 못하냐?' 정도로 하고 마는 거죠.

다만, 당시는 가요계가 르네상스 시절이다 보니 돈이 엄청나게 돌았어요. 녹음 한 프로에 50만 원씩 받던 시기니까. 갑자기 돈이 너무 되고 제작자가 여기저기 나오기 시작하니 작가들이 제작자들에 의해 많이 휘둘릴만한 시기라고 봐요. 제작자의 적극적 개입이 작곡가를 휘어감다 보니 상업화가 짙었죠.

Q 다시 밴드 할 생각은 없나요?

있었죠. 그래서 제대 후 유명해지면 다시 팝을 하고 밴드를 하겠다고 생각했는데, 그걸 아직까지 못하고 있네요. (웃음)

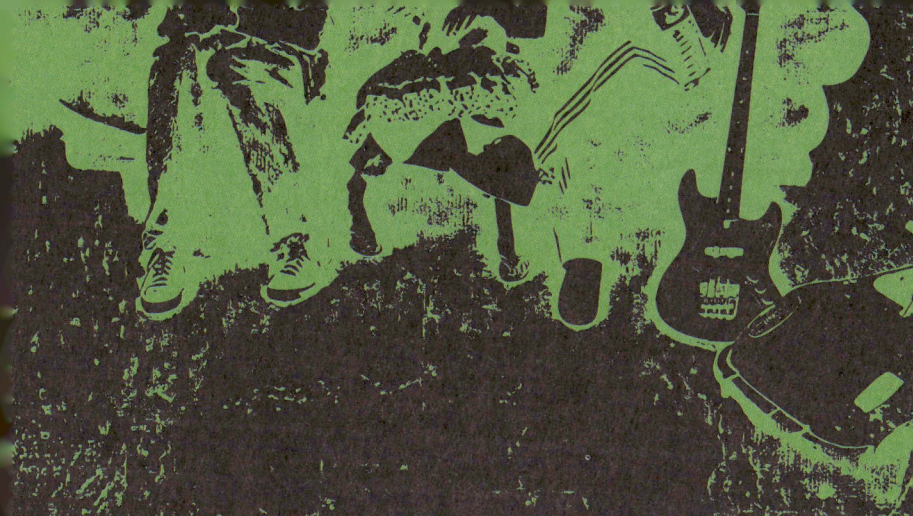

최초의 100% 홈 레코딩 제작

히치하이커_롤러코스터

대중음악은 늘 기술의 발전에 따라 진화했다. LP 판이
만들어지면서 개인이 하나의 온전한 앨범을 소장하기 시작했고,
신시사이저가 탄생하면서 건반에서 소리의 다양성이 확보됐으며,
전자기기가 발달하면서 집에서도 악기 없이 음악에 사용되는 다양한
도구를 연주할 수 있게 됐다.

이러한 변화 덕분에 노래를 녹음하는 방식도 시대마다 달랐다.
컴퓨터가 없던 시절엔 음악에 쓰일 악기의 연주자들을 모두 녹음실에
불러 모아 녹음했다. 개인마다 일정을 확인해야 했고, 현악기라도
동원되면 녹음 공간 역시 넓혀졌다. 녹음실 사용료가 추가되는 건
기본이었다.

한국에선 1980년대 후반에 접어들면서 PC와 전자기기가
보급되기 시작했고, 이 제품들 안에 설치된 프로그램의 기능과 함께
음악을 만드는 속도는 날개를 달았다. 녹음실엔 이미 만들어진 음악이
대기하면서 노래를 부를 가수의 등장만 기다렸을 뿐이다. 일정 확인과
연주자 섭외에 대한 고민이 해방됨과 동시에 녹음실 대여 기간도
획기적으로 짧아졌다.

결정적인 건 이 '녹음실' 자체도 필요하지 않은 시대로 접어들었을
때다. 이미 기계로 다 만드는 환경을 갖췄기에 방음만 잘하면
보컬의 노랫소리도 집에서 녹음할 수 있게 됐다. 이러한 작업을
'홈 레코딩'이라 부르게 됐고, 현시대에는 적지 않은 뮤지션들이
'홈 레코딩'을 선호하게 됐다.

그렇다면 한국에서 '홈 레코딩'만으로 정규 앨범을 발매하여
시장에서 성공을 거둔 건 누구이고, 또 언제였을까? 이미 기술이
발전함에 따라 015B 등 적지 않은 뮤지션들이 수록곡들을
'홈 레코딩' 기술로 도전했지만, 온전히 모든 곡을 작업실 안에서
해결하여 성과를 올린 건 1999년 밴드 롤러코스터의 데뷔작

《Roller Coaster》가 처음이었다.

　　롤러코스터의 작업은 한국 대중음악 판에서 감히 도전에 가까운
방식이었다. 음악이야 기기를 최대한 활용한다고 해도 녹음까지
자체적으로 해결할 줄은 몰랐으니까. 더불어 소속사도 없이 시작한
이들의 결정에 대해 성공을 예상한 이들은 본인들 말고는 없다고 봐도
된다.

　　하지만 밴드의 집념은 시장의 예상을 모두 뒤집어냈다. 단순히
'홈 레코딩으로 성공한 앨범'에서 끝난 게 아니라 제작 과정에서
가장 중요한 본질이 무엇인지를 뮤지션들에게 알려주는 역할까지
수행했다. 좋은 스튜디오, 최고의 세션 등을 활용했던 몇몇 뮤지션은
공개적으로 롤러코스터의 작업 방식에 박수를 보냈다.

　　벌써 25년. 인터뷰하기 전 데뷔 기간을 살피니 숫자가 이렇게
나왔다. 25년 전에 롤러코스터는 도대체 어떠한 사정으로, 어떠한
마음가짐을 가졌기에 회사도 없이
100% 홈 레코딩에 도전하게 된
걸까. 밴드의 리더이자, 지금은
K-pop 작곡가로서 더 명성이
높아진 히치하이커(지누)를 만나
그때의 얘기를 자세하게 들었다.

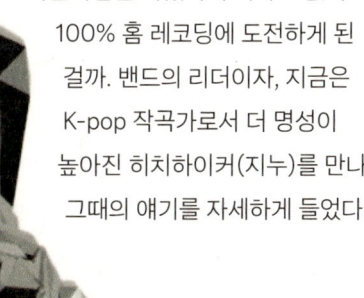

사진: 히치하이커
프로필

Q   종종 히치하이커 프로필을 검색하다 보면 '동경음악대학
수료'가 기록되어 있습니다.

어디 프로필에 보면 제가 일본에서 공부한 걸로 돼
있는데, 그건 아니에요. 중학교 때 유희열, 김세황 같은
친구들과 밴드 하다가 고등학교 때부터 진짜 진지하게 했어요.
저만 고등학생이고 나머지 대학생 형들과 함께 '전사'라는
팀을 만들었죠. 손성훈 씨가 보컬, '시나위'의 정한종 씨가
베이스, 드럼은 김주영 씨였어요.

고등학교 졸업했을 때쯤 일본의 록 밴드 프로듀서들이
한국에 와서 밴드를 찾은 뒤, 일본에서 데뷔시키려는
프로젝트를 진행했어요. 당시 국내 언더 밴드들이 그 오디션을
많이 봤고, 저희가 1등을 해서 일본 진출을 하게 된 거죠.

그래서 일본 내에서 녹음하고 라이브 활동도 하면서
검증을 받았어요. 현지에서 활동하려고 했는데, 일본
프로듀서들이 한국 남자들이 군대 가는 걸 몰랐어요. 그래서
레코딩까지 다 하고 앨범 나오기 직전이었는데, 그 사실을
알게 되면서 모든 게 다 파기됐죠.

Q **이미 녹음까지 했다면, 군대 가기 전까지 활동해도 되지 않았나요?**

왜냐하면 기간을 길게 봤던 거죠. 일본에선 밴드의 활동을 10년 이상으로 짰는데, 3년 동안 각자 군대를 가야 한다고 하니까 말이 안 되잖아요. 그래서 그 계획이 엎어지고 다시 한국으로 돌아오게 됐어요.

Q **당시 수록될 곡들은 멤버들이 다 만들었나요?**

네. 저희가 다 만들고 녹음도 했어요. 당시 일본과 한국은 레코딩 수준부터 음악 제작에 여러 가지 격차가 많이 벌어졌던 시기인데, 어린 나이에 일본에 가서 많은 걸 배웠죠. 만들었던 노래 중 한 곡은 손성훈 씨 솔로 앨범에 들어갔어요. 이후 팀은 흐지부지 해체됐죠.

Q **일본에서의 활동 기간은 얼마나 됐나요?**

2년 정도 일본을 오가면서 동경과 오키나와에서 공연도 했어요. 특이하게 일본의 프로듀서들은 부동산 중개인 같은 위치였어요. 거리공연을 하는 사람들과 연락해서 계속 소식을 주고받다가 이 친구들이 성장하는 게 보이면 레코드사와 연결하는 거죠. 이후 중간에서 계속 앨범 제작과 방향성에 대해 코디네이션을 해요. 그렇다고 월급쟁이는 아니고, 별도 커미션을 받겠죠. 그래서 일본 프로듀서들을 보면 제작자보단 프리랜서 관리자 같아요. 그런 분들이 저희를 픽업했던 거죠.

Q '전사'는 국내 활동을 어떻게 했나요?

고등학교 선후배로 뭉친 스쿨 밴드로 시작했기 때문에 언더그라운드 공연을 많이 하진 않고, 작업실에서 앨범 작업을 많이 했어요. 정한종 씨 집에 차고가 있었는데, 거기서 매일 열몇 시간씩 연습했던 것 같아요. 당시 헤비메탈 밴드들이 앨범 하나 내는 게 정말 소원이잖아요. 그런데 밴드들이 소속사에 소속되어 조금 불공정한 계약을 하는 걸 보면서 "우리는 저렇게 하지 말고 우리끼리 해보자"라는 얘기를 했어요. 합주하면서 곡을 쓴 거죠.

Q 일본 메탈 경연 대회 1등 수상 기록도 있습니다.

'전사'를 통해 일본에 간 뒤, 일본 대기업에서 열린 세계 음악제 같은 게 있었어요. 그해 네덜란드, 미국, 호주 등 각 나라에서 1등으로 뽑혀온 밴드들과 경연했는데, 제가 기타리스트 상을 받은 거죠. 약간 '세계 대학생 밴드 경연 대회' 같은 느낌이었어요.

Q '전사' 해체 후엔 어떤 길을 걷게 된 건가요?

작곡가의 길을 걸어야겠다고 생각했어요. 롤모델이 윤상 씨와 손무현 씨거든요. 왜냐하면 그분들도 밴드 출신인데, 정말 존경받는 프로듀서가 됐잖아요. 그렇게 되고 싶어서 준비하다가 고3이던 윤일상 씨를 알게 됐죠.

저는 밴드 출신인데 작곡가가 되려고 고민하고 있었고,

그 친구는 나이가 너무 어린데 작곡가로 데뷔하고 싶어서
오피스텔에서 혼자 곡 쓰고 그럴 때였거든요. 그때 서로
작업도 같이하고 일상이가 곡을 써서 녹음할 때 저는 기타
세션도 하고. 그렇게 스튜디오 세션이 시작된 것 같아요.

이후 1991년 〈대학가요제〉가 열렸는데, 제가 기타를 치고
노래는 '에메랄드 캐슬'의 지우 형이 맡아 듀엣으로 나갔어요.
예선 통과를 했고, 본선은 지우 형 혼자 하는 게 좋지 않겠냐는
의견이 있었는데, 저도 뒤에서 송라이팅만 하는 게 좋아
동의했고, 지우 형 혼자 올라가서 금상을 차지했죠.

**0 이후 히치하이커는 두 장의 솔로 앨범을 냈죠. 이때
롤러코스터의 멤버 중 한 명인 조원선이 앨범 크레딧에
등록되어 있습니다.**

원선이는 이미 옛날부터 음악 하던 친구들과 다 알던
사이예요. 자연스럽게 작업을 같이하면서 밴드 만들 때도
보컬로 생각하고 있었어요. 오히려 상순이가 재밌었죠.
롤러코스터를 만들 때 베이스를 찾고 있었거든요. 근데
제 마음에 드는 베이스가 없는 거예요. 그때의 베이스는
슬랩(베이스 연주 기법)이나 마커스 밀러(Marcus Miller)였어요.
그냥 음을 좀 치면서 그루브를 잘 탔으면 좋겠는데, 대부분
공격적이었으니까요. 그러다가 후배들하고 망원동에서
합주하는 도중 폭탄 머리를 한 애가 와서 기타를 치는데, 뭔가
재즈적(Jazzy)이면서도 일반 록 기타랑 다르게 좋은 거예요.

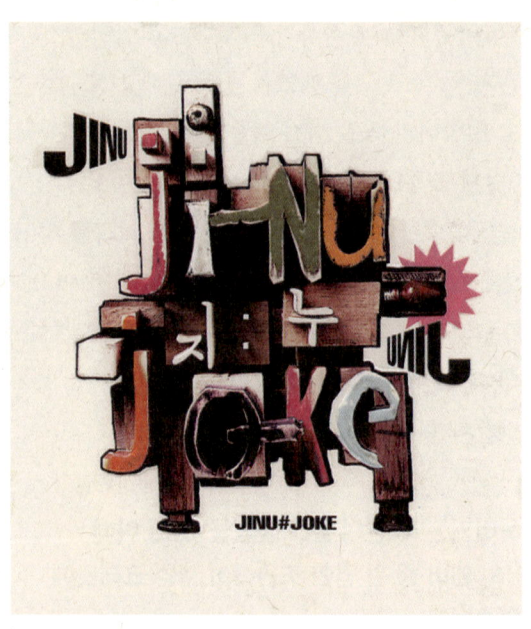

JINU#JOKE

그래서 만나서 얘기도 좀 해봤는데 애가 괜찮고, 기타도
마음에 들고. 그런데 제가 기타를 치니 트윈 기타로 갈 순
없어서 제가 베이스를 치는 걸로 결정했죠. 그날 기타 들고
낙원상가에 가서 괜찮은 베이스가 있기에 바꿨어요.

Q **밴드 롤러코스터의 첫 구성은 4인조였습니다.**

네. 다 누구누구의 친구니까 인맥으로 완성됐죠. 처음엔
조원선, YB의 기타리스트 허준, 드럼의 이도헌과 저. 이렇게
네 명이었죠. 그러다가 준이가 당시 재즈에 집중했던 시기라
음악 방향성이 안 맞아 떠났고, 도헌이와도 헤어졌어요.

이때 당시 다른 밴드를 하다가 해체한 상순이가 자연스럽게 우리에게 오게 된 거죠.

Q 기타리스트는 채워졌지만, 결국 드러머의 자리는 공석으로 놔둔 채 3인조로 팀이 완성됐습니다.

미디 작업을 많이 하다 보니 샘플링 작업에 매력을 느꼈고, 이게 리얼 드럼으로는 표현이 안 된다는 걸 알고 있었어요. 앨범 작업 시 리얼 드럼을 샘플링해서 만들었는데, 아무리 생각해도 2집을 내면 문제가 있을 것 같았어요. 다른 장르에 도전하면서 그에 맞는 드럼 소리를 원할 것 같은데, 드러머 한 명이 있으면 이 친구의 스타일에서 벗어날 수 없으니까요. 그래서 그냥 리듬을 오픈해놓고 세션을 계속 쓰는 걸로 정했죠.

Q 밴드의 생리를 잘 알기 때문에 나온 결정 같습니다.

그렇죠. 우리 드러머는 스트레이트 리드를 잘 치는 앤데, 다음 곡이 셔플이면 안 되는 경우가 있거든요.

Q 이러한 결정 때문에 라이브 무대 활동에서 아쉬움은 없었나요?

매우 아쉬웠죠. 라이브에 올라가면 항상 우리 팀이 다른 팀에 비해 팀워크가 좀 없는 것 같았으니까요. 공연 잡히면 몇 달 전부터 드러머를 구해서 연습도 하니 그런 아쉬움이 좀 있었죠.

Q 롤러코스터는 소속사 없이 시작한 것으로 압니다.

처음부터 앨범 제작을 홈 레코딩으로 하려 한 게
아니에요. 데모 CD를 만들고선 진짜 안 만나본 데가
없거든요. 아는 매니저와 회사를 다 만나고 들려주곤 했는데,
피드백이 당시 표현으로 '야마'가 없다는 거였어요. 야마가
일본 말로 산인데, 가요는 후렴구에서 딱 치는 맛이 있어야
한다는 거죠. 롤러코스터 노래는 그냥 쭉 가다가 미지근하게
끝난다는 의견이었어요.

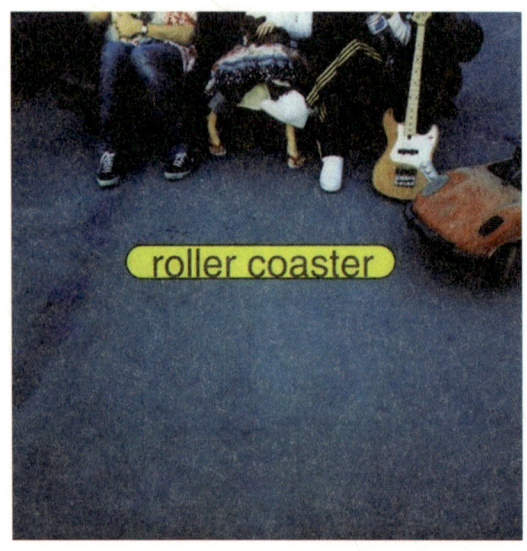

Q   어떠한 활동 포지션을 갖고 싶었나요?

밴드를 만들게 되면 활동 방향을 메이저도, 언더도 아닌 그 중간에서 활동하자고 얘기했어요. 언더그라운드 밴드는 홍대 클럽에서 계속 공연만 하고 뭔가 올라오지 못하는 그림들이 많이 보였어요. 또 오버그라운드에 있는 밴드는 방송도 하고 있고 예능도 나가는 분위기가 있잖아요. 그런 거 하지 말고 우리는 딱 중간에 있길 바랐어요.

그런데 그런 포지션을 잡으려면 제작사가 없어야겠더라고요. 회사가 있으면 회사는 어쨌든 띄우려고 자꾸 방송에 내보내고, 예능 내보내고 하는 그림이 생기니까요.

하여튼 다 제작을 안 한다고 하기도 했고, 여러 가지로 나중에는 오기가 생겨서 "그래, 그럼 우리끼리 만들고 CD 공장 가서 찍고 유통시키자"고 했는데, 계산해보니 1천 장 정도 팔리면 다음 앨범 제작을 할 수 있겠더라고요. 왜냐면 집에서 하니 장비 사는 돈밖에 안 드니까요.

Q   장르 방향은 어떻게 정리됐나요?

당시 밴드는 회의를 통해 가는 게 아니라 그냥 합주실에 모여서 연주하고, 음료수 마셔가면서 얘기하다가 "야, 이거 좋지 않아? 이렇게 들어오면 어떻게 되고" 이러면서 곡이 만들어졌어요. 그렇기 때문에 합의에 따라 장르를 한 게 아니라 자연스럽게 머릿속에 있는 것들이 나와서 정리된 거죠.

요즘처럼 시스템화되어 진행하는 방식과는 매우 달랐어요. •

Q 1집 작업 장소는 어디였나요?

반지하 작업실을 전세 구해서 녹음했어요.

Q 제작 작업 환경은 어땠나요?

ADAT 8트랙 녹음기 하나를 중심으로 진행했어요. 미디 작업을 위한 시퀀서 프로그램, 드럼 머신을 물리니까 6트랙이 남고, 그 6트랙에서 보컬, 베이스, 기타, 나머지는 코러스. 그게 끝이에요.

Q 홈 레코딩으로 녹음하는 것에 대한 노하우가 있을까요?

사무실 칸막이 4개를 사서 정사각형으로 붙이고 이불로 덮어서 보컬 부스를 만들었어요. 반지하에서 녹음할 때 밖에 생선 장수 지나가는 소리 등 외부 소음이 계속 들어가서요. 그런데 제가 미리 알고서 그렇게 한 건 아니지만, 나중에 보니 해외 뮤지션들 중 그렇게 녹음하는 사람들이 꽤 있더라고요.

2집 때는 상순이 기타 앰프를 옷장에 마이크까지 다 넣고 세팅한 다음, 옷장 문을 닫고 녹음했어요. 당시 쓴 앰프가 2만 5천 원 주고 샀던 '페르난데스'라는 앰프인데, 그걸로 1~3집 다 했어요.

Q 잡음은 어떻게 잡았나요?

안 잡았어요. 잡음이 들어가든 말든 그냥 했어요. 기타도 보면 잡음 같은 것이 나고, 그런 게 꽤 있거든요. 신경 안 썼어요. 그때는 그것도 음악이라고 생각했어요.

Q 2집 때 소리가 더 좋아진 느낌입니다.

맞아요. 2집 때 훨씬 좋아졌어요. 2집 때는 노하우가 더 생겨서 스피커 유닛 가운데에다가 마이크 대면 고음이 많아지고, 옆으로 빠질수록 저음이 많아지거든요. 그걸 깨달으면서 그사이에 놓고 녹음했어요.

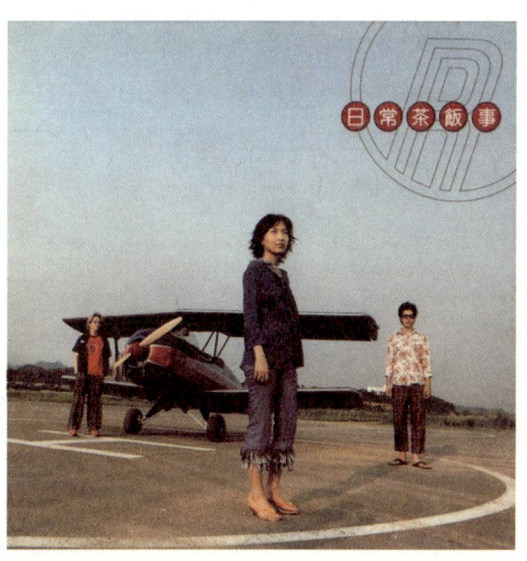

Q 이 정도면 사운드 엔지니어 아닌가요?

헤드폰을 끼고 제가 옷장에 들어가요. 그런 다음 "야, 계속 쳐봐" 하면서 적정 지점을 찾은 거죠. 이후 닫은 문에 테이프를 붙여 녹음했죠. 나중에 해외 엔지니어들의 녹음 방식에 관해 설명하는 걸 보니 그게 맞더라고요.

Q 〈비오는 이른 새벽 자장가〉 등 야외 배경 소리가 들리는 곡들은 어떻게 녹음한 건가요?

자전거 지나가는 소리는 모두 샘플이에요. 저희가 녹음한 것도 있지만 샘플도 썼어요.

Q 8트랙인데 소리는 꽉 차 있습니다.

그런 것 같아요. 트랙이 비어 있을 때, 악기들 본연의 소리를 다 키울 수 있는 것 같아요. 요즘엔 트랙 수가 많으니까 필요 없는 대역을 깎아줘야 하거든요. 옛날에는 보컬에 EQ를 아예 쓰지도 않았고, 드럼 킥도 만진 게 없고요. 흔히 로우 컷이 필수라고들 하는데, 예전엔 그것도 안 한 거죠. 지금은 필요 없다고 버리는 건데, 그때는 안 덜어내도 되는 거였어요.

Q 마스터링은 어떻게 했나요?

드림팩토리에서 일하던 고현정 기사가 공짜로 해줬어요. 녹음할 때 믹서도 이승환 형이, 마이크는 윤종신 씨가, 컴프레서는 윤상 씨가 빌려줬어요. 형들한테 빌린 장비로 녹음한 거죠.

**Q   어떻게 보면 정말 열악한 작업 환경인데, 멤버들의
        하소연은 없었나요?**

있었죠. 다들 "이래도 되나?", "이렇게 해서 앨범이 나올
수 있을까?" 하고.

**Q   히치하이커는 롤러코스터 작업 전에 솔로 앨범 제작을
        드림팩토리 스튜디오에서 했던 뮤지션입니다. 너무
        비교되는 상황 아닌가요? (드림팩토리 스튜디오는 현재까지도
        국내 최상의 녹음 환경으로 인정받는 스튜디오다.)**

저는 험블하게 했던 롤러코스터 작업이 정말 행복했어요.
왜냐하면 드림팩토리에 있는 동안은 '내가 있을 곳이
아닌데'라는 생각을 되게 많이 했거든요. 맨날 만나서 밥 먹는
형들이 이승환, 윤종신, 윤상, 신해철 막 이런 분들이잖아요.
형들이 잘 챙겨줬지만, 그 자리에만 가면 스스로 진짜 미운
오리 새끼 같았어요. 앨범도 잘 안 됐고, 히트곡 작곡가도
아니었으니까요. 그냥 제 돈으로 믹서 사고 ADAT 갖고
녹음하는 게 정말 마음이 편한 거예요. '이게 내 자리구나'라는
생각이 들었어요.

Q **그렇다면 홈 레코딩으로 제작한 1집의 만족도는 굉장히 높았을 것 같습니다.**

네. '혼자서 해냈다'는 만족은 있는데, 사운드에 대한 아쉬움은 많죠. 지금 들어보면 뭔가 허술하고, '아, 내가 이걸 몰랐구나. 몰라서 이렇게 했구나' 하는 것들이 많죠.

하지만 아쉬운 부분조차 만족해요. 그 허술함도 지금 생각해보면 '젊은 뮤지션이 뭘 해보겠다고 한 어떤 열정의 선물인가 보다'라는 생각이 들어요.

Q **롤러코스터 1집을 만들 때 히치하이커는 20대 후반이었습니다.**

약간 오기로 똘똘 뭉쳐 있었던 것 같아요. 처음 데뷔했던 환경이 너무나 메이저였는데, 거긴 제 자리가 아닌 것 같아 떨어져나와 혼자서 해보겠다고. 뭔가 보여주고 싶다는 생각을 했던 것 같아요.

Q **멤버들과의 합은 어땠나요?**

정말 잘 맞았죠. 특히 3집 때부터는 다 같이 곡을 쓰다 보니, 만나서 상순이가 기타를 치고 있으면 "어? 야, 그거 계속 쳐봐" 이러면서 베이스를 치고 드럼 머신을 붙이면 곡이 하나 뚝딱 나왔죠. 그럼 옆에서 원선이가 노래 부르고 있고, "녹음하자" 하면서 녹음하고요.

상순이의 경우 2집 활동하면서부터 곡을 쓰고 싶다고

408

해서 3집 때부터는 연주곡도 직접 만들고, 편곡에도 참여가
많아졌어요. 심지어 어떤 곡에는 상순이가 베이스 친 것도
있어요. 제 이름으로 돼 있기는 한데 상순이가 친 것도 있고,
상순이 이름으로 돼 있는데 제가 기타 친 것도 있고.

**Q   보컬 조원선에 대한 발견은 왜 롤러코스터에서
이루어졌을까요?**

당시는 고음에 힘 있고, 쫙 지르는 창법들이 인기가 많은
시장이었어요. 그래서 차분하고 중저음이 매력적인 보컬이
기회를 얻기가 어려운 시기였죠. 그래서 중저음이 더 매력
있다는 걸 나중에 발견하고, 거기에 더 집중하게 된 것 같아요.

Q   1집 제작 기간이 얼마나 됐을까요?

6개월 정도? 멤버들이 거의 살다시피 했어요. 거기서
자고, 다시 일어나서 녹음하고. 리얼 드럼을 녹음할 때는
녹음실 안 가고 초창기 멤버였던 이도헌의 연습실에 마이크를
가져가서 녹음하기도 했죠. 나머지 드럼은 미디로 찍었고요.

Q   제작비를 산정할 수 있을까요?

일반적인 녹음이나 앨범 제작비하고 비교하면 안 되죠.
진짜 밥값 하고, 작업실 쓰고, 교통비 하고, 장비 쓰고. 그런
비용밖에 안 들어서 돈으로 계산할 수 없어요.

Q. **진행 경비는 멤버들이 나눠서 냈나요?**

아니요, 제가 냈죠. 팀을 만들어 앨범을 직접 만들 때부터 그 얘기를 했어요. 아무도 우리 앨범을 제작해주지 않고, 매니저들도 우리 노래가 다 미지근하다고 해서 안 한다고 하고. 그래서 "내 돈으로 다 만들고, 녹음도 다 할 거다. 이후 들어오는 수익에 대해 이렇게 분배할 거고, 저작권 등은 자기가 작곡한 만큼 이렇게 분배할 거고." 그렇게 시작했죠. 앨범 관련된 것 외에 공연이나 행사는 모두 3등분이었어요.

처음엔 녹음실을 하나 빌렸어요. 그런데 비용이 만만치 않은 거예요. 아는 선배 엔지니어를 통해 좀 저렴하게 구했는데, 30회 사용에 그 당시 돈으로 1천만 원 넘게 들겠더라고요. 차라리 그 돈이면 마이크 사고, 믹서 사고, ADAT 사서 녹음한 다음 중고로 팔면 되지 않겠냐는 생각이 들었어요. 실제로 그렇게 했어요. 시세 250만 원짜리 마이크를 사서 1집 녹음한 다음에 220만 원에 팔았죠.

Q. **앨범 제작은 자체라고 해도 앨범 유통은 어떻게 했나요?**

예전에 박정현 씨 매니저를 했던 강지훈 대표가 DMR이라는 회사를 세웠어요. 그래서 박정현 씨 전국 투어 할 때 롤러코스터가 데뷔 전에 오프닝을 했어요. 그렇게 연이 닿아서 1천 장만 찍을 건데 유통해줄 수 있냐고 하니 강 대표가 해주겠다고 해서 공장에 제작을 넣었죠. 완성된 시디를 직접 차에 실어 DMR에 갖다줬어요.

그게 시작이었죠.

이후 DMR에서 하루 만에 연락이 온 거예요. 1천 장 다 팔렸다고. "그게 무슨 소리냐?"고 그랬더니 저희가 박정현, 이승환, 윤종신 등 전국 투어 할 때 오프닝을 많이 하며 인사했거든요. 그러면서 자연스럽게 입소문이 났던 거죠. 그분들이 저희를 알고 있었기에 앨범이 나오자마자 다 사준 거예요. 정말 신나서 계속 찍었는데, 1집은 그때 2만 5천 장이 팔렸어요.

Q 당시 멤버 외에 수익 배분이 있었나요?

네. 앨범 발표 후 3개월 정도 홍보해준 매니저가 있었어요. 당시 윤종신 씨의 매니저가 도와줬는데, 수익의 50%를 줬죠. 1천 장밖에 안 나간다고 했으니까요. 그런데 이후에 계속 앨범이 팔렸고, 2집은 DMR과 다시 했지만, 매니지먼트는 폴리미디어와 계약했죠.

Q 2집의 판매량은 어땠나요?

2집이 더 많이 팔렸어요. 초판으로 7만 5천 장 이상.

Q 1집 성공 후 연락해온 제작사는 없었나요?

있었어요. '난장'에서 연락 왔죠. 3집 때는 '뮤직팜'에서 왔고요. 하지만 저는 당시 상태가 만족스러웠어요. 그냥 여기 딱 이 정도. 판매량도 이 정도, 인지도도 이 정도인 게 좋았어요.

판매량이 괜찮았지만, 큰 수익은 아니었어요. 홍보하고
매니지먼트 해주는 곳에 상당 부분 금액을 주고, 남은 금액을
셋이 나누는 구조였으니까요. 크게 힘들진 않았고, 그렇다고
큰돈을 버는 것도 아니었지만, 하고 싶은 음악을 아무에게도
간섭받지 않고 하는 그 상황이 제일 좋았어요.

Q 타이틀곡은 〈내게로 와〉였습니다.

타이틀은 〈내게로 와〉였는데, 〈습관〉이 터졌죠.
왜 터졌냐 하면, 라디오 PD들이 〈습관〉이 좋다고 계속
그 노래만 틀었어요.

Q 첫 단독 공연이 기억나나요?

1집 앨범 발매 날 마스터플랜에서 했어요. PC통신에
공연한다고 올리고, 거기서 게릴라 공연을 했죠.

Q 첫 유료 공연은요?

2집 내고 대학로 라이브에서 했어요. 그 공연도 기획자가
없어서 제가 진행했거든요. 직접 공연장 빌리고, 티켓 판매
사이트에 연락해서 팔게 해달라 하고, 공연 기획을 혼자 했죠.
그런데 그 공연이 되게 잘됐어요. 정말 흑자였죠.

Q 롤러코스터는 스튜디오 밴드라는 얘기도 있었습니다.

라이브를 많이 하고 싶었는데, 저희가 설 수 있는 무대가
많지 않았어요. 우리가 '노브레인'이나 '크라잉넛'과 함께하는
무대에 설 수는 없잖아요. 또 발라드 가수들이 서는 무대에
가면 우리는 밴드니까 또 안 어울리고. 더불어 당시 음악
페스티벌이 지금처럼 많지 않았어요. 그래서 스튜디오 밴드를
하려고 했던 건 아닌데, 본의 아니게 기회가 없었던 거죠.

Q 다른 밴드에 홈 레코딩을 추천하나요?

그렇죠. 밴드 중에 그런 재주가 있는 친구가 있다면 한
명이 그걸 도맡아서 하길 바라죠. 홈 레코딩의 제일 좋은
장점은 돈과 시간의 구애를 받지 않고 또 누군가의 입김이 안
들어오는 거예요. 하다못해 녹음실 가면 녹음실 엔지니어가
한마디 하는 것조차 신인 밴드에게는 영향을 끼치거든요.
근데 홈 레코딩을 하면 본인만의 아이디어와 생각으로 오롯이
앨범을 만들 수 있으니까 그게 좋은 점인 것 같아요.

**Q 홈 레코딩의 시작과 현재를 모두 경험한 사람으로서, 요즘
홈 레코딩 기술을 보면 어떤 느낌이 드나요?**

한 24년에 걸쳐 이렇게 바뀐 거잖아요. 실제로 현장에서
그걸 다 써오면서 변화를 겪었기 때문에 격세지감은 안
느껴지고, '나올 게 나왔구나' 하는 생각이 들어요.

홈 레코딩의 성공작인 《Roller Coaster》가 세상에 나온 지
25년도 넘었습니다. 작업 과정을 다시 돌아보면 어떤
생각이 드시나요?

정말 좋은 기회였고, 되게 무식하게 용감했던 것 같아요.
무대포 정신으로 했던 건데 그런 것들을 좋게 봐주셔서 좋은
결과가 있었어요. 그래서 주변에 종종 혼자 녹음해서 앨범
내고 싶은데 어떻게 하면 되는지 물어보는 사람이 많아요.
그럼 제가 다 가르쳐주는데, 실행에 옮긴 사람이 그렇게 많진
않더라고요.

이게 될지 안 될지 머뭇거리는 동안 열정과 에너지가
식잖아요. 그러지 말고 "죽고 살고 하는 일 아니면 그냥
도전해보는 게 아티스트한테는 필요한 것 같다"는 얘기를 참
많이 해요.

나가며

  두 명의 평론가가 집필한 이 책은 두 가지 룰을 정하고
시작했다. 첫 번째로 서로의 글을 읽고 표기법만 맞추자는
것이며, 두 번째는 뮤지션의 이름을 가나다순으로 나열하여
각자의 글을 교차로 엮어내자는 것이다. 이렇게 정한 이유는
처음부터 끝까지 읽는 이의 재미를 위해 내린 결정이다.
글의 개성이 상반되니 교차로 진행하는 것이 덜 지루할
것으로 판단했기 때문이다. 책의 주제, 인터뷰할 뮤지션 선택
등 나름 무게를 담은 부분들은 적지 않지만, 결론적으로 한
권의 책을 사서 읽어주는 분의 시간을 즐겁게 해주고 싶은
목표가 일등이었다. 만약 이 책을 월간지의 인터뷰 보듯
읽었다면, 그 정도만으로도 소기의 목적을 충분히 달성했다고
생각한다.

  이야기하고 싶었던 주요 주제 중 하나는 100대 명반 또는
1990년대 선배 평론가들이 논했던 당시 한국 대중음악에
대한 '다른 시선'일 것이다. 기존에 존재하는 1990년대 가요
평론에서 놓쳤던 주제들, 그때는 놔뒀지만 지금은 담는 게
가능한 이야기들에 대해 기록하고 싶었다. 이런 부분에서